★ 江苏省教育科学"十四五"规划 2021 年度重大课题（课题号：A/2021/04）
★ 江苏现代信息社会研究基地
★ 江苏省高校哲学社会科学研究基地"教育人工智能"研究中心

U0720721

数字变革与高等教育未来

张志华 等著

江苏人民出版社

图书在版编目（CIP）数据

数字变革与高等教育未来 / 张志华著. -- 南京 ：
江苏人民出版社，2025. 3. -- ISBN 978-7-214-29448
-7

Ⅰ. G649-39

中国国家版本馆CIP数据核字第2024FC8271号

书 名	数字变革与高等教育未来	
著 者	张志华　等	
责 任 编 辑	解冰清	
装 帧 设 计	陈　婕	
出 版 发 行	江苏人民出版社	
地 址	南京市湖南路 1 号 A 楼，邮编：210009	
照 排	南京紫藤制版印务中心	
印 刷	南京艺中印务有限公司	
开 本	718 毫米×1000 毫米　1/16	
印 张	19.5	
字 数	270 千字	
版 次	2025 年 3 月第 1 版	
印 次	2025 年 3 月第 1 次印刷	
标 准 书 号	ISBN 978 - 7 - 214 - 29448 - 7	
定 价	98.00 元	

（江苏人民出版社图书凡印装错误可向承印厂调换）

C 目 录
ONTENTS

前　言

当前，教育数字化转型与智能升级已成为全球共同关注的一个显著现象，联合国教科文组织、经合组织、欧盟等国际组织密集发布关于教育数字化的发展倡议和研究报告，美国、英国、日本、芬兰等国家则相继推出相关政策、标准和行动计划。与此同时，我国的教育数字化也开始从零星试点提升至国家战略高度。2022 年全国教育工作会议明确提出要"实施教育数字化战略行动"。2023 年 5 月 29 日，习近平总书记在主持中共中央政治局第五次集体学习时强调："教育数字化是我国开辟教育发展新赛道和塑造教育发展新优势的重要突破口"。2024 年 9 月 9 日—10 日，全国教育大会在北京召开，习近平总书记出席大会并发表重要讲话，强调要深入实施国家教育数字化战略。2025 年 1 月，中共中央、国务院印发《教育强国建设规划纲要（2024—2035 年）》，明确"实施国家教育数字化战略""促进人工智能助力教育变革"。在这样的背景下，以人工智能为代表的数字技术与高等教育的结合，毫无疑问是高等教育未来发展的重要趋势。

现代教育映射了工业化集中物流的经济批量模式：铃声、班级、标准化的课堂、统一的教材、按照时间编排的流水线场景。虽然这种教育为工业时代"标准化""规模化"地培养了可用的人才，但"标准化"的教育模式尚存在个性化缺失、手段趋同、评价体系标准单一等弊端。当前，随着 5G、人工智能、区块链、云计算、XR 等数字技术的迅速发展，人类社会的生产生活方式发生了深刻变化，特别是以 ChatGPT、DeepSeek 等为代表的人工智能最新发展为教育领域带来了重大机遇。同时，我国数字经济发展持续增速，对劳动者综合素质提出更新更高要求,未来人才发展需求将发生显著改变,人们已经意识到"规模化教育"很难适应当前技术变革与社会需求的变化。高等教育作为教育、科技、人才一体化发展的交汇点,有着数字技术的前沿优势和人才培养模式改革的现实需要,数字技术是否可以破解"标准化"教育模式存在的"个性化缺失"的弊端? 在高等教育中嵌入数字技术存在什么障碍? 运用数字技术推进高等教育的改革与发展是否可能,如何可能? 这些都是摆在我们面前的重大理论和现实问题,亟待做出理论与实践高度契合的前瞻性思考,这正是本书的研究意图所在。本书围绕高等教育数字化转型主题,主要探讨了以下几个问题。

第一,高等教育数字化转型的理论基础。深入探讨高等教育数字化转型的概念、性质、机制、范式等,即如何理解高等教育数字化转型。本书认为,对其释义的重点应落脚于"转型"之中,客观而言,从高等教育非数字化到高等教育数字化,本身就隐喻着高等教育数字化转型之义,所以,高等教育数字化转型不言而喻地在内涵指向上存在叠加,需要在这一叠加背景下理解高等教育数字化转型之要义,本书重点回答了"为什么"要进行高等教育数字化以及"转什么"。

第二,高等教育数字化转型的全球视野。尽管高等教育数字化转型因制度、组织、文化、客观条件等因素的影响,在不同的国家表现出一定的差异,但数字技术作为一种颠覆性技术,各个国家普遍在推进教育数字化进程,其中的一些经验做法值得参考借鉴。因此,本书虽然立足我国的高等教育数字化转型研究,但也对相关国家高等教育数字化转型的样态进行了深入分析和比较。

第三,高等教育数字化转型的要素变革。教与学是高等教育数字化转型的两个核心要素,其中包含了人才培养理念、课程形态、教育方法或手段、教育评价、教育管理等诸多组成部分。本书对其中部分要素的发展方向进行了展望,提出人才培养理念由规模化教育走向个性化培养,课程形态由"罐装化"走向"智能生成",教学方法或手段更加注重数智赋能学生专业胜任力提升,教学评价更加注重以数据驱动教师精准教学与科学决策。

第四,高等教育数字化转型的伦理规范。伦理问题是近年来人们在讨论高等教育数字化转型时涉及较多且不可回避的话题。从教育伦理学的视角看,教育中存在"人—技术"的关系异化、师生关系的重构、教学设计的伦理嵌入等风险。从技术应用的视角看,科技与教育的融合在推动教育持续发展的同时,也带来了数据失信、隐私泄露等问题。从规范发展的视角看,高等教育数字化转型应该加强政府、高校、家庭、个体等层面的协同治理。

第五,高等教育数字化转型的实践路径。路径与模式是指导高等教育数字化"怎么转"的方法论,在其转型过程中既涉及政府、高校、社会等多维度主体的参与,也包含数字技术、数据平台等新基建的保障水平。本书在对相关主体深入调研的基础上,扎根理论构建了高等教育数字化转型的实践路径模型,对相关环节的关键问题进行了分析,并介绍了较为成熟的高等教育数字化转型应用案例,以期为各层各级开展教育数字化转型提供借鉴。

第六,高等教育数字化转型的守正创新。面对数字技术的冲击,我们不仅需要积极应对,更需要透过纷繁复杂的高等教育现象,正确把握好数字时代高等教育的"变"与"不变",正确处理好"变"与"不变"、守正与创新的关系,在"变"与"不变"中明晰高等教育本质。即需要弄清楚高等教育究竟是什么,高等教育究竟为了什么,高等教育究竟如何发展,这不仅是高等教育本质的具体表现,也是推动高等教育数字化转型必须弄清的基源问题。

本书既有理论上的探讨,也有可操作的实践案例,可供广大读者参考。期待通过本课题的研究成果,引起学术界和社会各界对高等教育数字化转型的更多关注,从而深入探索高等教育数字化转型的理论基础、发展模式和动力机制,构建适应我国国情的高等教育数字化转型的方法与路径。

"人工智能与教育变革研究"课题组

2025 年 1 月

|第一章|

趋势使然:数字技术与高等教育变革

数字技术是当今高等教育领域的重要变革力量。随着信息技术的深度发展,高等教育数字化转型的重要性日益凸显,也是大势所趋。数字技术是高等教育数字化转型的重要支撑,推动着高等教育系统的更新与变革。党的二十大报告明确提出"推进教育数字化",教育部深入实施教育数字化战略行动,可以说,数字化转型已经成为高等教育变革的主要趋势。

第一节 数字转型:人类进入数字时代

教育数字化转型是指"利用现代信息技术支持教育在育人方式、办学模式、管理体制、保障机制等方面创新,推动教育流程再造、结构重组和文化重构,改变教育发展动力结构,促进教育研究和实践范式变革,最终实现人的全面、自由、个性化发展。"[①]

一、教育领域的数字化转型

技术是推动社会物质文明和精神文明建设的重要力量,是人类学习和

---

① 杨宗凯.深入推进教育数字化转型[N].经济日报,2022-09-09(4).

生活的重要工具。"从社会发展史看,人类经历了农业革命、工业革命,正在经历信息革命。农业革命增强了人类生存能力,使人类从采食捕猎走向栽种畜养,从野蛮时代走向文明社会。工业革命拓展了人类体力,以机器取代了人力,以大规模工厂化生产取代了个体工场手工生产。而信息革命则增强了人类脑力,带来生产力又一次质的飞跃,对国际政治、经济、文化、社会、生态、军事等领域发展产生了深刻影响。"技术的快速进步以及技术与社会各个领域的广泛"联姻",[①]为经济社会发展提供了强大动力。可以说,"大数据、云计算、人工智能等现代信息技术在社会发展中的深入推进,宣告数字时代的来临。"[②]

　　随着以信息技术为核心的技术变革的加快,数字化、信息化在逐渐将世界变成"地球村"的同时,也对人类的生产生活、学习、工作以及思维方式产生重大影响。党的十八大以来,以习近平同志为核心的党中央高度重视数字发展、数字经济、数字中国建设以及数字化转型等工作,围绕数字中国、数字经济、数字化转型作出了一系列重要的战略部署,以迎接数字时代的到来。2012年11月,党的十八大报告中明确提出"坚持走中国特色新型工业化、信息化、城镇化、农业现代化道路""促进工业化、信息化、城镇化、农业现代化同步发展";2017年10月,党的十九大报告正式将加快建设"网络强国"和"数字中国"上升为国家意志;2021年3月,《中华人民共和国国民经济和社会发展第十四个五年规划和2035年远景目标纲要》将"加快数字化发展建设数字中国"作为独立篇章,提出"迎接数字时代,激活数据要素潜能,推进网络强国建设,加快建设数字经济、数字社会、数字政府,以数字化转型整体驱动生产方式、生活方式和治理方式变革。"2022年10月,党的二十大报告再次强调加快建设"网络强国"和"数字中国"。围绕国家意志,国家相继

---

① 习近平.在网络安全和信息化工作座谈会上的讲话[EB/OL].(2016-04-19)[2023-07-21]. http://news.cctv.com/2016/04/25/ARTIa8uTHXqX8JF25uz6S7Yh160425.shtml.

② 陈良雨,段旭萍.教育数字化转型中的政策工具选择及运用[J].中国电化教育,2023,(05):74-79.

制定出台《中华人民共和国数据安全法》《数字中国建设整体布局规划》以及《"十四五"数字经济发展规划》等法律法规与政策文件。

高等教育作为数字技术生产、应用与传播的重要场域,在数字时代,高等教育也将面临着"数字化转型"的内外在要求以及呈现出"数字化转型"的发展特征,数字化转型已经成为世界范围内教育改革发展的重要载体和外部力量。围绕教育领域的数字化发展以及数字化时代下的教育发展,近年来,世界范围内的各国都对教育数字化转型进行了部署安排,推进高等教育数字化转型成为推动各国高等教育发展的国际共识。如,2020 年联合国教科文组织(UNESCO)、国际电信联盟(ITU)等联合发布《教育数字化转型:联通学校 赋能学生》;2021 年联合国教科文组织再次发布《一起重新构想我们的未来:为教育打造新的社会契约》,积极推进全球范围内的教育数字化转型;经合组织(OECD)在《2021 年数字教育展望》中同样关注数字技术,尤其是智能技术如何改变课堂并促进教育系统变革的问题……美国高等教育信息化协会(EDUCAUSE)发布了 2023 年高校数字化十大议题,描述高校数字化的主要任务和挑战,指明美国高等教育的数字化转型方向。[①] "2000年 3 月,欧盟发布《里斯本战略》(Lisbon Strategy),将教育纳入其中,发展以互联网、数字化为代表的创新型知识经济社会,此举成为欧盟教育数字化的开端。经过 20 年的教育数字化发展历程,至 2020 年,欧盟教育数字化已经进入全面战略发展时期。"[②] 就我国而言,2022 年,党的二十大报告首次将"推进教育数字化"写入其中,提出实施教育数字化战略行动。2023 年,我国主办首届世界数字教育大会,建设国家教育数字化大数据中心,发布智慧教育平台标准规范和《无限的可能:世界高等教育数字化发展报告》,制定《教师数字素养》标准;特别是,2023 年 5 月 29 日中共中央政治局就建设教育强

[①] 吴砥,李玲,吴龙凯,等.高等教育数字化转型的国际比较研究[J].国家教育行政学院学报,2023,(04):27-36.

[②] 钱小龙,周佳琦,黄蓓蓓.欧盟教育数字化转型之路:目标、路径与特征[J].外国教育研究,2023,50(06):49-65.

国进行第五次集体学习,习近平总书记在主持学习时再次强调,"教育数字化是我国开辟教育发展新赛道和塑造教育发展新优势的重要突破口。进一步推进数字教育,为个性化学习、终身学习、扩大优质教育资源覆盖面和教育现代化提供有效支撑。"[①]

从国际到国内,"从基础教育到高等教育,数字化转型已经成为教育领域备受关注的新热点,也成为教育改革实践,特别是教学创新的主要突破口。"[②]数字化转型作为技术变革的趋势已势不可挡,数字技术所蕴含的巨大潜力为数字中国建设提供了技术支撑,数字化转型已成为包括高等教育在内的各行各业高质量发展的关键途径。高等教育数字化作为数字中国战略和教育数字化的重要组成部分,面临着重大发展机遇与变革可能,特别是,2020 年新冠疫情暴发,为高等教育数字化转型提供了实践样态,催化了数字化转型进程。所以,身处数字化时代下的高等教育"不得不"在面对数字化转型的过程中,在高等教育发展的坐标方位中明确何为高等教育数字化转型以及因何而转、如何去转,这也构成了高等教育数字化转型实践的行动逻辑。

二、何为高等教育数字化转型

(一) 数字化与数字化转型

"数字时代"是理解数字化内涵的时代背景。众所周知,数字化是电子化、网络化、信息化等技术发展到更高水平后的新事物,对这一新事物的内涵把握必须从技术本身所具有的特征、未来可能的发展趋势以及技术当下的应用特点等着手。回顾重大技术发展的历程,"人类社会从狩猎和采集社

---

① 习近平.在中共中央政治局第五次集体学习时强调 加快建设教育强国 为中华民族伟大复兴提供有力支撑 [EB/OL].(2023 - 05 - 29)[2023 - 07 - 21].http://www.moe.gov.cn/jyb_xwfb/xw_zt/moe_357/s7865/s8417/.

② 李铭,韩锡斌,李梦,等.高等教育教学数字化转型的愿景、挑战与对策[J].中国电化教育,2022,(07):23 - 30.

会(社会 1.0)进化发展到农业社会(社会 2.0)、工业社会(社会 3.0)和信息社会(社会 4.0)。现时代，一个新的数字化社会(社会 5.0)正在出现。"①随着 5G、大数据、云计算、物联网、人工智能、量子计算、区块链等数字技术的全面发展，数字时代来临。

"化"是理解数字时代数字技术发展与影响的关键。"化"有着多元词义，作为动词的"化"有着化解、消除之义，作为名词有着习俗、风化之义，若将"化"置于名词或形容词之后，则表示事物的性质或形态发生改变，如电气化、信息化、技术化、产业化等。数字化是"化"置于数字之后的一种常规词义表达，套用对"化"内涵的阐释，数字化主要指数字技术发展在与不同领域发展互动互塑后所生发的事物性质或形态的改变。这也在一定程度上为理解"新一轮科技革命和产业变革深入发展，数字技术愈发成为驱动人类社会思维方式、组织架构和运作模式发生根本性变革、全方位重塑的引领力量"提供了基本维度。具体到数字化，"信息化是上位的大概念，智能化是信息化发展的一个阶段，数字化是前两者的技术基础，并在'化'(应用过程中的广泛深入普及)的过程中成为信息时代的工作、学习、思维、生活方式。"②

"数字化转型是建立在数字化基础上的变革。"③从数字化走向数字化转型，从字面上多出了"转型"二字，这也构成了理解数字化转型概念的基本方面。"所谓转型，是愿景导向的或价值意图的，以内部动因为主，通过调整信念、改变行动，达到预期的质变过程或结果。转型的目标、思维、过程和结果是指向'创造未来'的系统性变革。其本质是借助数字技术和支持能力创造一个与以往不同的模式；其结果是概念或范式转换，即'概念网络的变更'。换言之，转型是一种主动谋求变革(精准识变、有效应变、主动求变)的持续

① 张成福,谢侃侃.数字化时代的政府转型与数字政府[J].行政论坛,2020,27(06):34-41.
② 桑新民,谢阳斌,余中,等.教育数字化转型系统工程笔谈[J].现代教育技术,2023,33(01):5-16.
③ 肖广德,王者鹤.高等教育数字化转型的关键领域、内容结构及实践路径[J].中国高教研究,2022,(11):45-52.

性创新。"①虽然由于技术变革的样态多元性以及转型本身的复杂性,当下对数字化转型仍没有一个统一的概念,但关于数字化转型具有代表性的概念范式有两种:一种观点认为,数字化转型是将转型置于数字技术发展的全过程,是将数字技术赋能于经济社会发展各个领域的持续的动态的革新过程,是通过技术、人和发展理念协调一致的转变逐渐推进转型的过程,这一观点最为典型的代表是 2017 年麦肯锡公司在其报告《数字化转型的路线图》中提出了企业数字化转型的"四步法",将企业的数字化转型具体为战略安排、能力建设、企业文化以及组织人才四个步骤逐渐推进;另外一种观点认为,数字化转型是应对外部变化的策略和方法,这一策略将数字技术引入国民经济与社会发展的各个领域,运用数字技术和数据资源赋能各个方面的高质量发展,进而促使社会变革,这一观点最为典型的代表如《数字中国建设整体布局规划》中"数字中国建设按照'2522'的整体框架进行布局,即夯实数字基础设施和数据资源体系'两大基础',推进数字技术与经济、政治、文化、社会、生态文明建设'五位一体'深度融合,强化数字技术创新体系和数字安全屏障'两大能力',优化数字化发展国内国际'两个环境'。"②

从数字化转型的概念来看,尽管目前关于数字化转型在内涵界定上存在差异,但这种差异在一定程度上是差异化主体立场以及学科之眼的结果,从这些不同内涵出发,基于"数字""化"与"转型"三个核心关键词可提取出数字化转型的共同要素:一是技术,"数字"本质上是一种技术发展的新阶段以及新样态呈现,新技术与经济社会发展之间互动所生发的"1+1>2"的效果是数字化转型的目标追求,即通常而言的提升效率。二是影响,"化"主要指向应用过程的广泛深入普及,数字技术与某一领域发生"联姻"不能称作"化",数字技术与经济社会发展的初始"联姻"也不能称作"化",只有当数字

---

① 钟志贤,卢洪艳,张义,等.教育数字化转型成熟度模型研究——基于国内外文献的系统性分析[J].电化教育研究,2023,44(06):29-37.

② 新华社.中共中央 国务院印发《数字中国建设整体布局规划》[EB/OL].(2023-02-27)[2023-08-1]. https://www.gov.cn/zhengce/2023-02/27/content_5743484.htm.

技术与经济社会发展产生广泛而深刻的联系，才构成了"化"的前置性条件。三是创新，转型本质上指向从"过往"迈向"新向"，这种迈向既是一种层次上的更高阶段，更是一种范式上的革新，从某种程度上看，数字化转型要求更改组织流程或创建新的模型，进而实现数字技术赋能于工作、学习以及社会生产实践。

（二）教育数字化与高等教育数字化

教育作为社会子系统，是数字化的重要领域。教育数字化在内涵上主要指向两个方面：一是将教育数字化理解为一个过程，即数字化作为一项技术作用于教育并与教育内部要素之间持续形成互动进而生发教育变革的过程；二是将教育数字化理解为一种策略，即作为社会系统子系统的教育面对以信息技术变革为代表的数字化所采取的应对之策。

第一种观点是将教育数字化理解为一个过程。有学者站在技术变迁对教育数字化进程影响的视角认为"教育数字化是一个历史进程。初始于数据化，以计算机、多媒体为代表的数字信息技术，将事实、信号或符号转化为结构化数据并产生意义以改进教学；发力于网络化，以互联网、移动互联网为代表的网络信息技术，促进教育资源通过网络进行汇聚，实现优质资源的普及和共享；加速于智能化，以人工智能、大数据为代表的智能信息技术，促进教育过程中的数据挖掘、分析、利用和各类智能化教育服务的实现。"[①]有学者站在教育发展中技术赋能的视角，认为"教育数字化是教育现代化的一个维度，教育现代化是一个国家教育发展由比较不发达状态向比较发达状态转变的动态过程……即，教育数字化是信息技术应用于教育的一个重要发展阶段，是当前推进教育现代化的一个维度，从直观上看，甚至可以说是一个标志性的维度。信息技术应用于教育，最初是帮助人们更好地接受、理解、体验、加工知识信息。随着信息技术的不断发展，其影响下的教育理念、

---

① 袁振国.教育数字化转型:转什么,怎么转[J].华东师范大学学报(教育科学版),2023,41(03):1-11.

教育方式也不断演化,进而推动整个教育系统的持续发展。"①"教育数字化是数字技术引发并推动教育系统性变革的持续演进过程。"②"教育数字化转型是一个比较长期的变迁过程,其中要经历许多大大小小的教育创新(Innovations)和变革(Changes)。"③

第二种观点是将教育数字化理解为一种策略。教育数字化作为一种策略,显然差异化主体的不同决定了策略方针的不同,如国家与政府主体将教育数字化作为数字中国与教育强国的策略,而教育主体则采取一种更加微观的视角作为赋能教育教学质量提升与改革的策略。据此,将教育数字化理解为一种策略,从主体立场出发,至少可分为两种代表性观点。一种观点认为,中国式教育现代化是中国式现代化在教育领域的体现,教育数字化战略是中国式教育现代化的重要组成,"教育数字化是适应数字时代发展的时代应答,是实现教育现代化的必然选择"④,"教育数字化在我国具有独特价值使命与发展路径,面对学生规模世界第一、教育水平城乡、区域差异较大的社会现实以及教育供给不平衡不充分难以保障人民对优质教育需求的主要矛盾,决定了教育数字化战略必定是具有中国特色、符合中国国情的数字化。"⑤另一种观点认为,"教育数字化是数字化技术在教育场景中的应用。教育数字化转型可以理解为在 5G 环境下,以互联网、物联网为载体,以数据资源为关键要素,数字技术与教育要素深度融合,推动教育变革创新的过程。教育数字化转型的成功标志是人机融合,学生和教师都得到更好的发展。"⑥"教育数字化的实质是数字技术与教育教学的有机融合和教育体系的

① 秦玉友,杨鑫.数字人文与教育数字化转型[J].中国电化教育,2023,(01):33-37.

② 吴砥,李玲,吴龙凯,等.高等教育数字化转型的国际比较研究[J].国家教育行政学院学报,2023,(04):27-36.

③ 祝智庭,胡姣.教育数字化转型的本质探析与研究展望[J].中国电化教育,2022,(04):1-8+25.

④ 杨宗凯.高等教育数字化转型的路径探析[J].中国高教研究,2023,(03):1-4.

⑤ 罗生全,张雪.教育数字化战略的中国方案:定位、理念及行动[J].中国电化教育,2023,(01):46-51+80.

⑥ 袁振国.教育数字化转型:转什么,怎么转[J].华东师范大学学报(教育科学版),2023,41(03):1-11.

系统性变革。"①可以说，教育与数字化联姻的教育数字化，与其他领域的数字化存在本质上的区别，教育实践中人的主体地位以及人的能动性，决定了教育数字化中人是关键性因素，人既是数字化推进的重大力量，缺乏人的主体作用发挥，教育数字化将是"水中之月""镜中之花"，同时，人也是推进教育数字化的目标，教育数字化的出发点与落脚点是促进人的全面发展，因此能否促进人的全面发展构成了教育数字化评测的核心标准。

高等教育作为教育体系的一部分，其数字化是教育数字化的重要方面，但由于高等教育任务、性质以及与数字化的密切关系，高等教育数字化在内涵边界上又不完全等同于教育数字化。以教育数字化的内涵来定义高等教育数字化，显然"过程论"与"策略论"构成了高等教育数字化概念的两个主要方面。但需注意的是，高等教育作为与经济社会发展、科技创新联系更加紧密的更高教育阶段，高等教育不仅是数字技术应用的重要领域，也是生产数字技术的基本场域。所以，从更加宏观的视角来理解高等教育数字化成为对这一概念理解的"额外要求"，"高等教育数字化的内涵可以从宏观、中观、微观三个层面把握。"②

宏观层面，"高等教育数字化是应对数字经济、高教普及化新阶段的战略应答。"③当今世界数字技术、数字经济蓬勃兴起，我国高等教育毛入学率已经从世纪之初的10.5%提升到2022年的60.2%，完成从精英化阶段走向普及化阶段。站在这样一个外部环境与高等教育自身发展的宏观视域之下，高等教育数字化本质上是在服务于国家经济社会数字化发展大势的过程中重塑高等教育生态，赋能高等教育从规模走向内涵的高质量发展。中观层面，高等教育数字化本质上是将数字技术融入高等教育体系之中，将数字技术应用到高等教育各个领域，推动高等教育育人理念、教学范式、教育

① 薛二勇，李健，黎兴成.推进中国教育数字化的战略与政策[J].中国电化教育，2023，(01)：25-32.
② 杨宗凯.高等教育数字化发展：内涵、阶段与实施路径[J].中国高等教育，2023，(02)：16-20.
③ 吴龙凯，刘姚慧卓，吴砥，等.国内外高等教育数字化发展现状分析[J].中国高等教育，2023，(02)：61-64.

内容、评价手段、支持环境等核心要素与数字技术在传统物理空间以及现代网络空间中创新优化与重组进而实现效能叠加,"高等教育数字化是指通过高等教育与数字技术的充分融合转变高等教育的发展动力,再造教育流程、重组结构、重构文化,促进高等教育研究和实践范式的'双重'变革,建设高质量的高等教育体系,促进人的全面、自由、个性化发展。"[1]微观层面,高等教育数字化的关键在于"化",这里的"化"重点指向全面性与普及性,即高等教育与数字技术的双向赋能通过大到育人理念、教学方式、校园环境,小到课堂呈现方式、教学手段、学习内容与方式、教育教学管理平台,都与数字技术形成密切互动,实现高等教育以及作为高等教育主要载体的高等学校的全方位数字化和全过程数字化。

(三) 高等教育数字化转型

在对教育数字化以及高等教育数字化概念进行阐释后,理解高等教育数字化转型的重点应落脚于"转型"之中。客观而言,从高等教育非数字化到高等教育数字化,本身就隐喻着高等教育数字化转型之义,所以,高等教育数字化转型作为高等教育数字化主张下的不言而喻的概念在内涵指向上存在叠加,在这一叠加背景下理解高等教育数字化转型之要义,需要回答"为什么"要进行高等教育数字化以及"转什么",因为这两个问题对于理解高等教育数字化转型之要义具有至关重要的解释力。

第一个问题是为什么要进行高等教育数字化转型呢? 换言之,不推进高等教育数字化转型可不可以呢? 答案似乎是确定的,那就是高等教育数字化转型是高等教育发展内外部环境以及技术革命的必然发展趋势,势不可挡。

首先,高等教育数字化转型是顺应信息革命潮流的战略选择。习近平总书记多次强调:"信息化为中华民族带来了千载难逢的机遇。""全球新一轮科技革命和产业变革深入推进,网络信息技术日新月异,深刻改变着全球

---

① 吴龙凯,刘姚慧卓,吴砥,等.国内外高等教育数字化发展现状分析[J].中国高等教育,
　2023,(02):61-64.

经济格局、利益格局、安全格局，互联网成为影响世界的重要力量，信息化为中华民族带来了千载难逢的机遇。"①从技术发展与高等教育发展之间互动关系的历史经验来看，主动把握科技发展大势并与技术变革同频共振是高等教育良好发展的重要条件。当前，第四次工业革命正在全球范围广泛展开，以数字化为主要标志的技术创新是当今社会技术发展之大势，大学作为支撑并引领技术创新的重大力量，必须要站在技术发展前沿，引领并率先实现数字化转型。

其次，数字化是中国式现代化的重要组成部分，也是高等教育高质量现代化发展的重要支撑。没有科技创新就没有中国式现代化。贝尔纳提出的"科学中心转移"理论认为，一个国家在特定时期涌现出的科学家多、科技创新成果多，就会成为那个时期的世界科学中心。从世界科学兴隆历史来看，世界科学中心依次是意大利（1540 年～1610 年）、英国（1660 年～1730 年）、法国（1770 年～1830 年）、德国（1840 年～1920 年）、美国（1920 年～至今），世界教育发达的历史同样按意大利→英国→法国→德国→美国的顺序转移。中国要走向世界舞台的中心，要实现中国式现代化，数字技术作为科技发展的前沿领域，发挥着十分重要的作用。数字化也是赋能高等教育现代化的重要力量。有统计显示，迄今为止影响人类生活方式的重大科技成果，70％诞生于研究型大学。就我国而言，2012 年至 2022 年的十年间，"高校牵头建设了 60％以上的学科类国家重点实验室""高校专利授权量从 2012 年的 6.9 万项增加到 2021 年的 30.8 万项""高校获得了全部 10 项国家自然科学奖一等奖中的 6 项、全部自然科学奖中 67％的奖项"。② 可以说，大学特别是高水平大学，是第一生产力的发源地和科技创新的集聚地，在引领未来科技创新中发挥着"领头雁"作用，若不能把握数字化这一技术革命的重大机

① 人民日报评论员.深入学习贯彻习近平总书记关于网络强国的重要思想[N].人民日报,2023 - 07 - 17(1).

② 教育部.党的十八大以来高校科技创新改革发展成效[EB/OL].(2022 - 07 - 19)[2023 - 08 - 4]. http://www.moe.gov.cn/fbh/live/2022/54674/.

遇,不仅影响着未来中国是否能够顺利走向世界科学中心,也深刻影响着建设高质量教育体系以及高等教育现代化的进程。

最后,数字化是高等教育系统性变革的重要力量。"教育科技的历史可以追溯到 20 世纪初期,当时的学习和教学主要依靠实物展示、挂图、纸质教材、黑板和讲台。1905 年,电影的问世为教育科技的应用提供了新契机……1928 年,美国人 Sydney 发明了世界上第一台教学机器……20 世纪 70 年代,个人计算机兴起并被迅速引入学校教育情景中,大大推动了学习和教学的自动化发展。"[1]今天,无论是技术发展还是高等教育发展都发生了翻天覆地的变化,特别是,"ChatGPT 的推出是继深度学习后又一个里程碑式的技术革命……对于包括学校教育在内的各种传统行业的改造产生重要而深远的影响。"[2]在科技革命加速演进与高等教育加速变革的时代背景下,传统的高等教育模式难以适应数字时代高等教育发展,数字化作为一种创新技术具有无限可能,数字技术与教育教学的深度融合,将有力推进育人理念、办学模式、教学手段等系统性改革创新。

第二个问题是高等教育数字化转型要转什么? 这个问题相比第一个问题而言,答案似乎更加宽泛且具有弹性。客观而言,高等教育数字化转型是一个系统性的整体转型,要转的是方方面面而不是碎片化的点点块块。关于教育数字化转什么,比较具有代表性的观点认为,教育数字化转型主要是在"思想、认识上的转变""要素的转变""治理方式的转变"[3]三个方面完成整体性转型。从我国高等教育发展实际出发,三个方面同样适用。

首先,思想、认识上的转变。高等教育是一个以人才培养、科学研究、社会服务、文化传承与创新、国际合作交流为功能的社会系统,高等教育既是数字化技术应用部门,也是数字化技术生产部门,而数字技术反过来又作用

---

① 焦建利.ChatGPT:学校教育的朋友还是敌人? [J].现代教育技术,2023,33(04):5-15.
② 焦建利.ChatGPT:学校教育的朋友还是敌人? [J].现代教育技术,2023,33(04):5-15.
③ 袁振国.教育数字化转型:转什么,怎么转[J].华东师范大学学报(教育科学版),2023,41(03):1-11.

于高等教育数字技术的生产能力，他们之间的关系在一定程度上体现了"教育-科技-人才"的三位一体。要实现数字技术与高等教育之间的良性互动，要推进"教育-科技-人才"三位一体融合发展，就需要充分认识到数字技术作为一种变革性力量为高等教育发展提供的重大机遇，这是把握好这一重大机遇的前置性条件；同时也要充分认识到高等教育变革创新对数字技术发展的重大支撑作用，发挥好高等教育在重大科技创新以及"卡脖子"技术发展方面的策源地作用。

其次，要素的转变。如上所述，高等教育数字化转型是一个系统性的整体转型，要转的是方方面面而不是碎片化的点点块块。所以，高等教育数字化转型涉及技术、内容与人等全要素的全方位转型。技术层面，从电视、电话技术到信息技术再到 5G、6G、人工智能、元宇宙、ChatGPT、DeepSeek 等数字技术，技术发展不仅赋能于高等教育发展，而且愈发成为驱动高等教育变革的引领力量，但数字技术作用的发挥依赖于坚实的数字基础设施建设，所以，如何实现高等教育数字化技术底座与应用平台的升级转型，是一项基础性工作；内容层面，教与学是高等教育数字化的重要应用场景，数字技术、人工智能技术与教、学的深度融合，催生了高等学校在育人理念、教学形态、学习方式、治理方式、评价方式、校园环境等方面的全方位变革；人的方面，人工智能作为课堂教学的新型"教师"，ChatGPT、DeepSeek 正在全方位助力催生一种新的人机协同教与学的方式革命，在传统教学中教师知识传授的主体地位逐渐式微，而体现教师本质的"育"的功能正在回归，在学的方面由于教学方式的深刻转变以及学生获取知识渠道的多元趋势，催生了多种新型教学模式和学习方式，可为学生提供沉浸式、生成式、交互式、个性化的学习体验。

最后，治理方式的转变。数字化使高等教育管理服务更加精准，基于大数据分析的决策更加科学，如，对贫困生的认定，借助学生消费统计后的直接补助行为相比通过传统的材料申报更加科学化与人性化；再如，通过数字化介入的教学评价，可以更加全面而客观地分析学生学习情况以及对教学活动全过程评估与监测。当然,高等教育数字化在带来好处的同时,也产生了风险,如网络舆情、网络暴力、数据安全风险、人工智能伦理分析。因此,高等教育数字化转型既催生了高等教育传统治理方式的变革,其自身也作为一项重要内容纳入高等教育治理体系之中。

第二节　互塑机制:数字变革与高等教育
变革的双向赋能

习近平总书记在二十届中共中央政治局第五次集体学习中强调:"建设教育强国,是全面建成社会主义现代化强国的战略先导,是实现高水平科技自立自强的重要支撑。"科学技术作为第一生产力与第一竞争力,同样对高等教育产生深刻影响。数字技术已然成为推动高等教育变革的中坚力量,为推动学习环境重塑、学习体验升级、服务支持重构、评价体系创新以及实现数字技术全域赋能高等教育提供重要支撑。然而,如何将数字技术势能转换为高等教育变革的强大动能,数字变革如何助力高等教育在变革的新赛道中谋策布局,正是本节所重点讲述的主要内容。

一、数字变革与高等教育变革

随着数字技术在各个领域的应用和发展,数字化正在深刻融入个体与社会的发展成就之中。[①] 20 世纪 40 年代末至 50 年代初,计算机的出现意味着数字变革即将到来。最早的计算机为主要用于科学研究和军事应用的巨型机器,例如美国的埃尼阿克(ENIAC)和英国的科洛萨斯(COLOSSUS)。20 世纪 60 年代出现了第一代计算机语言,如 FORTRAN 和 COBOL。自此,程序编写变得更加高级化和易于使用。20 世纪 70 年代,互联网的雏形——阿帕网(ARPANET)开始发展。20 世纪 80 年代,苹果公司和微软公

---

① 钟周.胜任数字变革:欧盟数字素养框架体系研究[J].世界教育信息,2023,36(01):46-57.

司分别推出了个人电脑 Apple Ⅱ 和 Altair 8800，开启了个人计算机的新时代。个人电脑的兴起标志着数字变革向大众普及的开始。互联网的商业化应用迅速发展，万维网（World Wide Web）的发明使信息的浏览和共享变得更加便捷。同时，个人电脑硬件和软件的不断升级改进，为更广泛的应用场景打下了基础。20 世纪 90 年代，数字革命进一步加速，互联网在全球范围内的普及使得信息的传递和交流变得更加容易。此时，互联网主要以电子邮件、网站和文件共享功能为主。21 世纪初，移动互联网的崛起和智能手机的普及改变了人们的生活方式和信息获取渠道，人们可以随时随地访问互联网。社交媒体、移动应用和电子商务等新兴应用不断涌现，甚至改变了人们的社交和商业行为。直至今日，云计算、大数据、人工智能和物联网等新一代数字技术的突破和应用，进一步推动了数字变革的进程。人们可以通过云计算技术存储和处理海量数据，人工智能的发展也使得计算机具备了更强的智能和自学能力。数字变革的历史可以看作是数字技术不断发展和应用的过程，不断推动着社会结构、经济模式和文化方式的转变。

　　"高等教育是一个庞大的社会体系，其内部关系错综复杂。"高等教育变革是指对传统高等教育模式和体制进行重构和改革，以适应社会发展的需求和对人才培养的新要求。[①] 从国际化的角度而言，19 世纪末至 20 世纪初为国外高等教育变革早期阶段，此刻，高等教育仍然相对精英化且传统，在日常教学中，注重学科知识的传授和学术研究。各国逐步开始对高等教育进行改革。例如，英国于 19 世纪逐步开始进行国家干预教育。美国颁布《莫雷尔法案》，赋予高等教育新内涵。在中国，此刻恰逢洋务运动。"洋务学堂"兴办，中国近代高等教育从此开始。在国外，20 世纪 50 年代至 60 年代是高等教育变革的重要阶段，大规模的学术扩张与劳动力需求的增长相吻合，大量的学生进入高等教育学习阶段。此外，此刻的高等教育开始注重通识教育和跨学科研究等方面，追求全面发展。在中国，恰逢新中国成立之

---

① 何云坤.科学进步与高等教育变革史论[M].岳麓书社,2000.

初,高等教育十分薄弱。为保证建设国家需求,中国政府决定对高等教育进行重建。此刻高等教育办学以中央人民政府教育部统一领导为原则,强调高等教育部与中央人民政府业务部门的密切配合,以及对高等教育学校的统一与集中领导。此刻,高等教育发展打下了坚实基础。[①] 20 世纪 70 年代至 80 年代,高等教育变革受到社会运动和政治变革的影响。学生运动和民主化运动的兴起以及对学术自由和社会公正的关注,促进了高等教育的改革。同时,高等教育机构开始更加重视教师的教学质量和学生对教育的参与。我国在 20 世纪 70 年代初期恰逢高等教育大发展时期。高等教育目的由以政治导向转为以教学质量与人才培养为导向。1977 年,高考制度恢复,最终 27.3 万人进入大学,高等教育开始向全社会逐步开放。与此同时,中国教育敞开面向世界的大门。并且,至 1990 年代,困于高等教育入学现实情况远不足以支撑国家经济发展对人才的需求,自此,高校扩招,高等教育逐步向普及化迈进。

近年来,互联网和信息技术的普及使高等教育变革迎来了全新的机遇。网络技术和在线学习平台的出现,为学生提供了更加灵活和自主的学习方式,推动了远程教育和虚拟学习环境的发展。同时,全球化和国际交流的加强,促进了高等教育的国际化发展。当前高等教育面临的挑战和变革更加复杂多样,在数字化经济时代迅速发展的今天,各类技术创新加速发展,对高等教育的育人目标提出了更高要求。当前,社会发展的新引擎悄然发生变化,数字经济已然为世界经济和社会发展新助力。高等教育领域中,数字技术运用越来越广泛,不断推进高等教育转型与升级,ChatGPT、DeepSeek 等人工智能工具更是对高等教育发展形态产生了冲击。[②]

高等教育变革经历了多个阶段和趋势。无论从精英化到大众化,从学

---

① 扎根中国大地 奋进强国征程——新中国 70 年高等教育改革发展历程［EB/OL］.（2019 - 09 -22）［2023 - 08 - 20］. http://www.moe.gov.cn/jyb_xwfb/s5147/201909/t20190924_400593.html.
② 数字化赋能高等教育现代化发展［EB/OL］.（2022 - 06 - 13）［2023 - 08 - 17］. https://baijiahao.baidu.com/s? id=1768537961498470351&wfr=spider&for=pc.

科知识传授到全人教育，从传统教室教学到在线学习和虚拟教育，高等教育的活动都在不断变革以适应社会、经济和技术的发展。

二、数字变革与高等教育变革的双向赋能与互塑：何以可能

赋能"Empower"一词最初源于美国陆军四星上将斯坦利·麦克里斯特尔的著作《赋能：打造应对不确定性的敏捷团队》。"赋能"本意指管理者通过一定权力，运用各种管理方式激发组织成员的能量。简单从字面意义而言，"赋能"常被理解为"赋予能量"或"赋予能力"。从语义而言，"赋能"作为动词需具备主体与客体。从其本质而言，"赋能"作为一个生命体，具有三个重要特征，即目的性、主动性与进化性。[①]

"互塑"有"相互影响""互为塑造"之意，其要求关系主体在结构上和功能上都应保持互动状态。[②] "互塑"即意味着它可能涉及两个或多个因素或实体之间相互影响、相互塑造的过程。"互塑机制"亦可称为"互动机制"或"双向互动机制"。在数字化时代下的教育领域中，数字变革与高等教育变革的互塑意指二者之间休戚相关，或多存在促进或影响的关系。数字变革有助于为教育带来智能化教育这一新形态的转变；而数字化进程也将在教育这一具体、特定的应用场景的动态变革下产生具有一定"教育"特质的数字化发展进程。[③]

数字变革与高等教育变革之间的"互塑"关系具体表现在多个方面。例如，在线学习平台、虚拟实验室和远程教学等教学工具，帮助实现教学资源的共享和跨地域的教学合作，重塑教育新形态。数字技术的变革为学生提供了更为丰富多样的数字化工具和技术，助力教师与学生在教育过程探索

---

① 关于"赋能"，很多人的理解可能是个笑话[EB/OL].(2020 - 04 - 27)[2023 - 08 - 17]. https://m.gmw.cn/baijia/2020 - 04/27/33781098.html.

② 王崇."互塑"理论视阈下民族地区乡村治理中的非正式制度研究[J].广西民族大学学报（哲学社会科学版）,2022,44(03):63 - 69.

③ 彭绍东.AIGC时代基于双向赋能的人工智能教育创新框架[J].教育文化论坛,2023,15(04):12 - 26.

新颖的教学模式和方法。尤其是远程教育和在线学习的方式,消除了传统教育中的地域限制,让学习成为一种可随时随地进行的活动。这种开放共享的模式对提高教学质量和对各类教学资源物尽其用大有裨益。例如,由清华大学推出的大规模开放在线课程(MOOC)平台"学堂在线"便是这方面的杰出实践与探索,"学堂在线"既加强了数字化教育资源的供给,亦推动了传统课堂教学转型升级,提高了教育质量。①

在学习体验优化方面,数字变革为学生提供了更加灵活、个性化的学习体验。数字技术的应用也使得教育资源能够跨越时空限制,使更多人能够获得高等教育的机会,在一定程度上有助于高等教育公平,促进教育的普及化和可及性。在教育质量提质增效方面,数字技术应用促使高等教育变得更加高效和精确。例如,智能化教育技术和个性化学习系统应用通过提供定制化的学习内容和反馈,帮助学生按需选择更具针对性的个性化学习资源。而学习管理系统等基于互联网的 e-learning 管理平台,通过收集和分析学生的学习数据,及时发现问题并进行精准干预,实现个性化学习。教育方式正在随着网络的迅速发展与变革面临一场革命性变迁。

在教育生态的重塑方面,数字变革改变了传统高等教育的边界和结构,在线学习、开放教育资源、虚拟学位等新兴形式催生了跨越全球范围的学习社区和资源共享,极大丰富了学习者的选择和机会。甚至从跨界合作角度而言,数字变革激发了高等教育机构与科技、产业等领域的跨界亲密合作。通过与行业合作,结合数字化技术的应用,高等教育机构能够更好地培养适应未来社会和产业需求的人才。同时,数字化时代的技术发展也要求高等教育机构调整教学内容和方式,使学生具备数字化素养、创新思维和适应变化的能力。高等教育机构与科技公司、创新企业之间的合作日益增多,共同推动了教育和技术的互相影响和共同发展。这种紧密结合还促进了教育与产业的良性互动,为社会和经济的发展提供了有力支撑。

---

① 高靓.清华大学推出"学堂在线"面向全球提供在线课程[J].中国建设教育,2013,(06):1.

数字变革必将带来高等教育理念和模式的变革。因此，厘清数字变革与高等教育变革之间的内在联系，探讨关于数字变革与高等教育变革之间的双向赋能，对于推进教育资源的数字化共享和全球化，为教育政策制定者提供了决策参考。

三、数字变革与高等教育变革的双向赋能与互塑：何以可为

数字化时代发展浪潮下，使数字技术推动高等教育提质增效是高等教育变革发展中的重中之重，也是未来高等教育变革发展的必然趋势。未来教育如何培养个体技能，未来教育如何满足社会发展需求，如何利用学习科学更好促进教学，如何借助认知科学、脑科学研究促进教育等热点话题的出现，意味着未来教育不仅仅是技术驱动教育设施与应用的升级换代，教育的目的、内容、手段、教学方式、评价方式等，均在发生深刻变革。

（一）数字变革与高等教育变革的双向赋能的现实依据与政策导向

随着数字化时代的到来以及云计算、大数据、人工智能、物联网、虚拟现实技术、区块链技术等现代信息技术加速成熟，数字技术与手段正与高等教育"加速度"深度融合，运用数字技术和手段助力高等教育转型升级正在成为当前高等教育领域的重要热题之一。[①] 由人工智能引领的第四次产业技术革命正在进行，全球人工智能竞争的核心在于人工智能人才的数量储备，而决定人才储备多寡与人才质量优劣的保障在于高等教育。多国也在逐步出台符合其国情的"数字化"＋教育的战略计划。例如，由俄罗斯联邦政府统筹推动，处于国家发展战略目标框架内的教育数字化战略转型计划——《俄罗斯教育部活动领域相关的教育数字化战略转型方向》，目标是实现俄罗斯数字化战略转型，达成教育强国计划。[②]。日本政府则自2016年起逐步推动一系列方针政策，以实现通过制度引领作用，推动数字化＋教育的发

---

① 于妍,蔺跟荣.数字技术赋能研究生教育高质量发展:何以可能与何以可为[J].中国高教研究,2022,38(11):53-60.

② 欧柔薛.俄罗斯教育数字化战略转型[J].世界教育信息,2022,35(06):45-51.

展。如 2019 年的《人工智能战略 2019》《人工智能战略 2019（2020.06 修订版）》，以及 2021 年以来逐步迭代更新的《人工智能战略 2021》与《人工智能战略 2022》。由于日本政府充分认识到了人工智能技术的核心作用及其在教育领域的重要地位，通过政策指引，不断为数字化＋教育做好相应顶层设计，循序渐进地推进数字化在教育中的有效融合。①

韩国教育部在 2022 年制定了《2022 年教育信息化实施计划》，其中尤为强调要面向未来社会变化，打造未来型教育与研究环境，创造以信息通信技术为基础的未来教育与研究环境，扩大教育信息化革新范围，实现可持续的教育信息化革新，旨在打造"以人为本的智能教育环境"。②

澳大利亚政府于 2021 年推出《数字经济战略：在 2030 年实现领先的数字经济与社会》（Digital Economy Strategy: A Leading Digital Economy and Society by 2030），旨在实现"2030 年建成领先的数字经济与社会"的愿景。③

数字技术正融入人类经济、政治、文化、社会、生态文明建设各领域和全过程，给人类生产生活带来广泛而深刻的影响。同时，我国也尤为重视数字化教育。当前，数字化及其衍生的数字经济作为经济增长和社会发展的"稳定器"和"加速器"，教育作为国民教育体系和人力资源开发的重要组成部分，与经济社会发展具有密不可分的联系。④

党的二十大首次将"教育数字化"写入报告，为新时代新征程进一步发展教育数字化指明方向、提供遵循。2022 年全国教育工作会议上提出实施"国家教育数字化战略行动"。教育作为"数字中国战略"的一部分，以数字

---

① 康乐,姚凯博.日本人工智能教育战略行动述评[J].世界教育信息,2022,35(06):37-44.
② 罗毅,董丽丽.教育与研究的智能化转型——韩国《2022 年教育信息实施计划》探析[J].世界教育信息，2022，35(6):52-59.
③ 数字化教育：碰撞科技的火花[EB/OL].(2022-10-11)[2023-08-17].https://m.thepaper.cn/baijiahao_20211036.
④ 加快建设制造强国[EB/OL].(2022-10-18)[2023-08-17].http://china.gansudaily.com.cn/system/2022/10/18/030646656.shtml.

化转型为契机，对人才培养机制、教育治理方式等方面的不断重塑，将有力支撑教育高质量现代化发展。

世界数字教育大会于 2023 年 2 月 13 日至 14 日在北京召开，此次大会的主题为"数字变革与教育未来"。当前，我国已经建成世界上最大规模的高等教育体系，高等教育毛入学率达到 57.8%，整体水平也迈入世界第一方阵[1]。此前在教育部举行的媒体吹风会上，相关负责人表示，国家教育数字化战略行动启动实施一年来，取得了显著成效，我国已基本建成世界第一大教育教学资源库[2]。"高等教育领域的数字化转型正在重塑教育发展的模式和路径。高校也在进一步转变发展理念，以数字教育发展为切入口，从外延式发展转向内涵式提升，为实现中国式高等教育现代化提供强大而持久的动能。"[3]

在主题为"数字变革推动高等教育创新发展"的论坛上，清华大学交叉信息研究院院长姚期智提到数字科技为高等教育赋予了极大的改进升级的机会。数字变革赋能高等教育变革，前提要以符合数字经济时代需求的社会价值为高等教育人才培养目标。

（二）数字变革赋能高等教育的崭新范式

1. 学习环境重塑

随着互联网和数字技术的发展，Coursera、edX 等在线教育平台方兴未艾。这些平台与全球顶尖大学合作，为学生提供丰富的在线课程，学生无论身处何地，高质量的教育资源都唾手可得。大规模开放在线课程平台支持学习者自行选择感兴趣的课程，使学生可以按照自己的兴趣与节奏学习。

---

[1]　范玉鹏，周倩.以数字化赋能中国式高等教育现代化[EB/OL].（2023 - 02 - 17）[2023 - 08 - 20].https://baijiahao.baidu.com/s? id=17580406369915885718&wfr=spider&for=pc.

[2]　《光明日报》.以数字化转型赋能高等教育内涵式发展.（2023 - 02 - 15）[2023 - 08 - 20].http://www. moe. gov. cn/jyb _ xwfb/xw _ zt/moe _ 357/2023/2023 _ zt01/mtbd/202302/t20230215 _ 1044789.html? eqid=9da2d63e0000fcc700000004648028ae.

[3]　范玉鹏，周倩.以数字化赋能中国式高等教育现代化[EB/OL].（2023 - 02 - 17）[2023 - 08 - 20].https://baijiahao.baidu.com/s? id=17580406369915885718&wfr=spider&for=pc.

高等教育不再受限于时间和空间。除了数字化学习资源开放模式服务的升级,虚拟现实、增强现实和混合现实技术等数字化技术在教育领域的应用使得远程教学和虚拟实验室成为现实。例如,清华大学所构建的虚拟现实 VR 技术联合实验室(VR Tech Lab)能够支持学生通过视频会议和远程控制设备进行虚拟实验。同样,在医学教育中,学生可以通过虚拟实验室进行解剖学实践,而无需对真实尸体进行解剖。这样不仅节省了一定教学资源,还提供了更加灵活和安全的学习环境。虚拟现实、增强现实和混合现实技术等数字化技术为高等教育带来更加沉浸式和互动式的学习体验,这是以往传统面授课堂难以实现的。学生利用虚拟现实、增强现实和混合现实技术等数字化技术,仿若真实般体验不同的学习场景。

数字化技术对高等教育学习环境的重塑是显而易见的。首先,以虚拟现实、增强现实和混合现实为例的数字化技术学生带来的沉浸式学习体验,增强了实践性学习的安全性和灵活性。并且,这种体验有助于增加学习的乐趣与参与度。这类技术通过将虚拟对象叠加在真实世界中,学生在虚拟的环境中进行操作,使学生更好地在事件中理解抽象概念,提高实践能力与解决问题的能力。从学习资源环境的构建而言,大量的大规模开放在线课程的开发帮助学生自主访问丰富的教育内容,拓宽学习的范围,有助于学生更加全面了解知识领域。然而,不容置喙的是,尽管数字化技术为高等教育带来许多潜力与优势,但巨额的技术成本、高质量师资的培养以及一定教育政策的支撑同样面临挑战。

2. 学习体验升级

基于在线学习、移动学习、MOOCs 等数字化学习新体验,在一定程度可以从进入门槛上和对学习时间把握上极大地降低学生的学习成本。新技术似乎让学习变得更为有效,这些都是传统教育所无法比拟的。第三届世界高等教育大会报告《突破极限——重塑高等教育的新路径》,对未来教育发展提出了六大变革方向,其中便包括"为学生提供更为全面的学习体验、构建完善且内容多样和方式灵活的综合学习体系、技术赋能高效的教育与研究。"①

　　相较于以前"口口相传"，互联网上有海量的学习资源包括课程视频、教材、学术论文、研究报告等均可供学生自由获取。通过互联网，学生可以轻松获取各个领域的最新知识和信息，丰富自己的学习内容。网络上存在着大量的开放教育资源，如视频课程、讲座录像、在线学习材料和教学工具等。这些资源由各大高校、教育机构、非营利组织和行业专家提供，供学生自由获取和学习。开放教育资源的存在使得学生能够从顶尖知识的源头汲取知识，并且能够根据自己的兴趣和需求进行个性化学习。同时，相对于以往以文字为主要载体的资源供给方式，网络为学生提供了丰富多样的多媒体学习资料，如图像、音频和视频。这种多媒体形式的学习资料能够更好地满足学生的学习需求，帮助他们更直观地理解和记忆知识。例如，通过观看图像、实验视频或模拟演示，学生可以更好地理解复杂的概念和现象。而且，互联网上还存在许多在线学习社区和平台，如知乎、百度问答和 Quora 等。这些平台汇聚了来自不同领域的专业人士和学生，他们愿意分享知识、解答问题和提供学习指导。学生可以通过这些平台与他人进行互动，并从各个角度获取不同的学习资源和观点。这些资源的丰富性不仅丰富了学生的学科知识，还培养了他们的信息检索和评估能力，提高了学习者的学习效率和学术素养。数字化时代同样为高等教育带来了跨学科合作和远程团队项目的机会。② 学生可以通过在线平台与不同专业和地区的学生合作，共同完成项目任务，实现跨学科和远程团队项目的合作模式。这种跨学科合作培养了学生的跨界思维和团队合作能力，并且帮助提升学习者解决复杂问题的能力，丰富了学习体验。

　　数字化时代下的教学基于数据分析技术，更好地了解学生的学习情况和需求。同时，基于学生数据，高校可以实施个性化教学，提供量身定制的学习计划和教学资源。学生可以通过智能教育平台和学习管理系统,获得个性化的学习建议和反馈,提高学习效果。

3. 学习服务支持体系重构

数字化发展步伐加快,其相关应用也在各行业中实现较好发展,我国尤为注重在教育领域中构建良好数字生态的重要作用。

智慧校园平台作为高校学习服务支持体系中的重要组成部分,其发展具有质的飞跃。智慧校园平台是一种基于信息技术的综合管理系统,通过集成各种教育资源和管理工具,以提升高等教育办学效率、优化学生服务和改善教育质量为目标。[①] 数字技术作为智慧校园构建的推力,在整个智慧校园建设中具有重要作用。

就教学全过程的提质增效而言,智慧校园平台有效整合所涉及的教学资源,包括教学计划、教材、教学评估等重要部分。教师可以通过平台对课程管理和教学活动进行安排,提高教学效率和统筹能力。同时,学生可以方便地查阅教学资料、提交作业和参与在线讨论,提升学习体验和互动性。

就服务升级优化角度而言,智慧校园平台提供了为学生服务的数字化与自助化的有效途径。学生通过平台查询课表、成绩、考试安排、申请选课和办理各类手续。此外,智慧校园平台还支持在线预约辅导、咨询和活动报名等功能,方便学生获取实时的学术和生活支持。

其次,就数据驱动决策而言,智慧校园平台能够实时收集和分析各类教育数据,包括学生学习情况、教师教学评估、课程效果等。这些数据为高等教育机构提供了基于数据的决策依据,帮助更好地评估教学质量、改进教学方法,并为相关政策制定者提供高等教育政策的底层实践依据。

智慧校园平台激发了高等教育中的教学创新,为高等教育带来一定教学创新的机会。通过整合各类在线教育资源和学习工具,教师可以通过设计在线课程、线上讨论和实验、虚拟实践等创新教学活动,提供更具互动性

---

① 潘松.智慧校园建设研究[J].计算机科学,2022,49(8):350-353.

和趣味性的学习体验。同时，智慧校园平台支持智能化的学习管理和个性化教学，促进学生自主学习和深度参与。这种创新不仅丰富了教学手段，还激发了学生的学习兴趣和动力。

助力校园管理提升，智慧校园平台还覆盖了高等教育机构的日常行政和管理工作，包括财务管理、人力资源管理、设备维护等。[1] 通过数字化和自动化的流程，可以提升办公效率、减少人力成本，并实现资源的合理配置和优化。这种数字化平台为高等教育机构提供了更多的工具和手段，提升教学质量、学生参与度和校园管理效率，推动高等教育不断创新和发展。数字变革改进了高等教育机构的管理和服务体系。帮助学校进行数据分析和决策支持，优化资源配置和教学质量监控。

以上案例与证据均足以表明数字技术与变革正在一步一步为高等教育机构、教师和学生提供诸多的可能性和机会，促进了教育的创新与升级。从教与学到决策乃至整个校园的管理，数字化技术从整体上帮助学习服务支持体系的服务重构。

4. 评价体系创新

高校内部发展已经弱化单纯对办学规模与办学数量的追求，反而更加注重高校办学质量与办学实力。数字化时代下，由数据驱动的精准管理与决策支撑评价体系，有助于提供多维度且客观的评价参考指标，为高校提高数字化治理能力与水平、创新数字化评价体制添砖加瓦。

例如，基于人工智能的数字化评价可以根据学生的学习数据和行为模式，提供个性化的评价和反馈。通过分析学生在学习过程中的表现和问题，智能化的数字工具为学生量身定制多维度、个性化的评价，并针对性地提供相应的建议和指导。这种个性化评价能够更好地体现学生的学习进展和困难，帮助学生发挥潜力，为学习提质增效，也有助于教师从更细粒度的角度

---

① 何克抗.21世纪以来的新兴信息技术对教育深化改革的重大影响[J].电化教育研究，2019，40(03)：5-12.

了解学生的需求与困难。从时效性而言,传统的评估方式通常是周期性或阶段性的,而人工智能可以实现实时评估。通过监测学生的学习数据和表现,基于人工智能的数字化评价可以及时反馈学生的学习进度、理解情况和知识掌握程度。这种实时评估不仅可以帮助学生及早发现和弥补学习中的薄弱环节,也可以帮助教师及时调整教学策略和内容。基于人工智能的数字化评价可以从多个角度对学生进行评价。除了传统的考试和作业评估,智能化的数字工具还可以通过视频画面或音频记录分析学生在协作学习、项目实践和创新能力等方面的表现,提供更全面、多维度的评价。这种多维评价可以更好地揭示学生的综合能力和潜力,对于培养学生的创新思维和解决问题的能力具有重要意义。

智能化的数字工具赋能高等教育的评价创新体现在个性化评价、实时评估、多维评价等方面。这些创新不仅可以提高学生的学习效果和促进个人发展,同样支持教师的教学创新和教学质量的提升,从而对高校提质增效大有裨益。然而,评价创新所涉及的伦理和隐私问题也需要引起重视,确保评价过程的公正性、透明性和合法性。这是目前亟须解决的问题。

(三)数字变革赋能高等教育的提质增效

如若分析数字变革何以赋能高等教育提质增效这个问题,我们需要首先讨论,高等教育的提质增效对于教育而言意味着什么,具有什么样的重要作用。

首先,高等教育的提质增效最为直接的利处在于人才培养质量的提高。高等教育质量的提升能够帮助国家培养出更多具有高素质、创新能力和适应能力的新时代人才,这些新秀对于社会发展发挥重要作用。高等教育的提质同步意味着学生的创新和科研能力攀升。培养学生的创造力、独立思考和问题解决能力,并积极鼓励他们参与科学研究和创新实践,这不仅有助于学生个人的成长和发展,也为社会创新驱动型发展提供了源源不断的人才储备支持。高等教育提质同样满足了社会对人才的需求。随着社会经济的快速发展和变化,对高素质人才的需求也在不断增加。高等教育的提质增效更好地培养与社会需求相匹配的人才，为社会提供更多具备专业技能、创新能力和领导才能的数字经济新时代下的优秀人才。高等教育的提质增效还可以促进社会公平和社会流动。优质的高等教育不仅应该关注培养精英人才，还应该注重增加教育机会，让更多的人有机会获得高等教育，实现社会流动和个人发展的机会均等化。高等教育的提质增效无论是对学生、教师，还是对社会都有至关重要的作用。

数字技术的不断迭代给社会各界带来了深刻影响，尤其是随着新一轮的科技与产业变革的推进，数字变革与高等教育变革问题成为当下尤为关切的问题。在数字经济时代下，如何利用数字技术赋能高等教育的提质增效是至关重要的问题。我国教育部更是在近几年直接将教育数字化战略列为近年来诸多工作中的当下关切。从 2012 年《教育信息化十年发展规划（2011—2020 年）》的首次发布，[①]到 2016 年《教育信息化"十三五"规划》印发[②]，再到 2018 年《教育信息化 2.0 行动计划》的出台，[③]我国教育数字化发展步伐蹄疾步稳。数字技术已经成为推进高等教育高质量发展的重要力量。因此，推进云计算、人工智能、大数据、区块链等现代数字技术与高等教育的深度融合，以数字化革命实现高等教育"新生态""新场域"的"智"向变革，全面推动高等教育高质量发展，推进数字革命与高等教育深度变革的双向赋能与融合如箭在弦。

1. 基于数字化新型教育形态，构建高等教育"新生态"

智能时代的到来迅速改变了我们的信息表达与传播方式，影响着人们的认知方式，甚至每时每刻都融入人们的社会生活之中。尤其是在教育领域，数字技术似乎对于教育带来了颠覆性的"新生态"。在传统教育系统中，

---

① 中华人民共和国教育部.教育部关于印发《教育信息化十年发展规划（2011—2020 年）》的通知（2012 - 03 - 13）[2023 - 08 - 20].https://www.gov.cn/gzdt/2012 - 03/31/content_2104056.html.

② 中华人民共和国教育部.教育部关于印发《教育信息化"十三五"规划》的通知（2016 - 06 - 07）[2023 - 08 - 20].http://www.moe.gov.cn/srcsite/A16/s3342/201606/t20160622_269367.html.

③ 中华人民共和国教育部.教育部关于印发《教育信息化 2.0 行动计划》的通知（2018 - 04 - 18）[2023 - 08 - 20].http://www.moe.gov.cn/srcsite/A16/s3342/201804/t20180425_334188.html.

无论从培养目标、课时、课程乃至整个教学环境和师生配置都具有一定的稳定性和封闭性。"稳定"在于内容与形式的一成不变，"封闭"在于自外而内的改变难乎其难。而数字技术的发展似乎有意打破这个具有封闭性的教育系统，并深度地融入和渗透至教育的各个层面。而且，无论是否愿意，均需直面并适应这一改变的到来。

教育的发生需要同时具备一定的适应性和前瞻性。换言之，即教育既需要满足当前社会所亟须的需要与要求，更需要具有一定的"超过性"。所谓"超过性"即不仅能反映教育当下现状，更能对未来发展趋势和一定可能性进行一定预判，在一定程度下满足未来社会的"将要状态"。所谓"十年树木，百年树人"，所培养的人才只有既满足当前社会发展需求，又能对未来瞬息万变的变化具有一定的"超过"应对能力，才能够使人在面对未来可预见或非可预见的挑战具有一定的应对潜能。因此，在当前瞬息万变的时代之下，教育作为一个复杂的生态系统，如何基于当前的数字化转型浪潮施展拳脚？

高林教授认为，数字化作为一种教育教学理念，其本质在于重构教育新生态，即教育的发展体系。笔者将从不同角度理解：从人才培养角度出发，培养高质量"数字＋"人才。其次，从学习环境构建出发，营造"无围墙"智慧学习环境，实现任何人能够完成"任何时间、任何地点"的学习新生态。而后，以数字技术为底层逻辑，实现个性化学习者学习全过程的收集、记录、评估等教学新生态，实现数字赋能高等教育。最终，基于数字化理念，扎根于数字化平台，创新数字化评价机制，提高高等教育数字化管理能力，引领高等教育变革的新生态。

2. 立足数字化教育场景，打造高等教育"新场域"

近年来，教育领域对所谓"未来教育"发展模式的理论探索，间接推动了数字化时代下的高等教育领域实践新突破。高等教育学习场景、学习模式等的不断推陈出新，也逐步推动高等教育生态在实践中不断迭代，形成高等教育"新场域"。然而，当数字技术赋能高等教育这一问题被进一步细化与讨论时，不同学者的不同认知也侧面呈现出相关细节问题的复杂性。徐晓美等学者认为，数字赋能高等教育即意味着数字技术要实现高等教育全方位提质增效。从基础设施的完善至整个学习环境的重构，从教学过程至整个学校管理治理体系与机制的数字化，从覆盖全校园乃至校外生活区域延伸，与教学相关的万物实现智慧互联，构建线上线下、虚实结合的全方位、立体化的智慧高等教育体系，进一步推进高等教育提质增效[①]。刘畅等学者强调以数字技术应用发展为引领的教育数字化转型需依循以下逻辑。首先，教育资源应当回应学生教师当下需求的服务逻辑。其次，教育场景应当满足虚实融合的教育空间逻辑。而后，打破平台封闭，确定跨平台、跨部门的多元协同的教育治理逻辑[②]。人们主动拥抱"数字"时代，尝试以数字化的认知观念和技术解决高等教育问题。教育组织与环境、教学过程与形式被重构与优化，数字赋能推进高等教育全方位的优化、转型乃至创变。

第三节　可能样态：数字时代高等教育变革的风向

可能样态是对高等教育数字化未来的一种展望，这种展望是基于对"昨天"的经历与"今天"的现实基础上的对"明天"发展样态的一种判断。显然，判断的科学性并非一种"凭空想象"，而是建立在相关条件基础之上。从发展进程的坐标来看，"明天"的可能样态与"昨天"以及"今天"的基础密不可分；从影响可能样态的要素来看，与高等教育发展、数字技术发展以及数字技术与高等教育之间的互塑可能密不可分。

一、高等教育数字化转型的"阶段论"

高等教育数字化转型分阶段理论是学界的基本共识，包括高等教育数

---

① 徐晓美，张紫陌.以数字化变革推动高等教育高质量发展[EB/OL][2023-08-20].https://baijiahao.baidu.com/s?id=1769834978491238184&wfr=spider&for=pc.

② 刘畅，黄巨臣.资源、场域与平台：职业教育数字化转型的多重制度逻辑[J].中国职业技术教育，2023，(16)：13-22.

字化本身也是高等教育与信息技术耦合后进入特定阶段后的概念呈现,之前阶段一般被表达为教育信息化,针对未来则倾向于将其表达为教育智能化、教育智慧化以及更高阶段的概念表达,"教育数字化转型是教育信息化发展到一定阶段的必然产物,智慧教育是教育数字化转型的目标形态。"[①]当然,也可能将其表达为 1.0 阶段、2.0 阶段、3.0 阶段等等。基于此可知,高等教育数字化的未来样态主要指向一种更高阶段,这一更高阶段既包括当下高等教育数字化阶段论中的"下一站",也包括更远未来的"下下站"以及持续的延展。

在探讨高等教育数字化转型的"下一站"甚至"下下站"时,了解高等教育数字化转型主要包括哪些阶段以及"昨天"经历了哪些阶段、"今天"处于哪个阶段,具有重要价值。从已有研究来看,关于高等教育数字化转型"阶段论",主要形成了以下代表性观点。

代表性观点之一是从技术发展的视角来分析高等教育数字化转型的具体阶段。这一观点主张,高等教育数字化是一个历史进程,在这一历史进程中,技术是高等教育数字化转型阶段划分的变革性力量,高等教育数字化能否转型进入"下一个"阶段本质上取决于技术是否发展到了一个更高阶段。"高等教育数字化转型经历了多个发展阶段……基本逻辑是由数字技术为基础的智能革命引发工业革命 4.0,然后激发教育数字化转型进入教育 4.0。"[②]"初始于数据化,以计算机、多媒体为代表的数字信息技术,将事实、信号或符号转化为结构化数据并产生意义以改进教学;发力于网络化,以互联网、移动互联网为代表的网络信息技术,促进教育资源通过网络进行汇聚,实现优质资源的普及和共享;加速于智能化,以人工智能、大数据为代表的智能信息技术,促进教育过程中的数据挖掘、分析、利用和各类智能化教育

---

① 罗生全,张雪.教育数字化战略的中国方案:定位、理念及行动[J].中国电化教育,2023,(01):46-51+80.

② 吴砥,李玲,吴龙凯,等.高等教育数字化转型的国际比较研究[J].国家教育行政学院学报,2023,(04):27-36.

服务的实现。目前我们正处于从网络化向智能化跃进的重要历史节点。"①

代表性观点之二是从技术与高等教育互动的教育样态出发，来分析高等教育数字化转型的具体阶段。"常见的是'三阶段论'，即'融合—转型初级—转型高级''转化—升级—转型'以及'转化—转型—智慧'。"②如2022年12月我国教育部牵头编制的世界首份高等教育数字化报告《无限的可能——世界高等教育数字化发展报告》，将高等教育数字化发展过程划分为转化阶段、转型阶段和智慧阶段。③再如，"高等教育数字化转型大致分为转换、转型和全面转型三个阶段。第一个阶段即转换阶段，主要是将数字技术融入教育教学管理的各要素和各环节。第二个阶段即转型阶段，该阶段主要是进行重组和再造，转换和提升教育发展的内生动力结构，从工业化的支撑体系转到信息时代的动力结构。第三个阶段即全面转型阶段，主要是全要素、全业务、全流程和全领域的变革，构建教育的新生态。"④"在数字化应用的起步阶段，关注重点为基础设施建设、数字教育资源开发、数字化学习系统部署和教师数字技术教学应用能力。……之后进入教学数字化转型的初级阶段，围绕专业和课程，突破教育机构的边界，获得其他高校、企业、社会机构等的课程资源。……最终进入教学数字化转型的高级阶段，借助数字技术，高校之间的界限被完全打破，学校与学校、学校与社会、企业及其他利益相关方之间建立彼此互通的关系，实现专业、课程、师资、设施、服务等方面的资源共享，最大化地利用全社会的教育资源，以谋求更高质量人才培养的目的。"⑤

---

① 袁振国.教育数字化转型:转什么,怎么转[J].华东师范大学学报(教育科学版),2023,41(03):1-11.

② 胡钦太,危妙,陈颖珊.高等教育数字化:演进、挑战与转型[J].国家教育行政学院学报,2023,(04):20-26.

③ 世界慕课与在线教育联盟秘书处.高等教育数字化的趋势、阶段与变革——《无限的可能:世界高等教育数字化发展报告》节选一[J].中国教育信息化,2023,29(1):3-8.

④ 杨宗凯.高等教育数字化转型的路径探析[J].中国高教研究,2023,(03):1-4.

⑤ 李铭,韩锡斌,李梦.高等教育教学数字化转型的愿景、挑战与对策[J].中国电化教育,2022,(07):23-30.

综上,从高等教育数字化转型的"阶段论"来看,当下技术发展已经进入了一个更高的阶段,无论是5G、6G、元宇宙、区块链、人工智能还是引起广泛关注的ChatGPT、DeepSeek,新一代数字技术不仅深化了声音、图像等交流形态,而且在个体感知上突破了身体与环境的距离进而为突破具身体验提供了可能。同时,我们还清晰地知道,"我们建成了世界最大规模的高等教育体系""一批大学和一大批学科已经跻身世界先进水平,中国高等教育整体水平进入世界第一方阵。"①技术与高等教育都实现了快速发展,为高等教育数字化转型进入"下一个"阶段的发展样态提供了想象图景。但需清醒的是,高等教育数字化转型并非高等教育与数字化之间的简单"嫁接",而是一个复杂的工程,特别是,高等教育场域内的主体与对象之间是"人与人"的关系,这种关系决定了高等教育数字化转型的更高阶段是指向更高阶段人的发展,显然,相较于"物"的低级阶段的数字化建设而言,更高阶段的数字化转型难度更大、不确定性因素更多。关于这一点,早在2011年5月,苹果公司创始人乔布斯在与比尔·盖茨会面讨论关于教育和未来学校问题时曾提出"为什么IT改变了几乎所有领域,却唯独对教育的影响小得令人吃惊?"这便是著名的"乔布斯之问",这一问也为高等教育数字化转型所面临的困难性与不确定性提供了部分佐证。

二、高等教育数字化转型的"要素论"

"明天"作为一种可能样态是一个未知的,对"明天"的预判主要建立在对各种要素理性分析的基础之上。具体到高等教育数字化转型,可能样态的核心要素主要包括高等教育发展趋势、技术发展趋势和高等教育与技术互塑的可能。

(一)高等教育发展趋势

首先,高等教育在国家战略、科技创新、人才竞争以及经济社会发展中

---

① 教育部.党的十八大以来我国高等教育改革发展成效[EB/OL].(2022 - 05 - 17)[2023 - 08 - 5]. http://www.moe.gov.cn/fbh/live/2022/54453/.

的重要性愈发凸显。"高等院校在当今世界扮演的角色，比以往任何时候都重要得多。如今，它已成为推动美国进步的三大要素中的主要贡献者。这三大要素分别是：一，科技及其他探究性领域的新发现；二，那些最重要的组织机构开展工作所需要的专业知识；三，训练有素的人才。"①正如习近平总书记所强调的："我们对高等教育的需要比以往任何时候都更加迫切，对科学知识和卓越人才的渴求比以往任何时候都更加强烈。"因此，世界各国都重视高等教育特别是高水平大学建设，如，德国实施的"联邦与各州促进德国高校科学与研究的卓越计划"、日本实施的"21世纪卓越中心计划"、韩国实施的"21世纪智慧韩国工程"等。

其次，高等教育由大变强的高质量发展成为必然趋势。"高等教育战线以高质量为统领，注重由要素发展观转向整体发展观，不断探索建立与国情相适应、具有中国特色的教育理念与模式，在世界高等教育发展中发出了中国声音，提供了中国经验、贡献了中国智慧。"②我国高等教育要由大变强，要在国际高等教育体系中走向中心位置，必然要"弯道超车"，而数字技术作为"弯道超车"的重要力量，必将赋能高等教育现代化建设，助力建成高等教育强国。

最后，办学上的"多样化"、地理上的"去中心化"将是高等教育未来发展的主要趋势。从办学来看，全日制公办高校一支独大的局面随着学习型社会的推进将会发生变化，"高等教育的多样化已成为世界许多国家的共同选择。综合大学或国立大学的作用日渐突出，私立大学或民办大学已成为高等教育发展不可忽视的力量，网络大学作为一支快速发展的新生力量日益显示出勃勃生机。"③从高校办学地理位置来看，我国高校主要集中在北京、上海、江苏、湖北等省份，显然目前由于高校分布所形成的外部压力越来

---

① ［美］博克著.大学的未来［M］.曲强译.中国人民大学出版社，2017：前言1.

② 教育部.党的十八大以来我国高等教育改革发展成效［EB/OL］.（2022－05－17）［2023－08－5］.http://www.moe.gov.cn/fbh/live/2022/54453/.

③ 王莉芬.世界高等教育发展趋势及其启示［J］.高等教育研究，2008，29（12）：12－17.

大,对此,国内关于"异地办学""一校多区"等探索一直持续。从国际经验来看,早在 1998 年 5 月,英、法、德、意四国教育部长聚集巴黎发表了著名的"巴黎宣言"(Sorbonne Declaration),其中一项重要内容就是提出要建立"欧洲高等教育空间"(European Higher Education Space)。[①] 这意味着,未来的某个时期,在数字化赋能下的高等学校办学地址的物理区域分布将会发生巨大变化,这种变化反过来又对数字化赋能学分认证、线上教学、评价改革等作出要求。

(二) 技术发展趋势

技术的发展对高等教育数字化转型发挥着至关重要的影响。从历史逻辑看,数字化转型是技术发展和社会进步的必然产物。十八世纪六十年代蒸汽机的发明,开创了以机器代替手工劳动的时代;二十世纪四五十年代,电子计算机的广泛使用,开启了信息化时代;大数据、人工智能与区块链等数字技术的发展和应用,正通过"数字化转型"推动人类社会走向智能化,一个以数字技术为驱动核心的数字时代正在到来。[②] 从现实逻辑看,在技术与高等教育互动过程中所形成的转型,本质上需要技术对高等教育的赋能甚至是对其部分要素与功能的取代。如,有了电子黑板、在线课程后,课程设计与课堂教学中的板书呈现随之发生变化。这种功能取代本质上需要技术进步逐步去实现,这也就是在前文所主张的,数字技术作用的发挥依赖于坚实的数字基础设施建设。

从技术发展趋势来看,科技革命间隔周期越来越短,技术叠加速度越来越快,第一次技术革命到第二次技术革命用了 90 年,第二次技术革命到第三次技术革命用了 50 年,第三次技术革命到第四次技术革命用了 30 年。当前,世界科技发展处于快速叠变之中,每年甚至更短周期内的重大技术突破纷至沓来,除了耳熟能详的 5G、6G、人工智能、大数据、云计算、元宇宙、量

---

① 杨辉,许明.联合学位:欧洲高等教育发展的新趋势[J].学位与研究生教育,2004,(01):52-55.
② 祝智庭,胡姣.教育数字化转型的理论框架[J].中国教育学刊,2022,(04):41-49.

子技术等基于现代信息技术深化发展起来的数字技术创新，其他技术创新同样加速叠变。这在为高等教育数字化转型提供技术支撑的同时，也提出了挑战，即高等教育能不能抓住这些稍纵即逝的技术并赋能自身发展。

三、高等教育与数字技术互塑的可能样态

技术对教育的影响已经有了一段时间，但技术与高等教育之间的互塑并没有与技术发展或高等教育发展形成同步推进的态势，尽管近年来技术对包括高等教育在内的教育的影响持续深化。"第一代信息技术应用于教育是在上个世纪初，运用的手段是幻灯、投影之类的工具。因为都要用电，所以中国学者把它称为'电化教育'。第二代是在上个世纪五六十年代，运用的工具是无线电、电视机，开始进行远程教育，出现了广播电视大学，国外称为'视听教育'。第三代是上个世纪七十年代以后，运用的工具是电子计算机，出现了计算机辅助教学。第四代是上个世纪九十年代，美国提出了建设信息高速公路，开始了互联网时代。本世纪出现了人工智能，进入了第五代，智能教育。"[①]但经过信息技术与教育的五代发展，反问一下，今天高等教育领域在教学方式、学习方式、评价方式、治理方式等方面发生了根本性变化了吗？似乎并没有。为什么呢？一个可解释的理由是技术与教育之间的互动并不是两者之间的简单"联姻"，教育本身的复杂性决定了技术与教育互塑过程中存在诸多不确定性。

高等教育是一个复杂的系统。从高等教育外部系统来看，高等教育与国家意识、经济社会发展、产业发展、社会文化等产生广泛而深刻的联系；从高等教育内部系统来看，高等教育内部教育教学也是一个复杂的系统，"教育机构内部包含院校、专业、课程与教学、教师、学生和教学质量保障体系等要素，各要素之间相互作用，同时受到社会、政治、经济、技术等外部

---

① 顾明远.对当前推进智慧教育的几点认识［EB/OL］.(2022 - 11 - 15)［2023 - 08 - 6］.https://m.thepaper.cn/baijiahao_20897157.

因素的影响。"①"系统内部各要素的协同作用、与外部社会之间的互动,决定了教育的数字化转型受制于多方面因素。"②

高等教育与数字技术互塑不仅源于高等教育系统的复杂性,也源于技术作用于教育生发的问题所带来的担忧。"在过去的 100 年里,每当新的科技被引入教育时,都会产生激烈的争论和普遍的担忧。事实上,教育科技的引入一直以来都会面临各种各样的担忧和争议。在这 100 年里,我们已经见证了很多教育科技的应用和变革,其中包括黑板、放映机、计算机、互联网、平板电脑等,ChatGPT 当然也不例外。面对 ChatGPT 的迅猛发展和快速流行,它究竟是学生和老师的敌人还是朋友? 如果熟悉教育科技发展的百年历史,恐怕不会有人对此感到意外了!"③这种担忧并不是毫无根据的,因为技术本身是一把"双刃剑",在赋能教育发展的同时,也带来了一系列麻烦,最为显著的因信息技术发展所带来的教育问题就有"游戏成瘾""网络暴力""网络诈骗""数字鸿沟"等,如果将这些麻烦和问题进一步放大,"科学技术极大地提高人类的物质生活质量,使人类往前跨进了一大步。但是,科学技术也使许多人变成它的奴隶。人变成电脑的附属品,人被机器所统治。这恐怕是人类面临的最大问题之一。"

① 李铭,韩锡斌,李梦.高等教育教学数字化转型的愿景、挑战与对策[J].中国电化教育,2022,(07):23-30.

② 舒杭,顾小清.教育数字化转型的现实基础与行动框架[J].2022,32(11):24-33.

③ 焦建利.ChatGPT:学校教育的朋友还是敌人? [J].现代教育技术,2023,33(04):5-15.

|第二章|

全球视野:数字技术驱动
高等教育变革的样态

自 21 世纪以来,全球高新技术不断发展,各行各业与数字技术的关联空前紧密。在新冠带来的冲击下,传统的线下教育教学被迫转为线上执行的情况促使教育领域对于数字技术的依赖进一步加重,世界各个国家都在尝试寻找更为契合高等教育数字化的战略,意图推动高等教育变革的有效发展。而在我国,党的二十大会议中提出"推进教育数字化,建设全民终身学习的学习型社会、学习型大国"的要求,为数字技术驱动教育变革提供了强有力的政治保障。2021 年教育部联合多部门发布《关于推进教育新型基础设施建设,构建高质量教育支撑体系的指导意见》,鼓励各教育单位可以利用各项新兴信息技术促进"线上线下教育融合发展",以数字技术推动教育变革和转型。2022 年教育部颁布《教育部 2022 年工作要点》直接点名大力发展"互联网+教育",数字技术驱动和赋能教育显然成为重要工作之一。与此同时,同年 8 月联合国教科文组织也发布了《教育信息技术政策和总体规划指南》,其表明数字技术与教育的融合发展是历史的选择,数字技术是教育变革的关键手段①。因此,不管是在国内还是国际上的教育发展,数字

---

① 徐冉,陈武元. 以二十大精神为指引 推动高等教育数字化转型[J]. 高校后勤研究,2023,(04):1-4.

技术的推动俨然是教育变革的重要方向。不同于其他阶段的教育特性,高等教育涉及多专业多特性的现实状况,使其不得不面对更为强烈的变革需要。因而,汲取国内外已有的丰富经验,推动未来数字技术驱动高等教育变革,不仅是未来提升我国高等教育高质量发展的必要途径,更是为实现中华民族伟大复兴赋能增效。

第一节 传统与未来的碰撞:中国发展现状剖析

推进教育数字化和智慧化快速发展,实现教育数字化资源建设和采取战略行动是当下国家教育改革的重要部署。高等教育作为我国教育体系中的重要组成部分,在新时代发展中须以民族文化力提升为核心定义其功能,以兼备道德教育、思维力教育、创造力教育等为主,同时在传承文化、发展经济等方面承担重要的使命和任务,面对数字化发展带来的巨大变化,高等教育不仅是创新性高素质人才的培养阵地,而且对高等教育现代化发展起着支撑作用,也是高等教育创新变革的发展趋势[1][2]。数字技术在高等教育变革中起到了何种作用?是否有可借鉴的经验?这是众多研究人员和教育管理工作者所关注的重点。

一、高等教育数字化的历史演进

面对教育数字化及转型的需求,梳理高等教育数字化发展的历史脉络及演变过程,对于剖析数字技术带来的高等教育变革的动因、内容、路径、挑战等方面的分析具有重要意义。

当前,我国高等教育数字化发展已历经多个周期,其历程既需要考虑到

---

[1] 鞠建峰,董长春. 高等教育的功能研究——以文化力为背景的分析[J]. 黑龙江高教研究,2012,30(11):22-24.

[2] 胡钦太,危妙,陈颖珊. 高等教育数字化:演进、挑战与转型[J]. 国家教育行政学院学报,2023,(04):20-26.

数字技术的发展，也要兼顾在教育教学中的应用变化。从分析技术、划分依据、特征提取等不同的视角出发，研究人员对于高等教育数字化的发展得出了不同的结论，其中最为常见的有"融合-转型初级-转型高级"和"转化-升级-转型"等等[1][2]。而联合国教科文组织则是将数字技术在教育教学的应用归纳为起步、应用、融合和转型四个阶段。胡钦太等人（2023）根据联合国教科文组织的划分结果，进一步将我国高等教育数字化的演变过程从技术演变的视角划分为起步发展、应用转化、融合创新和智能转型四个阶段，具体如下图所示。

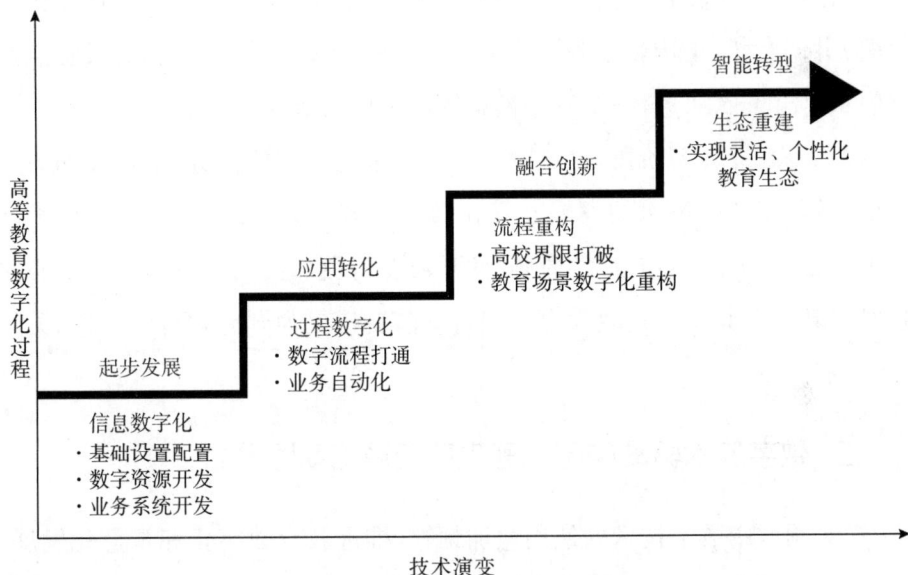

图 2.1　高等教育数字化演变过程

第一是起步发展阶段，这一阶段以信息数字化为主要任务，学校根据自身教学、行政、管理等需要，从基础设施的配置出发，开发数字资源和业务系统，从物理层面实现资源的数字化，其特点是以单个业务的需求为主，彼此

---

①　李铭,韩锡斌,李梦,等. 高等教育教学数字化转型的愿景、挑战与对策[J]. 中国电化教育,2022,(07):23-30.

②　李敏辉,李铭,曾冰然,等. 后疫情时代发展中国家高等教育数字化转型:内涵、困境与路径[J]. 北京工业大学学报(社会科学版),2022,22(01):35-46.

之间独立存在。

第二是应用转化阶段,这一阶段以过程数字化为主要任务,学校参照前期数字化资源的开发情况,将重心转为应用层面的发展,基于一体化部署的原则,旨在打通数字流程,将原本独立运作的各项资源和业务系统集成化和贯通,搭建平台并赋予统一身份认证,实现多系统的一体化业务运用,其特点是多资源统整、应用简化和自动化。

第三是融合创新阶段,这一阶段以流程重构为主要任务,学校基于应用后的实际情况,从"功能导向"转为"服务导向",高校逐步打破专业、课程之间的界限,为实现教育的高质量发展,学校通过与其他院校、企业、社会机构等多方共同合作,重构教学和人才培养过程中涉及的数字化场景,其特点是传统的教学形式、服务模式、管理模式等出现创新形式。

最后是智能转型阶段,这一阶段以生态重建为主要任务,学校在面对人工智能等新型数字技术的发展及其在教育场域的应用时,将学习环境智能化,并充分贯彻"虚实结合"的原则,使学习变得更加灵活、个性,课堂重心实现"从教转学",其特点是教学生态相对从前变得更为开放,个性教育初见规模且具有质量。

二、数字技术驱动中国高等教育变革的动因分析

教育领域中数字技术的使用愈加频繁,推进教育数字化和智慧化发展,实施教育数字化转型不仅成为当下的研究热点,更是国家建设学习型大国,践行中国式现代化的重要依据[1]。高等教育作为教育体系的重要组成部分,承担着培养国家高素质人才、服务经济发展、文化继承和发展等重要使命和责任[2][3]。面对当下数字技术对于教育的巨大影响和转型要求,高等教育的变

---

[1]　吴文涛,刘和海,白倩. 建设学习型大国:以教育数字化践行中国式现代化[J]. 中国电化教育,2023,(03):17-24+45.

[2]　刘华东. 培养高素质人才是高校的第一要务[J]. 中国高教研究,2012,(07):69-71.

[3]　王建华. 高等教育改革的迷思与反思[J]. 华东师范大学学报(教育科学版),2023,41(01):75-88.

革便应运而生。而为使高等教育的变革应时应需，对动因的分析必不可少。

（一）教育数字化是国家发展的重要战略

党的二十大对教育工作高度重视，教育不再仅仅是社会建设和民生领域的内容，而是独立成章被单列出来①。2023 年全国教育数字化现场推进会议中公布，截至会议时间之前，国家智慧教育公共服务平台累计浏览量已达到 260 亿次，访客量超过 19.2 亿人次，访问用户覆盖了 200 多个国家和地区。国家教育数字化战略行动已获得空前的发展，抓住历史机遇，把握发展规律，数字技术是国家教育改革的重要切入点和落脚点。

在政策层面上，党的二十大报告中"教育数字化"被首次写入党代会，教育数字化的变革有了政治层面上的保障。随后教育部及各省市地区的教育部门颁布了诸如《关于推进教育新型基础设施建设，构建高质量教育支撑体系的指导意见》《教育部科学技术与信息化司关于做好 2022 年度教育信息化教学应用实践共同体项目推进培育工作的通知》《国家智慧教育平台江苏整省试点实施方案》等文件，为教育数字化的发展提供了政策依据。这些政策的颁布无一不彰显出我国对推进教育数字化发展的坚定决心。

在实践层面上，我国教育部网站更是直接开设"坚定推进国家教育数字化战略行动"专栏，收录了各省市学校、专家等对于教育数字化的新认识和新实践。例如：深圳建云端学校为实现跨时空、跨地域、沉浸式的一体化教学，探索了"云上云下共同体催生学习新样态"的多师协同、跨校组班模式；江苏省教育厅依托江苏省中小学智慧教育平台打造了个性化、公益化学习辅导服务平台"名师空中课堂"，实现"你提问，我接单"的形式，学生只需以图文形式发布问题，全省 14 万名优秀教师就会在线"接单"，该模式覆盖中小学全学段、全年级、全时段，深受学生欢迎；高校利用国家及省智慧教育平台构建各具特色的在线教学体系，苏州大学校长张晓宏说："苏州大学借助

---

① 徐冉，陈武元. 以二十大精神为指引　推动高等教育数字化转型[J]. 高校后勤研究，2023，(04)：1-4.

平台优质资源,大力推动跨学科、复合型人才培养,先后建设跨学科课程、跨学科学域课程组、微专业、辅修专业和辅修学士学位、双学士学位等项目,形成了特色化的跨学科、复合型人才培养体系。[①]"该校还引入国家智慧教育公共服务平台课程资源,开设了"习近平总书记关于教育的重要论述"等大思政课程,助力学校思政教育高质量发展。

不管是在政策层面还是实践层面上,国家均显示出对于教育数字化的重视,教育数字化的发展必然是国家战略重要的组成部分。高等教育紧随时代需要和国家需求必然需要在数字化发展中加大力度,体现出时代性和导向性。

(二) 教育数字化是高等教育发展的重要方向

高等教育数字化,顾名思义是在高等教育中纳入数字技术,将教育教学中的信息通过技术"数字化",即在人工智能、数字平台等数字技术的协助下,通过对高校中的教学、管理、科研、行政等全方位的信息搜集、储存、整合和应用,优化并使用教育资源,实现高等教育中的数字化教学和应用[②]。借助数字技术驱动高等教育的变革和发展,不仅是高等教育的未来重要方向,也是响应国家战略的必然要求。

教育数字化是高等教育高质量发展的助燃器。习近平总书记在党的二十大报告中指出,"高质量发展是全面建设社会主义现代化国家的首要任务"。教育是国之大计、党之大计。加快推进教育高质量发展,高等教育义不容辞。高等教育的数字化发展和转型是实现教育公平和质量提升的动力。以慕课为例,自2013年慕课引入我国之后迄今为止注册用户已超4亿人,慕课数量更是超过了6万门[③]。这对于2020年新冠疫情暴发后,传统线

---

① 缪志聪,王琼."无界"学习成为可能[N].江苏教育报,2023-02-10(001).

② 刘军,刘海群.教育数字化转型的内涵与要素[J].中国现代教育装备,2022,(22):13-15.

③ 中华人民共和国教育部.数字化赋能高等教育高质量发展[EB/OL].(2022-12-18)[2023-02-20].http://www.moe.gov.cn/jyb_xwfb/s5148/202212/t20221219_1034999.html? authkey=boxdr3.

下教学被迫转为线上教学，各大高校为数字化教学提供了丰富的经验和资源。同时由于我国教育资源分布的不均衡，对于中西部的教师和学生而言，慕课的发展为其提供了大量的高质量教育资源，为调整东中西部教育的不平衡提供了重要的助力。当前我国高等教育已进入普及化阶段，接受高等教育的学习者数量庞大，其差异也进一步扩大①。高等教育为确保公平性和个性化，需要适应时代需求变革传统的教育理念和手段。数字技术带来的助力使高等教育能够通过其功能提供更多契合的教育资源，数字化平台使学生能按需寻找学习资源，实现个性化服务。这对于推进高等教育的高质量发展必然是有重要意义的。

教育数字化是高等教育现代化发展的必经路。在党的领导下，我国基于国情不断推进中国特色社会主义现代化的建设，教育现代化作为现代化建设的重要组成部分，必然需要同国情一致，立足于传统教育的基础之上，不断更新迭代发展出新生态。我国高等教育面临数字技术带来的机遇，这不仅是实现现代化的重要内容，也是重要契机。自教育部、财政部、国家发展改革委印发《关于高等学校加快"双一流"建设的指导意见》，高等教育便面临着巨大的变革挑战。国家和社会对于高等教育的要求不仅仅是高素质人才的培养，更是站在国家战略层面上提出了新要求。随着数字技术的发展和巨大效应的显现，数字化转型被视为高等教育现代化发展的重要途径之一。数字技术的加入能够帮助高等教育实现教学模式、行政管理模式等系列变革，对于人才培养模式和培养目标的确立、人才培养质量的提升都体现出其独特价值。我国在 1999 年高等教育规模扩张之后出现了一系列的矛盾，导致高等教育的发展失衡，带来了对于高等教育在数量和质量、供需平衡等方面的反思②。此时的高等教育具有历史阶段性和特殊性，担任着为国家发展输送大量人才的任务。随着现阶段社会核心需求和高等教育功能

---

① 陈武元，李广平. 普及化阶段高校教师个性化教学的审视与实现[J]. 福建医科大学学报（社会科学版），2022,23(06)：1-6+86.

② 李国强. 也谈我国高等教育现阶段的发展特征[J]. 高等教育研究，2017,38(07)：16-22.

的转变,从大众化转为普及化带来的变革便是如今高校自主、多样、特色发展成为核心需求。教育数字化带来的独特优势是实现这一核心需求的必经路。

教育数字化是高等教育终身化发展的脚手架。 高等教育作为终身学习理念的"倡导者"和"先行者",其自身的普及化和服务性为构建终身学习的学习型社会提供了必要条件①。当前我国高等教育进入普及阶段,随着群体数量的增加,传统形式的教学资源显然不足以支撑起如此庞大的需求,更别提"因材施教"的需要。在数字化时代下,知识的更新迭代速度之快,传统教学资源的储备显然难以应对。利用数字技术实现高等教育的数字化,实现"共建共享"是推动教育惠及群众的重要举措。通过互联网、计算机、多媒体等诸多数字技术,将传统"纸质书本学习"转换为"电子化资源学习",进而实现"全民终身学习"。在疫情暴发后,数字技术满足了数亿学生线上网课的需求,这也使"随时随地"学习的可能成为现实。近些年不断推出的 VR 虚拟技术、仿真学习环境、在线教育平台等数字技术在教育领域的应用,为终身学习的目标提供了坚实的条件。数字技术将传统学习资源数字化,将"学习者"与"学习资源"联通,使"终身学习的学习型社会"的发展变为可能。可以说,数字技术在此产生了巨大的作用。

三、数字技术驱动中国高等教育变革的内容结构

高等教育作为教育体系中的最高阶段,在数字技术的驱动下,相对于其他阶段的教育更需要从顶层设计出发,明确并具体化其改革领域。有学者认为,学校、专业、课程、教师和学生是核心要素②③。也有学者认为数字技术

---

① 徐冉,陈武元. 以二十大精神为指引　推动高等教育数字化转型[J]. 高校后勤研究,2023,(04):1-4.

② 程建钢,崔依冉,李梅,等. 高等教育教学数字化转型的核心要素分析——基于学校、专业与课程的视角[J]. 中国电化教育,2022,(07):31-36.

③ 韩锡斌,陈香好,刁均峰,等. 高等教育教学数字化转型核心要素分析——基于学生和教师的视角[J]. 中国电化教育,2022,(07):37-42.

带来的变革应主要集中在教学和管理两个方面①。肖广德和王者鹤(2022)依据《高等学校数字校园建设规范(试行)》中关于教育数字化建设和其他各领域专家的研究认为,高等教育系统主要包括教师、学生、管理人员和服务人员,加之对群体数量和业务职能的考量,推进高等教育改革主要应由人才培养、科学研究和管理与服务三个部分组成②。同时他们依据划分的关键领域,将高等教育在数字化转型中的内容分为五级结构,并作出具体阐述。

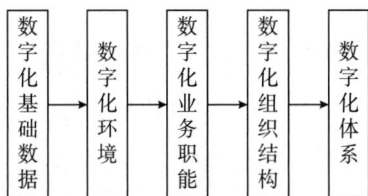

数字化基础数据 → 数字化环境 → 数字化业务职能 → 数字化组织结构 → 数字化体系

图 2.2　高等教育数字化的五级结构

第一是数字化基础数据。数字化数据是数字化发展的推动要素,其来源广泛、类型丰富。高等教育往往利用数字技术将日常涉及的一切教学活动的主体数据化,以此便于存储和管理。借助互联网、人工智能、大数据统计等数字技术的应用成为我国高等教育改革中必要的措施。研究认为,只有在具备完善的数字数据的基础之上,从数据的分析、挖掘等为基础实现对教学、科研、管理等各项工作的贯通和数字化管理才有可能。教育数字化数据也成为当下备受关注的研究领域③④。

第二是数字化环境。高等教育环境不仅包括教学楼、公寓、图书馆、食堂等校园公共环境,还包括分布在全校范围的数据网络、数字终端等职能部

---

① 吴砥,李环,尉小荣.教育数字化转型:国际背景、发展需求与推进路径[J].中国远程教育,2022,(07)：21-27+58+79.

② 肖广德,王者鹤.高等教育数字化转型的关键领域、内容结构及实践路径[J].中国高教研究,2022,(11)：45-52.

③ 教育部网站.2022 年全国教育事业发展基本情况[EB/OL].(2023-03-23)[2023-04-03].http://www.gov.cn/xinwen/2023-02/27/content_5743484.htm.

④ 屈冬,陶志平,邓毅群.高等教育数字化中的信息数据安全保护研究——美国《地平线行动计划2021(隐私数据保护)》要点与思考[J].教育学术月刊,2023,(03)：29-36.

门环境。我国各大高校对于校园的数字化环境建设历来十分重视,包括校园 Wi‐Fi 的建设,对应的智慧校园一体化网站的建设等都十分成熟。例如,学生的统一身份认证平台,囊括学生选课、成绩查询、科研管理、一卡通服务、学杂费缴纳等日常学习和生活等服务,学生不仅可以在线上实现各自的需求,同时也能通过线下提供的移动终端设备进行操作,实现一体化、多渠道的需求满足。依托数字技术的支持,实现校园环境的融通,亦是高等教育环境的一项重要内容。

第三是数字化业务职能。正如描述数字化环境所提及的,高等教育不仅涉及校园公共环境,也涉及职能部门环境。职能部门提供的业务服务是高校中不可或缺的重要部分。高等教育中数字化业务职能不仅仅是要依托数字技术带来的数字环境的更新,更重要的是在业务流程和管理中形成新职能、新态势。因此,肖广德和王者鹤(2022)在其研究中指出关于数字化业务职能的两个路径:一条是数字技术对原本职能的推动作用;另一条则是新的数字技术带来的新业务职能[①]。然而不管是何种路径都是基于需求的前提去升级和优化业务部门的职能,做到提质增效。

第四是数字化组织结构。高等教育主要分为学术权力与行政权力两种,横向以系和研究所为主,纵向以学科为主,两者交织形成高等学校的组织结构[②],全体组织人员为实现组织目标,进行分工协作。在数字技术的驱动下,高等教育各部门需建成层级扁平、联结多元、角色多样等特点的组织结构[③]。通过数字化环境的建立,组织结构中的成员能够更加便利地进行沟通协作,同时也能够快捷地联结不同部门的成员更加高效地完成业务,提升业务职能。然而尽管各大高校借助数字技术开始尝试数字化组织结构的建设,但由于高等教育的复杂性和特殊性,我国在这一方面的建设尚处于萌芽

---

① 肖广德,王者鹤. 高等教育数字化转型的关键领域、内容结构及实践路径[J]. 中国高教研究,2022,(11):45‐52.

② 许宏. 德、英、美三国高等学校组织结构的比较与分析[J]. 比较教育研究,1997,(02):28‐30.

③ 肖广德,王者鹤. 高等教育数字化转型的关键领域、内容结构及实践路径[J]. 中国高教研究,2022,(11):45‐52.

阶段,需要得到更多重视和不断探索。

第五是数字化体系。高等教育是我国教育体系的重要组成部分,以高质量教育体系支撑教育强国建设,是新时代中国高等教育的使命任务。在数字技术的加持下,高等教育的数字化体系被视为一项系统工程。数字化体系需要在原有的各部门组成和关系中经过顶层设计、系统规划、内部重组等过程后,实现职能新定位。这是需要在组织结构的基础上才能进一步完成的,因此不管是数字化组织结构还是系统体系的改革,都任重而道远。

四、数字技术驱动中国高等教育变革的现实挑战

正如先前所说,在数字技术的驱动下,高等教育的变革是一项巨大的系统工程。联合国教科文组织将数字技术应用于教育的过程分为起步、应用、融合、转型四个阶段[①]。肖广德和王者鹤(2022)将高等教育的变革内容划分为五层级[②]。然而不管是何种形式的应对,都凸显出很多矛盾,这也进一步说明了当下我国高等教育变革中面临的诸多挑战。具体可以概述为如下几点:

第一,育人方式理念与当下需求不一致。面对数字化社会的发展,高等教育为顺应时代的需求已意识到数字技术对于高等教育的重要意义,充分利用数字技术推动高等教育人才培养是必然趋势。然而,就当下我国高等教育的育人方式而言,存在矛盾,具体而言:(1) 对于技术的依赖加重,忽视了以人为本的本质发展。从先前的论述也能得知,当下我国高等教育变革中对于数字化基础设施、环境建设等大量投入,然而针对数字化人才和前沿人才的培养等投入相对较少;(2) 高等教育中以"学科、专业"为

---

① 李铭,韩锡斌,李梦,等. 高等教育教学数字化转型的愿景、挑战与对策[J]. 中国电化教育,2022,(07):23 - 30.

② 肖广德,王者鹤. 高等教育数字化转型的关键领域、内容结构及实践路径[J]. 中国高教研究,2022,(11):45 - 52.

基础划分范畴,更多地培养人才在专业领域的技能,单一学科、专业的培养并不足以满足社会对于"复合型人才"的需要。随着人工智能等一系列数字技术的不断发展,问题解决、创新、交叉、批判等能力是未来人才培养的重点。当前的"专业型人才"培养要向"复合型人才"的目标转变;(3)由于我国高等教育规模的不断扩大,毛入学率已经超过 50%,普及化水平已达到一定水平[①]。但由此带来的问题便是规模化育人方式,长期形成的统一课程、规范教学、评价模式并不适合个性化的发展需求,这对于数字化的高等教育并不有利。

第二,教育教学模式与创新需求不相符。教育教学是高等教育中不可或缺的部分,其演进和发展对于创新需求具有重要意义。当下数字技术为高等教育带来多种教育教学模式,尤其是元宇宙、ChatGPT、DeepSeek 等技术的出现,对于教育教学提出了更大的挑战。在疫情防控期间,这些数字技术更是为线上教学提供了很多便利,其创新和变革需求也得到加强。然而教师技术使用困难、学生参与度不高、互动困难等问题接踵而至。为此李铭等人(2022)针对高等教育教学数字化转型提出了一个基本框架,具体如下图所示[②]。尽管这一框架是基于一个二维框架描述高等教育教学数字化转型的系统结构和发展过程的未来愿景,但是现实中由于数字技术带来的数字鸿沟、惯性制约等问题,现有模式与创新需求尚未达成一致。

第三,学校治理体系与职能服务不完善。学校治理体系是高等教育中的中坚组织力量。数字技术为高等教育带来的变革不仅仅是各种数字化的软硬件资源,与之匹配的治理体系同样不可掉队。然而,就当下我国高等教育的治理体系而言,还存在不完善的地方,具体而言:(1)多数高校并未形成完善的治理体系。数字技术为高等教育的组织结构带来变革,但是顶层设计、治理制度的规范、数字化管理和应用等多方面存在的问题都未得以解

---

① 许宏. 德、英、美三国高等学校组织结构的比较与分析[J]. 比较教育研究,1997,(02):28 - 30.
② 李铭,韩锡斌,李梦,等. 高等教育教学数字化转型的愿景、挑战与对策[J]. 中国电化教育,2022,(07):23 - 30.

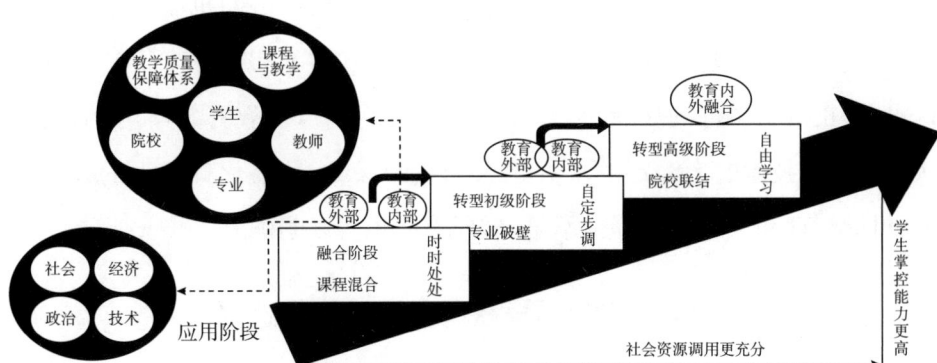

图 2.3　高等教育数字化转型框架

决，导致组织管理和治理面临诸多挑战和困难；（2）作为数字化发展中的基础，数字化数据是治理体系的基石，但高校中的各项组成部分产生的数据数量庞大、类型复杂等问题，制约着治理体系的一体化架构和发展；（3）高等教育治理体系的数字化必然要形成一个开放共享的教育生态，随之带来的制度规范、法律法规、伦理道德等问题也需解决。

　　第四，学习资源路径与终身学习不相通。 数字技术为"终身学习"带来了更大的可能性和实现路径，学校、社会、家庭等均成了学习的场景。但目前高校实现终身化学习的路径不多，在数字技术驱动下的新式路径更少，其主要原因有：（1）数字技术下的终身学习理念尚未有完善的制度支持，家校社协同合作的机制并未实质建立，传统的教学资源与数字环境下的资源之间并未贯通，这一阻力很大限制了学习的可能性；（2）目前以中国慕课、中国大学生等为主的线上学习平台，供应了数量庞大的学习课程，但是课程学习的认证均为各自制定，每门课程都会发布相应的考核要求，对于满足要求的皆可发放证书，这对于终身学习需要考虑到的学历认证或技能认证等需求也不能满足。

　　第五，各级层面政策与保障机制不健全。 为保障数字技术能够持续推动高等教育变革和发展，必然需要各层面政策的保障。从宏观层面上看，目前国家虽然在很多政策文件中提及要大力推动数字化发展，但相应的鼓励和激励政策并未明确出台。从中观层面上看,家校社协同机制虽然被鼓励在高等教育中应用,然而数字技术的支持和各方的参与也并未得到有效的认可,真正落实执行的屈指可数。从微观层面上看,以教育教学为例,教师队伍在数字技术的素养层面上并未有相应的保障,数字化背景下的人才培养、目标管理和保障机制等也不足,需要进一步得以明确。

五、数字技术驱动中国高等教育变革的路径选择

总体而言,数字技术驱动我国高等教育变革是一场持久战,需要循序渐进。在考虑到我国本土复杂情况的同时,也要关注到顶层设计和长久影响。鉴于已有研究的结论,在实践路径上大致可以分为政策层面的保障路径、平台层面的技术路径、教学层面的行动路径和职能层面的管理路径。

第一,政策层面的保障路径。面对数字技术带来的变革,高等教育在文化、行政、劳动力等多方面都需要改革,仅仅依靠高校本身是难以满足需要的,急需国家政策层面上的保障。通过国家或各省市出台的政策法规,做好顶层设计,高校才能有效依据自身条件实现更好的变革。因此,在国家层面上,学者们建议需要完善针对数字技术执行的法律法规和政策,筑牢顶层设计,把控变革方向,同时需要"留白"帮助高校依据自身特色实现个性化的发展。其次需要依靠社会的相关企业单位实现多方力量的结合,借助科技企业和数字化服务机构更有效地服务高等教育变革。最后是在高校本身上,需要根据市场需要及时调整自身的变革方向和未来规划,以实现培养的人才适应市场需求。

第二,平台层面的技术路径。数字化平台的建设、共享和持续发展被视为助力高等教育变革的高效开展方式之一[①]。目前高校中主要存在基础数

---

① 胡煜. 新时代高等教育数字化转型的价值、要点及路径选择[J]. 黔南民族师范学院学报,2023,43(02): 50 - 55.

据管理平台、一体化功能门户管理平台、数字化服务平台等数字化平台。在使用过程中高校需要依据自身需求不断做出调整和完善，逐步形成学校独有特色的数字化环境，这是高等教育变革中技术的侧重点。例如：传统的图书馆管理模式正依托于数字技术的管理逐渐转变为数字化管理模式，不仅是图书的电子化，更有查询、借还、共享等多功能的实现。针对这些数字平台的变革，需要不断依据学生、教师、管理人员等的需要，及时更新和优化，提供更为多元的服务。加之当下元宇宙、ChatGPT、DeepSeek 等技术的出现，需要根据实际需要做出调整。

第三，教学层面的行动路径。教学作为高校活动中最为重要的环节，必然会受到变革的冲击，这主要集中在课程、资源和活动中。在课程方面，教师需要将实际的课程内容与数字技术相结合，调整课程目标的同时，对课程内容进行数字化转换。在教学资源方面，数字化资源的管理、分类和使用是帮助学生高效自学的重要举措。而教学活动作为最主要的教学形式，不仅需要注重本身的变革，也需要关注数字化平台的有效使用和师生互动等。同时，由于不同于其他阶段的教育，高等教育划分专业的数量较大，不同的专业和课程都存在较大的差异，落地数字化的变革需要考虑配套的教学各要素的规范和管理，对相应的教师和管理人员也要提供充足的加强数字素养的培训。

第四，职能层面的管理路径。高校中除去学生和教师群体，行政管理人员占据了很大比重，且发挥着重要的作用。"高等教育数字化的五级结构"对于数字化业务职能也单独作为一个维度详细作了说明。高校职能划分复杂且交错，相较于教学、学习等范畴，职能部门的管理内容的变革可谓是难度极大，却又最为基础。一方面，数字技术带来的职能变革，将传统的管理模式数字化，例如财务部门不再依托纸质报销模式，线上报销流程成为主流，教师日常业务的申报也不再依托传统模式，而是更多地依托线上提交，这就导致管理人员的职能发生转变。另一方面则是新的数字技术带来的新业务职能，由于诸多数字平台的出现导致新业务出现,新业务对应的职能需要应势所趋,始终坚持以服务高等教育为宗旨。

综上,随着数字技术在我国的不断发展,其在我国教育领域的影响也是不言而喻的。尤其是处于高等教育中的诸多高校,都在紧跟时代的发展,引进数字技术到校园之中,尤其是在疫情之后更是遍地可见。可以说,我国高等教育依托数字技术已经有了很好的积淀和发展。从历史演进来看,已经进入了转型期,从传统向未来的转变以国家政策为方向引导,正依托本土国情在向前发展。从动因分析来看,数字技术带来的高等教育变革是国家的重要战略和方向,必然是推动国家发展的重要举措之一。从内容结构上来说,我国高等教育在数字技术的驱动下主要以数字化基础数据、数字化环境、数字化业务职能、数字化组织结构和数字化体系五个层级为主,囊括了高等教育中主要的几个环节,数据支撑和技术加持是主要特点。从现实挑战来说,由于我国的起步并不早,导致出现了很多的矛盾和挑战,主要有育人方式理念、教育教学模式、学校治理体系、学习资源路径和各级层面政策等方面的挑战,需要未来在变革中着重关注。最后是关于路径选择,学者们根据我国的实际情况,提出了诸多的建议,主要有政策层面的保障路径、平台层面的技术路径、教学层面的行动路径和职能层面的管理路径,自上而下对高等教育变革的路径提出了详细的说明和解释。总而言之,目前我国在数字技术的驱动下,高等教育的变革正循序渐进,尽管是传统和未来发展的不断碰撞,但整体而言的发展和各环节的发展都在不断优化和完善。

第二节 传统与未来的交融:多国变革样态呈现

近十年来,国际上关于数字技术在各领域的应用和变革研究势头强劲。在当今时代,数字技术的应用和转型被视为一个影响个人和组织生活方方面面的进化过程。有研究表明这一现象是将信息技术建立于商业实践和运作中的应用[①]。在当今这个以革命性知识为特征的时代,理解技术创新的价值及其在应用模式变革中的作用变得至关重要。随着以技术为导向的增值过程和做法的引入,许多领域已经进行了根本性的改革。随着我们进一步进入第四次工业革命,更具颠覆性的数字技术将对未来的发展产生更大的影响。

　　高等教育机构一直是知识创造和传播的中心,在当今时代,获取信息和知识不再局限于教育机构的物理空间。相反,与各种主题相关的信息和知识可以从各种平台、开源数据库和网络浏览器、应用程序、百科全书中获得,这使用户能够增加他们的学习内容。这一新兴趋势虽然带来了各种挑战,但必须被视为高等教育机构的机遇而不是威胁[②]。

　　在国际上,当代高等教育机构一直在接受新技术,并转变其实践、商业模式和流程。高等教育机构在数字技术驱动下的变革涉及开发更先进、更有效的新方法和实践,以实现高等教育的使命。许多研究还声称,这一举措不仅仅是将技术融入业务流程,更是一个分析利益相关者的需求和要求,并确保提供符合学生知识需求的教育和研究服务的过程[③]。世界各地的教育机构正在逐步依托数字技术进行变革,以确保学生的学习得到数字化工具的支持[④]。

　　当前,数字技术驱动的教育变革被视为一个关键过程。在这一过程中,

---

① Heilig L, Schwarze S, Voss S. An Analysis of Digital Transformation in the History and Future of Modern Ports: PROCEEDINGS OF THE 50TH ANNUAL HAWAII INTERNATIONAL CONFERENCE ON SYSTEM SCIENCES[Z]. BUI T X, SPRAGUE R. 50th Annual Hawaii International Conference on System Sciences(HICSS): 2017, 1341－1350.

② Nunez Valdes K, Alpera S Q Y, Cerda Suarez L M. An Institutional Perspective for Evaluating Digital Transformation in Higher Education: Insights from the Chilean Case[J]. SUSTAINABILITY, 2021,13(17).

③ Rossmann A .Digital Maturity: Conceptualization and Measurement Model[C]. Bridging the Internet of People, Data, and Things: 39th International Conference on Information Systems(ICIS 2018): San Francisco, California, USA, 2018, 13－16.

④ Eden R, Burton-Jones A, Casey V, et al. Digital Transformation Requires Workforce Transformation[J]. MIS QUARTERLY EXECUTIVE, 2019,18(1):1－17.

知识的生产和信息的处理通过虚拟现实、在线学习视频集成、游戏化和大数据等信息技术进行[①]。此外，在这个数字时代，成功取决于教育机构创建和适当获取信息的能力，如学生参与度、成绩、满意度等[②]。人们越来越关注教育如何管理其在知识社会中的地位。高等教育机构面临的重大挑战，不仅是在教学过程中采用数字工具和技术，而且在整合技术以改变和修改现有系统、流程、通信模式和渠道以及研究所涉及的所有其他学术和行政活动方面。

目前国际上已经开发了许多数字工具和技术来满足学生不断变化的教育需求。世界各地的虚拟教育平台也已经建立，有各种各样的新的模拟学习方法。然而，世界各国的高等教育机构面对这一变化还有许多方面要完善。当然，其发展历程和丰富的经验是值得我国学习和借鉴的。因此，基于国际已有研究成果的分析，本部分将着重分析国际上关于数字技术驱动高等教育变革的背景、实践模型、现状、教学转型等进行详细介绍。

一、数字技术驱动高等教育变革的缘由分析

（一）各行各业关注数字技术

当下，各行各业都在努力将数字技术集成到他们现有的业务和发展中去。就高等教育而言，由于入学率下降、运营成本上升、教育需求变化等诸多问题，在数字技术的支持下的发展过程变得更加复杂。就高等教育机构而言，数字技术带来的变革不仅仅是采用先进的数字技术，现有教学和学习模式的变革更是生存和保持长期竞争地位的必要条件。许多国家的高等教

---

① Orellana V, Cevallos Y, Tello-Oquendo L, et al. Quality Evaluation Processes and its Impulse to Digital Transformation in Ecuadorian Universities: 2019 SIXTH INTERNATIONAL CONFERENCE ON EDEMOCRACY & EGOVERNMENT (ICEDEG)[Z]. TERAN L, MEIER A, PINCAY J. 6th International Conference on eDemocracy and eGovernment (ICEDEG): 2019, 338 - 343.

② Balyer A, Öz Ö. Academicians' Views on Digital Transformation in Education[J]. International Online Journal of Education and Teaching, 2018, 5(4): 809 - 830.

育的领导者和管理者提出了很多类似的目标用以改善学生的学习环境，提高运营效率，增强前沿研究的计算能力，并刺激教育变革。对于高等教育来说，当务之急是通过在现有系统中集成数字工具来重新思考教学和学习实践，最终通过先进的教育交付工具来丰富他们的传统教学方法和教育系统①。然而，许多国家的高等教育都将技术视为一种手段，用于改进现有的学习方法。技术作为颠覆性和进化性变革的手段，在很大程度上被忽视了②。此外，高等教育借助数字技术进行的变革还必须超越教师推动的传统创新，以有效改进教学方法。因此，这一变革还必须包含数字化的素养和技能，而不仅仅是关注用技术支持学习过程③。

因此，为了在当今时代保持竞争地位和声誉，高等教育机构尽其所能采用所有可能的数字技术和工具来确保其教育的持续变革，并确保学生能够有更好的体验。如今，高等教育在数字技术方面的投入越来越大，校园各领域变得越来越数字化。学校希望以此来帮助吸引学生，追踪他们，并预测他们的成功，最终带来更好的学生体验。这对于未来的招生和学校的发展也变得更加有利。美国国家教育统计中心（National Center for Education Statistics）显示，在 2010 年至 2018 年期间，美国公立和私立非营利高等教育机构的非行政费用增长了 18%。在这方面，技术投资和通过技术简化业务流程将大大有助于降低运营成本。使用云技术也有助于减少维护费用。此外，随着科学研究变得越来越复杂，需要更具可扩展性的安全计算能力。对高等教育机构来说，将这些计算能力数字化并使用远程、网络化或基于云的

---

① Jackson N C. Managing for Competency with Innovation Change in Higher Education: Examining the Pitfalls and Pivots of Digital Transformation[J]. BUSINESS HORIZONS, 2019, 62(6): 761-772.

② Branch J W, Burgos D, Serna M D A, et al. Digital Transformation in Higher Education Institutions: Between Myth and Reality[M]. Radical Solutions and eLearning: Practical Innovations and Online Educational Technology. Singapore: Springer Singapore, 2020: 41-50.

③ Hildebrandt C K. Whose Interest is Educational Technology Serving? Who is Included and Who is Excluded? [J]. RIED - REVISTA IBEROAMERICANA DE EDUCACION A DISTANCIA, 2019, 22(1): 207-220.

研究工具是必要的。还值得注意的是,在当今时代,学生们已经开始认为数字体验是他们大学生活的重要组成部分。在某些情况下,这可能是他们选择学校的一个重要因素。数字化的成熟将使高等教育机构在提供适应不断变化的教育需求、响应不断变化的偏好和预测未来的教育方面变得更加敏捷和有效。

(二) 高等教育需要数字技术

在当今时代,高等教育的使命是培养学生从事特定职业的就业技能,以便他们能够在未来30年或40年的劳动力市场中得以生存。随着乌卡时代(volatile,uncertain,complex,ambiguous,VUCA)的到来,很少有雇员能够在一个岗位上持续工作直至退休,就业变得愈加灵活和可变①。高等教育机构面临着为学生在未来继续学习做准备的任务,因此,高等教育机构需要注重培养学生的自我效能感和适应能力②。在这方面,数字技术也被视为终身学习的有效途径和学习情境化的渠道。如果能够将这些技能和能力整合到所有模块和课程以及所有学习环境中,那么教育的变革将水到渠成。因此,世界各国和机构提出了很多实践模型用以指导高等教育变革。

此外,高等教育往往需要做出很多研究,并经常做出快速的选择,以简化操作并更好地了解他们的受众群体。必须使用有意义的数据来理解和描述趋势和模式,这些趋势和模式反过来影响对整个高等教育产生最大影响的决策③。利用数字技术提供的所有机会和可能性,以及重新思考完整的运作模式,并在整个生态链中进行变革和实践,无疑是最困难的工作之一。这样的问题是领导层面更关心的,因为他们需要学校能够具备更强的竞争力和更好的声誉,以建立和保持行业中的竞争地位。然而,由于大学之间争夺

---

① Mahlow C, Hediger A. Digital Transformation in Higher Education-buzzword or Opportunity? [J]. eLearn Mag., 2019, 2019(5): 13.

② Chappell C, Gonczi A, Hager P. Competency-based Education[M]//Understanding Adult Education and Training. Routledge, 2020: 191 - 205.

③ Gobble M M. Digital Strategy and Digital Transformation[J]. RESEARCH - TECHNOLOGY MANAGEMENT, 2018,61(5):66 - 71.

优秀学生和研究人员的竞争日益激烈，这也成为高等教育机构的一个严重问题①。这一模式给高校带来了很高的成本，会给学校的预算带来压力②。同时，当下的互联网虽然便捷但是存在很大的安全问题，由于高校的特殊属性，它们往往易受到网络攻击，对安全性的需求也比以往任何时候都大。传统的管理和应对方式并不能解决这些问题。高等教育比以往任何时候都更需要在日常运营中使用数字技术以应对这些问题③。

（三）数字技术影响高等教育

可以说，现在的数字技术对于高等教育的影响是方方面面的，尤其是日常的教学教育环节。Bozhko 等人（2016）强调高等教育需要使用符合当前教育标准和技术的工具，特别是那些基于技术的工具④。Bond 等人（2018）还强调，高等教育领域在数字技术驱动下的变革已经不仅仅是技术变革，而是已经影响到课程以及高校的组织和结构⑤。数字教育工具为研究人员、教师和学习者提供了新的角色，为教学和学习创造了更具互动性、模拟性和参

---

① Faria J A, Novoa H. Digital Transformation at the University of Porto: EXPLORING SERVIC-ES SCIENCE, IESS 2017[Z]. ZA S, DRAGOICEA M, CAVALLARI M. 8th International Con-ference on Exploring Services Science (IESS): 2017: 279, 295 - 308.

② Marks A, AL-Ali M, Rietsema K. Learning Management Systems: A Shift Toward Learning and Academic Analytics[J]. International Journal of Emerging Technologies in Learning (IJET), 2016, 11(04):77 - 82.

③ Korhonen J J, Halén M. Enterprise Architecture for Digital Transformation[C]. 2017 IEEE 19th Conference on Business Informatics (CBI). IEEE, 2017, 1: 349 - 358.

④ Bozhko Y V, Maksimkin A I, Baryshev G K, et al. Digital Transformation as the Key to Synthe-sis of Educational and Innovation Process in the Research University: DIGITAL TRANSFOR-MATION AND GLOBAL SOCIETY[Z]. CHUGUNOV A V, BOLGOV R, KABANOV Y, et al. 1st International Conference on Digital Transformation and Global Society (DTGS): 2016: 674, 386 - 391.

⑤ Bond M, Marin V I, Dolch C, et al. Digital Transformation in German Higher Education: Student and Teacher Perceptions and Usage of Digital Media[J]. INTERNATIONAL JOURNAL OF EDUCATIONAL TECHNOLOGY IN HIGHER EDUCATION, 2018, 15.

与性的方法,并增强了协作和参与①。另一个主要受到影响的方面是课程和数字素养,即培养数字技能和课程现代化。数字时代需要一支新的高技能劳动力队伍,他们拥有技术技能和专业知识以及当代知识②。此外,Bond 等人(2018)还主张,从高校教师的角度来看,为了让学生为将来的就业做好准备,不管是日常教学教育抑或是技术都是必要的。因此,有必要使课程现代化,以满足当前的教育标准和技术,包括发现加速数字化学习的新方法和扩大信息和通信技术的使用③。这一趋势同样也可以应用于基础设施和管理层面。行政架构的数字化发展可以构建敏捷灵活的架构,使管理层能够快速适应新兴的技术和系统。同样,许多高等教育机构已经采用数字技术来改善其当前处理学生数据和课程的实践,并创新其管理体验,同时做出数据驱动的主动和明智的决策④。

二、数字技术驱动高等教育变革的现状阐述

(一) 数字化转型兴起,定义概念化

目前,数字技术驱动教育变革的主要内容是数字化转型,且已成为教育机

① Elena F. Embedding Digital Teaching and Learning Practices in the Modernization of Higher Education Institutions.[J]. Proceedings of the International Multidisciplinary Scientific GeoConference SGEM, 2017,17(5-4):41-47.

② Azarenko N Y, Mikheenko O V, Chepikova E M, et al. Formation of Innovative Mechanism of Staff Training in the Conditions of Digital Transformation of Economy:2018 IEEE INTERNATIONAL CONFERENCE QUALITY MANAGEMENT, TRANSPORT AND INFORMATION SECURITY, INFORMATION TECHNOLOGIES (IT&QM&IS)[Z]. SHAPOSHNIKOV S. IEEE International Conference on Quality Management, Transport and Information Security, Information Technologies (IT and QM and IS):2018764-768.

③ Bond M, Marin V I, Dolch C, et al. Digital Transformation in German Higher Education: Student and Teacher Perceptions and Usage of Digital Media[J]. INTERNATIONAL JOURNAL OF EDUCATIONAL TECHNOLOGY IN HIGHER EDUCATION, 2018,15.

④ Tay H L, Low S W K. Digitalization of Learning Resources in a HEI—A Lean Management Perspective[J]. International Journal of Productivity and Performance Management, 2017,66(5): 680-694.

构(尤其是高等教育机构)的首要任务之一。数字化转型无处不在,正在重塑劳动力、经济和现实社会的世界。技术进步、工作自动化、数字化和人工智能等都对个人的工作以及工作方式和地点产生影响。与商业机构类似,这是在行业中获得竞争优势的重要过程。许多学者也试图对数字化转型进行概念化的解释。其中,Hess(2020)等人认为这是数字技术为提高整体绩效和生产力而带来的变化[①]。Gobble(2018)则认为是随着数字技术的发展转型,组织的流程、实践、程序、能力、系统和模式以战略性和优先化的方式进行转型,以充分利用技术进步及其增加的社会影响[②]。在这种情况下,与任何其他行业类似,如果高等教育机构希望跟上不断变化的行业形势和趋势,并始终作为这种转变的重要组成部分,就需要做出努力和改变以适应这一变化[③]。

(二) 职业被重新定义,形成新要求

正如 OECD 所承认的那样,数字化转型通过职业转型改变了对技能需求和供应有影响的职业,这是由于日常任务的自动化创造了需要先进数字技能的丰富的职业。根据这些研究,43%的员工表示他们的技术在过去五年中发生了变化,使一些人的工作面临自动化带来的风险,而47%的员工表示他们的工作技术或实践发生了变化[④]。此外,在疫情暴发之前,也有研究人员预测,在未来 15 到 20 年内将有大约 15%的现有就业实现自动化,且有32%的就业将需要全新的技能和任务[⑤]。为了充分利用数字技术带来的变

① Hess T, Matt C, Benlian A, et al. Options for Formulating a Digital Transformation Strategy [J]. MIS QUARTERLY EXECUTIVE, 2016,15(2):123 - 139.

② Gobble M M. Digital Strategy and Digital Transformation[J]. RESEARCH - TECHNOLOGY MANAGEMENT, 2018,61(5):66 - 71.

③ Marks A, AL-Ali M, Rietsema K. Learning Management Systems: A Shift Toward Learning and Academic Analytics[J]. International Journal of Emerging Technologies in Learning (iJET), 2016,11(04):77 - 82.

④ Lobo C, Arevalo W. Organization for Economic Co-operation and Development (OECD)[J]. Anuario colombiano de derecho internacional-acdi, 2019,12:281 - 282.

⑤ Nedelkoska L, Quintini G. Automation, Skills Use and Training[EB/OL]. (2018 - 06 - 13) [2023 - 08 - 16]. https://www. oecd-library. org/docserver/2e2f4eeaen. pdf? expires = 1659353526&id=id&accname=guest&checksum=FBD42FA8E2152EDAF96C3173BB37AEC8.

化,个人除了需要创造力、解决问题和社会情感技能的数字能力,还需要广泛的认知能力。由于我们生活的很大一部分是在教育环境中度过的,以获取技能为职业道路做准备,社会变革、技能发展和学习正变得越来越相关。越来越多的证据表明,技术使用对记忆和认知发展有影响,因为人们似乎不仅将他们的记忆和信息存储,而且还将他们的思维外包给数字设备①。因此,批判性思维和能力对数字环境和转型比以往任何时候都更加重要。

(三) 改革具有双面性,表现有差异

尽管数字技术带来的变革可能提高幸福感,但它也带来了新的风险,如过度消费、网络欺凌、效率低下和高度的社交焦虑。令人担忧的是,密集使用技术和持续访问数字网络,尤其是在与工作相关的背景下,可能会增加压力和情绪疲惫②。根据研究人员的说法,高技能的个人更有可能意识到与广泛使用技术相关的风险,有数据显示,45％在阅读、数学和科学方面表现出色的学生报告说,当他们无法访问互联网时感觉很糟糕③。值得注意的是,当下最主要的问题是数字技术如何影响高等教育变革。数字化学习可以被视为高等教育改良教学方法的一个机会。最初选择电子学习是为了通过使用在线工具和简化信息获取以及远程交流与合作来提高学习质量④。然而,大多数人只是将电子学习与数字化联系在一起,更恰当的做法是将电子学习视为一个包罗万象的术语,涵盖任何依赖或受益于电子通信和高新技术

① Barr N, Pennycook G, Stolz J A, et al. The Brain in Your Pocket: Evidence That Smartphones are Used to Supplant Thinking[J]. Canadian journal of experimental psychology-revue canadienne de psychologie experimentale, 2015,69(4):374.

② Becker M W, Alzahabi R, Hopwood C J. Media Multitasking Is Associated with Symptoms of Depression and Social Anxiety[J]. Cyberpsychology behavior and social networking, 2013,16(2):132 - 135.

③ OECD. OECD Skills Outlook 2019: Thriving in a Digital World[Z]. OECD Publishing, 2019.

④ European C, Directorate-General For Education Y S A C. Education and Training Monitor 2021: Romania[M]. Publications Office of the European Union, 2021.

的学习形式①。数字化学习和数字化转型学习等术语的使用强调实践的教学和学习过程。可扩展的定制学习使数字化学习成为可能。从这个意义上来说，高等教育的数字化方法可能会超越技术设备的使用，走向技术进步带来的新的学习体验。重点将不是技术，而"数字"一词可能会为重新思考教学方法提供可能性。

三、数字技术驱动高等教育变革的现实挑战

实际上，不仅是在我国，国际上许多高等教育机构在面对数字技术带来的变革和转型发展也遭遇了许多挑战②③。然而由于侧重点的不同，众多研究者持着不同的观点。通过对已有研究的分析，我们总结了数字技术驱动高等教育变革的几项主要挑战，具体如下图所示，主要有优先级、分散决策、人们对变革的抵制、数字技术人才的差距和投资回报率。

图 2.4　数字技术驱动高等教育变革相关的挑战

①　Eurostat. Labor Force Survey[EB/OL]. (2022 - 05 - 28)[2023 - 08 - 16]. https：//ec.europa.eu/eurostat/databrowser/view/LFSI_EDUC_A__custom_2862443/default/table？lang＝en.

②　Aditya B R，Ferdiana R，Kusumawardani S. Barriers to Digital Transformation in Higher Education：An Interpretive Structural Modeling Approach[J]. INTERNATIONAL JOURNAL OF INNOVATION AND TECHNOLOGY MANAGEMENT，2021，18(05).

③　Maltese V. Digital Transformation Challenges for Universities：Ensuring Information Consistency Across Digital Services[J]. CATALOGING & CLASSIFICATION QUARTERLY，2018，56(7)：592 - 606.

第一,优先级。高校倾向于关注紧急的事情,而不是重要的事情。他们倾向于优先考虑立竿见影的事项,而推迟在耗时耗力方面的投资。据称,许多国家的高等教育机构并未在数字技术的支持下实现新颖的变革,同时他们将其归咎于没有必要的财政手段来执行该计划,这导致了这一问题的进一步加剧[①]。而这个问题实际上是可以通过制定数字技术投资的优先级计划来解决的,按照优先级的顺序指导整个高校在各个方面的系统转型。

第二,分散决策。一方面,分散决策在大型决策和项目的实施中容易造成延迟。另一方面,以集中控制和决策为特征的数字化系统效率往往更高。这是平衡协调决策规模和速度的重要途径。为了确保成功,有必要为高校数字化发展建立一个动态的、灵活的组织模式,以便随着时间的推移更好地平衡分离和整合,确保数字技术在高等教育变革中更好地起到正向作用[②]。

第三,人们对变革的抵制。人们对于变革的抵制是一个普遍认同的观点。高等教育在面对数字技术的变革时常遇到的问题便是需要适应新的教学方法、学习环境和学习模式等,而这正是主要的障碍之一。有学者认为,学术专业人群(国内更多是公务员、教师等具有编制的事业单位人员)往往被视为拥有更为安全和稳定的职业。如果变革威胁到工作保障,它很有可能会遭到反对[③]。所以数字化发展较为成熟和变革顺利的高校往往会激励他们的员工,通过一些试点项目来展示潜在的变化,帮助员工尽可能消除对于变革带来的工作保障不确定性和疑虑。因此,当务之急是为教育专业人员制定方向,引导他们关注数字技术的积极方面,减少他们的工作不

① Rodriguez-Abitia G, Bribiesca-Correa G. Assessing Digital Transformation in Universities[J]. FUTURE INTERNET, 2021,13(2).

② Smith P, Beretta M. The Gordian Knot of Practicing Digital Transformation: Coping with Emergent Paradoxes in Ambidextrous Organizing Structures * [J]. JOURNAL OF PRODUCT INNOVATION MANAGEMENT, 2021,38(1):166-191.

③ Rodriguez-Abitia G, Bribiesca-Correa G. Assessing Digital Transformation in Universities[J]. FUTURE INTERNET, 2021,13(2).

安全感。

第四，数字技术人才的差距。教师的数字素养水平高低俨然成为高等教育变革中的另一个主要问题和挑战。在高等教育的背景下，必须采用新的教学方法和学习工具及教学程序，如视频会议、数字平台、基于 VR 的学习和协作学习等等。高等教育体系正在适应全球发展，这需要新的教学模式和环境①。由于当前的学生是数字原住民，教师必须在他们的数字教学能力上更有想象力和创造力。在高等教育中成功实施数字技术的另一个主要挑战是被认为熟悉这些数字技术的学生与必须适应和学习使用这些技术的教师之间的代沟。因此，由于学生和教师之间对于数字技术掌握程度的代沟，有必要推动相关的政策构建基础设施和创造性的学习环境，契合不断变化的趋势。此外，对教师培训的需求也逐渐变得越来越大。

第五，投资回报率。有研究发现高等教育机构在计算他们的实践案例和投资回报率时时常出错。通过数字技术带来的实践案例不仅应该考虑那些可被量化的部分，也应考虑缓慢发展或难以量化的部分。例如，通过更高效的运营和自动化节省教师时间和成本，以及通过改善学生体验提高注册率、保留率和按时毕业率。

总而言之，面对全球的数字化发展趋势，各国面临的挑战具有相似性也有差异性。新冠的暴发更是推动了世界各地的组织整合数字工具和技术，以适应不断变化的工作和学习环境。高等教育也不例外，因此他们必须依靠数字技术来维持正常的运作，以保障高校的教学秩序和管理体系。因此，可以说，数字技术不仅增加了社会联系、协作、互动和参与，随着新的在线平

① Trifonov V A, Shorokhova N A. University Digitalization—A Fashionable Trend or Strategic Factor of Regional Development? International Scientific and Practical Conference Contemporary Issues of Economic Development of Russia: Challenges and Opportunities [Z]. ALEXANDROVICH T V. International Scientific and Practical Conference on Contemporary Issues of Economic Development of Russia-Challenges and Opportunities (CIEDR): 2019: 59, 1003-1013.

台和程序的加入,人们也可以在全球范围内接触到更多的教师和专家等专业群体。但是,许多国家的学者都提出应该通过建立或修改现有的数字实践模型,以满足越来越具有差异性的需求。随着数字技术和混合教学机制的大量采用和实践,鼓励学生参与和互动的需求也在增加,与面对面的情况相比,线上的形式很容易导致这种需求丢失或减少。从一个传统的学习地点转移到完全在线的形式并不总是很容易使课程适应其新变化。为了让学生产生兴趣并作出贡献,需要建立关系,建立沟通联系,并有效地利用数字技术①。

四、数字技术驱动高等教育变革的实践框架

正如在挑战部分的分析,高等教育在数字技术驱动下产生的变革已不仅仅是适应传统的模式,更应该与时俱进实现数字化转型,而这需要框架的建立或者修改,在理论上站立的同时要获得实践检验②。这些框架在指导高等教育进一步变革的同时,也需要考虑到他们的核心业务,即教学、研究和服务等等。国际上有很多企业在试图建立一个框架来引导高校进行数字化转型时具有一定的实践积累。这些尝试勾勒出了一些变革发展的基本步骤。这些框架在严格程度上有所不同。但是对于我国在未来的高等教育变革具有很好的借鉴意义。

(一) 毕马威(KPMG)框架

毕马威为高等教育在数字化发展下的变革开发了一个基于研究和以消费者为中心的框架③。毕马威框架旨在帮助高等教育机构更好地定位自己,

---

① Balyer A, Öz Ö. Academicians' Views on Digital Transformation in Education[J]. International Online Journal of Education and Teaching, 2018,5(4):809-830.

② De Bruin T, Rosemann M, Freeze R, et al. Understanding the Main Phases of Developing a Maturity Assessment Model[C]//Australasian Conference on Information Systems (ACIS). Australasian Chapter of the Association for Information Systems, 2005: 8-19.

③ KPMG. KPMG Connected Enterprise for Higher Education. Available online: https://tinyurl.com/yt3rbbam.

通过构建和调整教育系统的不同方面来创造更高的价值和回报，从而提供无缝的、以消费者为中心的服务和体验[①]。毕马威将这一框架称为"大学数字化转型的蓝图"。该框架有六个组织要素，即客户、渠道、企业战略、核心业务实践、高级数据和分析以及支持业务实践，具体如图所示。

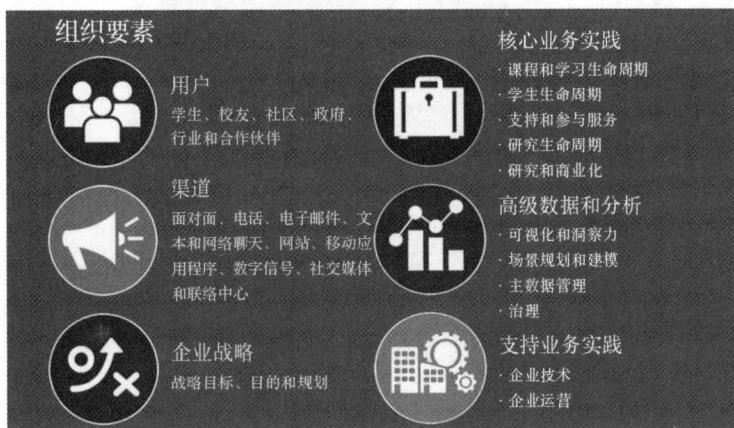

图 2.5　毕马威大学数字化转型蓝图

该框架中的"客户"包括现有和潜在的学生、校友、社区、政府和各种合作机构。渠道包括图中提到的所有类型的通信类型。企业战略包含所有的战略目标、目的和规划。核心业务实践包括课程和学习周期、学生生命周期、研究和其他学术领域相关的所有实践。高级数据和分析涵盖了可视化和洞察力、场景规划和建模、数据管理和治理。最后，技术和运营被认为是业务实践的促成因素。

（二）微软（Microsoft）框架

微软在 2020 年同样提出了一个高等教育在数字化中变革的框架[②]。该框架旨在提供实用指南，帮助高等教育机构根据其愿景和预期目标制定全

---

① 江凤娟，刘云喜.数字化转型背景下的高校教育数字化成熟度评估模型研究[J].现代教育技术，2024，34（03）：17-27.

② Microsoft. Microsoft Education Transformation Framework for Higher Education. Available online：https://tinyurl.com/y5tskf49.

面的数字化转型计划。该框架分为学生成功、教学和学习、学术研究以及安全和互联的校园四个主要方面,具体如图所示。

图 2.6　微软框架

学生成功的重点是吸引学生,满足学生的教育需求,并与他们建立终身关系。教学方面的重点是建立一种持续学习和改进教育的文化。学术研究方面的重点是赋予所有研究人员权力,并为他们提供所有必要的技能和能力。安全和互联的校园维度涉及对校园资源配置、优化和管理的重新思考。

（三）谷歌(Google)框架

谷歌在面对当下数字技术带来的巨大冲击和适应性转变的要求时,也提供了一个高等教育变革的框架,具体如下图所示①。谷歌对高等教育变革发展的主要要素进行了分类,即愿景、学习、文化、技术、个人发展、资金以及社区共七个。根据这一框架,当一开始就有一个强有力的愿景时,高等教育的数字化转型也可以发生。当高等教育机构有一个清晰的愿景时,它意味着领导层和更大的社区正在为共同的未来目标而共同努力。该框架还提出了一个理念,即大学领导层必须培养一种创新文化,并鼓励人们承担风险和

---

① Google. Google Education Transformation Framework. Available online：https://tinyurl.com/edsabvmu.

从失败中学习。此外，必须指出的是，技术不仅是学校变革的推动者，而且是一个至关重要的因素。因此，领导层必须确定、测试并赢得其团队的支持，以整合适当的技术（工具和程序）来实现机构的学术和管理目标。之后，管理人员应该制定一个可持续的预算，确定各种资金来源，并寻找与学生目标直接相关的节约和重新分配的可能性。

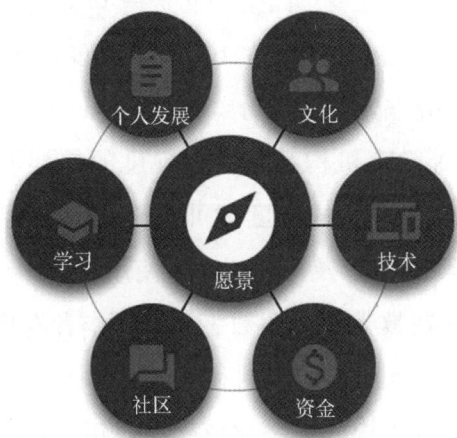

图2.7　谷歌框架

必须指出的是，学校影响着各种各样的家长、家庭、公司、政府和组织。因此，领导者必须确保这些利益相关者在学院的整个变革过程中能够支持学院。最后，该框架提出，必须向教育工作者提供有效的职业发展规划和持续指导，以帮助他们使用技能和技术来满足学生的要求。

（四）制度层面的数字化成熟度评估框架

全球疫情的暴发推动了相关行业进行数字化转型，以维持其日常运营和业务服务。因此，世界各地的教育系统和高等教育机构也需要采用数字技术，以变革其现存系统并适应不断变化的情况。学者和相关研究人员就针对向学生提供教育的方面提出了许多问题，包括维持课堂学习、举行考试、容纳大量学生等方面。为了保持正常的运营秩序，一些机构引入了各种视频会议和具备会议功能的在线软件，如 Zoom 和其他软件，用以解决当下的问题①。由于这种变化带来的巨大冲击,许多机构正在建立专门的数字技术战略,但许多机构缺乏成功实施数字工具所需的愿景、能力、系统、专业知识等。平均而言,目前国际上高等教育在数字技术的驱动下产生的变革和转型情况同样不容乐观②。正如 Buvat 等人(2018)的研究发现一样,在数字技术推动下的变革中,相关的技能和专业知识几乎没有明显进展③。因此,许多国家的高等教育机构在变革路上同样是举步维艰。

基于上述的问题,通过评估机构的数字化成熟度,了解现有机构的数字化发展和变革水平是十分重要的一部分。为此,Rodríguez-Abitia 等人(2020)提出了一个评估高等教育机构数字化成熟度的框架,具体的维度如图所示④。任何教育机构的数字化成熟度都可以通过观察其信息技术基础设施来评估,包括教室和实验室以及行政用途中使用的数字化工具。此外,还需要评估这些机构如何在教学中应用数字工具。作者发现,高等教育机构的能力和进步受到各种背景因素的限制和阻碍。同样,Rodríguez-Abitia 等人(2021)在评估高等教育机构的数字化成熟度时声称,在认同和运用数字技术带来的变革和发展方面,高等教育机构已经落后于其他企业和行业⑤。由于市场压力,其他行业可能被迫发展得更快。然而,教育行业正开始提供多种多样的学习选择,可能会吸引年轻一代,这也就需要他们尽快跟上步伐。

---

① Marks A, AL-Ali M, Atassi R, et al. Digital Transformation in Higher Education: A Framework for Maturity Assessment [J]. INTERNATIONAL JOURNAL OF ADVANCED COMPUTER SCIENCE AND APPLICATIONS, 2020,11(12):504 – 513.

② Faria J A, Novoa H. Digital Transformation at the University of Porto: EXPLORING SERVICES SCIENCE, IESS 2017[Z]. ZA S, DRAGOICEA M, CAVALLARI M. 8th International Conference on Exploring Services Science (IESS): 2017: 279, 295 – 308.

③ Orji C I. Digital Business Transformation: Towards an Integrated Capability Framework for Digitization and Business Value Generation[J]. Journal of Global Business and Technology, 2019, 15(1): 47 – 57.

④ Rodriguez-Abitia G, Martinez-Perez S, Ramirez-Montoya M S, et al. Digital Gap in Universities and Challenges for Quality Education: A Diagnostic Study in Mexico and Spain[J]. SUSTAINABILITY, 2020,12(21).

⑤ Rodriguez-Abitia G, Bribiesca-Correa G. Assessing Digital Transformation in Universities[J]. FUTURE INTERNET, 2021,13(2).

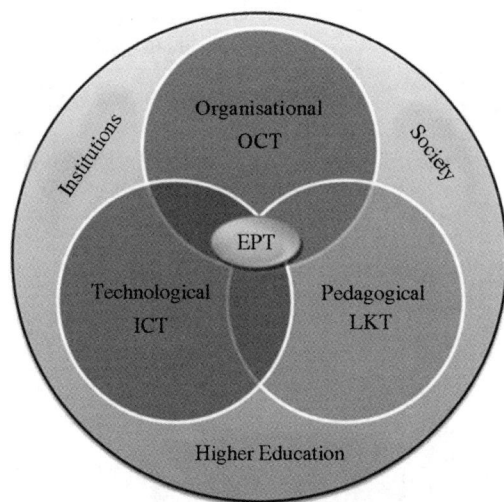

图 2.8 数字化成熟度的评估维度

五、国外典型案例分析

（一）欧盟应对数字技术的高等教育变革政策梳理

为了应对数字技术带来的变革和疫情后加速的技术进步带来的结构性挑战，欧盟的政治成员和战略决策者提出了一项有意义的框架倡议和政策，以为子孙后代建设一个更可持续、更有活力和更公平的欧洲的共同体。在这种情况下，教育和学习以及促进包容各方的创新教育和培训仍然是一个关键问题，这一问题在一系列战略参考文件中得到了解决，并与其他有助于终身学习的政策举措相互关联。

表 2.1 欧盟主要框架倡议和政策的主要观点

政策或文件	目标和描述
欧洲教育区	在以下领域进行合作的战略框架： ● 政策合作； ● 与博洛尼亚进程等其他相关倡议的协同作用； ● 监测实现欧洲经济区进展的目标和指标； ● 教育与科学的融合； ● 融入欧洲学期流程的培训。

政策或文件	目标和描述
2021—2027 年数字教育行动计划	通过以下方式,协助教育和培训系统可持续和有益地适应数字时代的政策倡议: ● 促进高性能数字教育生态系统的发展; ● 提高数字技能和数字化转型的能力。
"欧洲社会权利支柱"行动计划	在以下领域实现三个欧盟主要目标的行动计划: ● 就业; ● 技能; ● 社会保护。
欧洲技能议程	借助包含 12 项行动的战略计划,个人和组织可以获得更多更好的能力,这些行动集中在: ● 可持续竞争力; ● 社会公平; ● 韧性。
2030 数字罗盘框架政策	筑牢四大支柱以提高经济或社会数字化程度的框架政策: ● 技能; ● 基础设施; ● 业务转型; ● 公共服务。

从表的内容可以看出,欧盟对人才的升级和再培训极其重视,框架倡议和政策的提出旨在欧洲建立终身学习的文化,支持以需求驱动的方式增加行业合作,并提高公民的就业能力[①]。为了确保欧洲教育区能够取得更多的成就,他们还制定了在 2025 年或 2030 年之前实现的目标,与高等教育和培训部门相关的目标如下:

(1)高等教育程度:"到 2030 年,至少 45% 的 25 至 34 岁的人拥有高等教育资格";

(2)成人学习参与:"到 2025 年,至少 47% 的 25 至 64 岁成年人将在过去 12 个月中参加过学习"。

同样地,欧盟在 2018 年提出的《数字教育行动计划》也阐述了使用数字

---

① European Commission. The European Green Deal[EB/OL]. (2019 - 03 - 28)[2023 - 08 - 16]. https://eurlex. europa. eu/resource. html? uri = cellar:b828d165 - 1c22 - 11ea - 8c1f - 01aa75ed71a1.0002.02/DOC_1&format=PDF.

技术和创造性教育方法进行变革的方法[①]。这一计划认为需要通过利用数字技术的机会和创新实践、概念、方法、流程、工具、系统思维和设计思维来改进教学和学习，以提供横向/软技能和强大的数字技术的正确组合。其中，三项具体行动被作为应对数字化转型背景下教育挑战的有效解决方案，如：

（1）借助数字技术的使用改进教学和学习；

（2）数字化转型的数字化能力和技能；

（3）基于改进的数据分析和预测的教育改进。

其中，数字技术定义为可用于以数字形式创建、分发、存储、修改、检索、查看、接收和传输电子信息的任何产品，而数字工具是关于使用数字技术来执行特定功能，如信息处理、通信、内容创建、安全或解决问题[②]。因此数字能力是指在五个领域自信而关键地使用数字技术：信息和数据素养、沟通和协作、数字内容和创作、安全和福祉以及解决问题。

然而，对数字能力的全面理解还需要从整体视角出发，这一计划支持个人、社会和学习领域之间的相互依赖，以应对数字转型和快速变化的社会带来的挑战，也解释了关键维度之间复杂的相互关系[③]，具体如下：

（1）个人发展：包括处理模糊问题、压力和复杂性的能力，以及独立工作和管理职业生涯的能力；

（2）社交能力：是指了解我们所处环境中的行为准则和交流规则，以及建设性互动、合作、谈判、理解不同观点、获得自信和发展同理心的能力；

① European Commission. The Digital Education Action Plan［EB/OL］. （2018 - 04 - 24 ）［2023 - 08 - 16］. https://eur-lex. europa. eu/legalcontent/EN/TXT/PDF/?uri＝CELEX：52018 DC0022&from＝EN.

② VUORIKARI Rina R，Kluzer S，Punie Y. DigComp 2.2：The Digital Competence Framework for Citizens-With New Examples of Knowledge，Skills and Attitudes［R］. Joint Research Centre（Seville site），2022.

③ Sala A，Punie Y，Garkov V. LifeComp：The European Framework for Personal，Social and Learning to Learn Key Competence［R］. Office of the European Union，2020.

（3）学会学习的能力：是指与批判性好奇心、认知能力、创造力和适应力相关的能力，以及追求和坚持学习的能力，以及有效的时间管理和信息处理，包括个人和小组。

所有这些要素在数字化转型和技术丰富的环境中显得尤为重要。在这种环境中，拥有良好的认知和行为技能（即个人、社交和学习技能）会增加为学习和工作目的更多样化和更复杂地使用数字工具和技术的可能性。在生活的各个领域，技术正变得越来越重要，人们越来越需要在一生中更新这两种技能。技术进步和数字转型的多面性要求教育和培训系统加强教学和学习实践。高等教育提供者需要考虑应用于生活各个方面的数字技能和横向技能，让学生和未来的毕业生做好准备，以应对复杂性，成为成功的个人、反思型终身学习者和负责任的社会代理人。有鉴于此，如下表提供了每种技能的高阶组成部分。

表 2.2　数字技能和生活能力框架

数字技能领域和关键因素	生活能力领域和关键因素
"信息和数据素养"： 使用和管理数字数据、信息和内容； 确定资源及其内容的相关性。	个人发展：自我调节，灵活性，幸福。
"沟通与协作"： 使用数字技术进行互动、协作和交流；管理数字存在、身份和声誉。	
"数字内容和创作"： 改进现有的知识体系，并将信息和内容融入其中；创建和编辑数字内容版权和许可规则。	社交能力：同理心，沟通，合作。
"安全"： 保护数码工具、内容和个人数据；有意识地使用数字技术促进社会包容，社会福利和环境保护。	
"解决问题"： 解决数字时代的问题和议题设置，随着数字发展保持更新。	学会学习的能力：成长心态，批判性思维，管理和学习。

着眼于建设一个具有长期影响的强大的社会，在欧洲各国的共同努力下，"欧洲社会权利支柱"行动计划提出了到 2030 年要实现的三个目标："年龄在 20 至 64 岁之间的人口中至少有 78％应该工作；每年至少 60％的成年人应该参加培训；至少应减少 1500 万面临贫困或社会排斥风险的人。"①因此，教育和培训系统正在为就业和进入社会奠定基础，高等教育机构需要确保未来的劳动力具备相当的数字技能。在数字化转型的欧洲，至少 80％年龄在 16 至 74 岁之间的人拥有基本的数字技能这一目标也实现了融入就业市场和社会的目标。

新的欧洲技能议程也体现了对高技能劳动力的关注，该议程提出了到 2025 年要实现的四个战略目标："50％的 25 至 64 岁成年人在过去 12 个月参加了学习；30％的 25 至 64 岁低学历成年人在过去 12 个月中参加了学习；25 岁至 64 岁的失业成年人中，20％有近期学习经历；16 至 74 岁的成年人中，70％至少拥有基本的数字技能。"在这一尝试中，该倡议确定了一项提高数字技能的具体行动，其中包括开发绿色产品、服务和商业模式，以及开发新的解决方案来减少运营对环境的影响②。

近年来，由于疫情的暴发以及社区和企业数字化的快速发展带来的重大困难，数字技术再一次显现出其优势，它将人们聚集在一起，无论他们身在何处。数字技术成为一个关键的使能因素，使个人能够超越特定的地域、社会地位或社区范围，并开启互动、工作和学习的新可能性。这些经验教训要求我们采取一致的应对措施，充分利用数字化转型的潜力，建设一个更健康、更环保的社会。有鉴于此，《2030 年数字罗盘框架政策》提出了四个基本点，并将其转化为具体目标，以更好地支持欧洲的发展，使其与数字化转型

---

① European Commission. The European Pillar of Social Rights Action Plan[EB/OL]. (2021 - 07 - 13)[2023 - 08 - 16]. https://eurlex.europa.eu/resource.html? uri＝cellar：b7c08d86 - 7cd5 - 11eb - 9ac9 - 01aa75ed71a1.0001.02/DOC_1&-format＝PDF.

② European Commission. European Skills Agenda for Sustainable Competitiveness，Social Fairness and Resilience[EB/OL]. (2020 - 10 - 08)[2023 - 08 - 16]. https://eur-lex.europa.eu/legalcontent/EN/TXT/PDF/? uri＝CELEX：52020DC0274&-from＝EN.

的步伐保持一致,并实施数字化原则①:

(1)拥有高水平的数字素养和高素质的数字专业人员的人口、良好的数字教育生态系统以及先进的数字网络安全和数据分析的技能和专家;

(2)通过更好的连接、微电子技术和处理大量数据的能力来支持行业的竞争优势,构建安全和可持续的数字基础设施;

(3)通过使用商业数字技术解决的商业数字化转型,包括5G、机器人、物联网、增强现实和人工智能,实现更密集和高效的资源利用;

(4)公共服务的数字化,通过这种数字化,每个人都可以充分获得在线公共服务,提供易于使用、高效和个性化的服务和工具,具有高度的安全性和隐私标准。

总之,欧盟的框架倡议和政策中普遍关注的是数字技能的发展,以及高水平的认知和行为,以此应对数字技术带来的挑战。这要求高等教育要对教学和学习进行某些调整和改进,并采取协调和综合的措施和步骤,使教育和培训系统更好地适应数字转型,这种转型不能停止,但必须积极管理。因此,教育和技能在这些项目中占据突出地位,为恢复生活质量、韧性和竞争力铺平了道路。

(二)西班牙高等教育整合数字技术障碍的解释模型

事实上,数字技术在高等教育教学中并未能够全面地整合来自各方的资源。先前的研究也证实了变革中存在着诸如此类的很多障碍。在西班牙,数字技术目前已经获得广泛应用。根据该国国家统计研究所(INE2019)的最新数据,80.9%的西班牙家庭在家里有电脑,90.7%的家庭可以上网,99.6%的家庭至少有一部手机②。尽管研究者认为西班牙的高等教育机构

---

① European Commission. 2030 Digital Compass: the European Way for the Digital Decade[EB/OL]. (2021 - 05 - 25)[2023 - 08 - 16]. https://eurlex. europa. eu/resource. html? uri=cellar: 12e835e2 - 81af - 11eb - 9ac9 - 01aa75ed71a1.0001.02/DOC_1&format=PDF.

② Hortelano A G. La Encuesta sobre Equipamiento y uso de Tecnologías de información y Comunicación en los Hogares (TiC - H), del iNE[J]. Indice: revista de estadística y sociedad, 2013 (55): 10 - 12.

是可能拥有这些资源的，但是并未得到充分的利用。这是因为实际上所有使用这些资源的教师往往是为了进行视觉上的展示或者使用虚拟教学平台，教师们对于数字技术的使用受到了限制，处于较低的水平上①②。因此，为了阐述数字技术融入高等教育教学的障碍的解释模型，包括它们之间的联系以及可能影响它们的社会和人口因素之间的联系，来自西班牙的Cristina（2020），通过混合研究的方法，对527名教师进行了多案例研究搭建了一个高等教育整合数字技术障碍的解释模型，具体如下图所示③。这一模型认为，高等教育中数字技术整合的主要障碍有七个，分别是技术恐惧、缺乏时间、缺乏规划、缺乏激励、缺乏评估、工作饱和以及大学认证模式。该模型将帮助组织和教师确定具体的障碍及其与其他因素的联系。因此，他们将能够在高等教育中整合数字技术方面提供一定的借鉴意义。

如图2.9所示，可以形象地看出高等教育整合数字技术的障碍及其因素之间的关系，这一模型有效体现出了教师遭遇的数字技术障碍。根据上述模型可以看出，整个模型是按照顺时针的顺序排列的。个人障碍始于技术恐惧，止于代沟；专业障碍是从教学观念到对技术教学方法的认知不足；体制障碍则是从基础设施质量差到缺乏评估；背景障碍包括从技术的不断发展到高校的模式。实线箭头显示了障碍因素之间更强的关系，这是作者通过获取的定性和定量数据分析获得的结果。虚线表示存在但较弱的关系。这意味着，如果一个高等教育机构希望做出改变以消除它发现的任何障碍，它将需要验证已建立的联系和关系的强度，目的是做出符合自身现实的合理和及时的决策。此外，在模型的底部，列出了与障碍相关的因素。这是因

①　Mercader C, Gairin J. University Teachers' Perception of Barriers to The Use of Digital Technologies: the Importance of the Academic Discipline[J]. INTERNATIONAL JOURNAL OF EDUCATIONAL TECHNOLOGY IN HIGHER EDUCATION, 2020,17(1).

②　Cuhadar C. Investigation of Pre-service Teachers' Levels of Readiness to Technology Integration in Education[J]. Contemporary Educational Technology, 2018,9(1):61-75.

③　Mercader C. Explanatory Model of Barriers to Integration of Digital Technologies in Higher Education Institutions[J]. EDUCATION AND INFORMATION TECHNOLOGIES, 2020,25(6): 5133-5147.

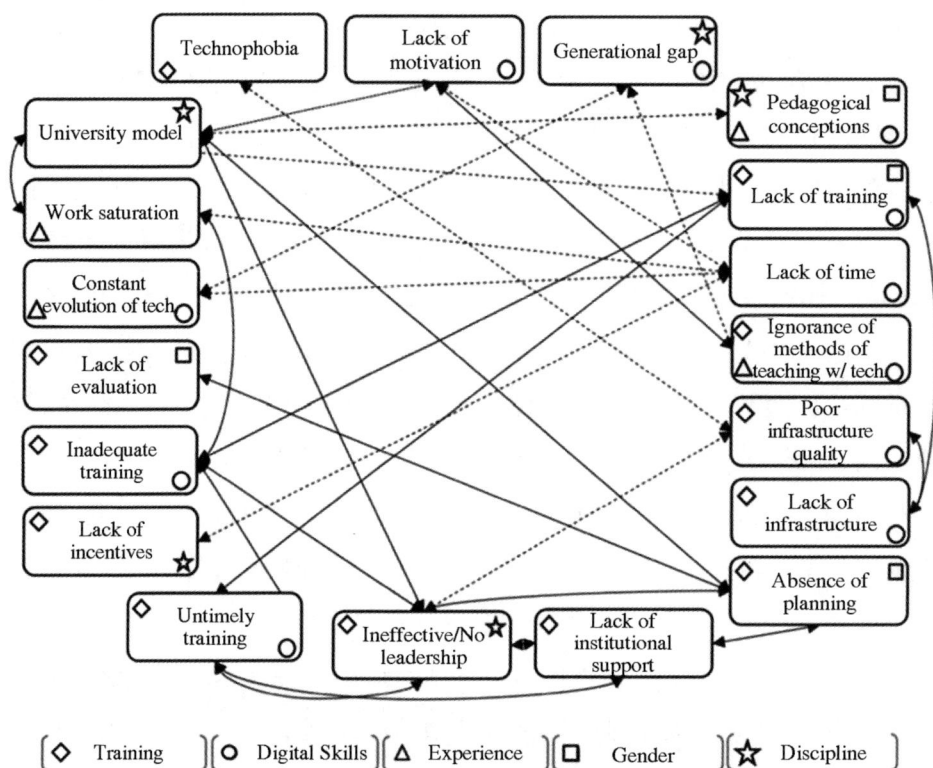

图 2.9 高等教育整合数字技术障碍的解释模型

为有必要考虑一个障碍是否有相关的因素，这些因素必须在消除障碍之前得以解决。因此，菱形代表数字教学技术培训，圆圈代表 ICT 技能水平，三角形代表多年教学经验，正方形代表性别，星形代表所教授的学科领域。这一模型以简单的方式提供了大量的信息，使机构管理者有可能考虑不同的变量，这些变量对消除阻碍数字技术应用的现有障碍具有重大意义。

（三）罗马尼亚消除高等教育变革困难的改进措施

数字技术引发的高等教育变革面临巨大挑战。例如，尽管欧洲在这一背景下的教学面临着越来越大的挑战，但是这些挑战是复杂和相互关联的，罗马尼亚在高等教育变革背景下，试图制定出理想的改进解决方案。有鉴于此，他们通过选择可靠的国际信息来源提供的几个指标，从更广泛的角度看待高等教育在数字技能培养中的作用，具体如表 2.3 所示。

表 2.3　罗马尼亚的数字技术素养衡量指标

数据来源	具体指标
数字经济和社会指数（DESI）	● 人力资本的维度； ● 互联网用户技能； ● 高级技能和发展（信通技术毕业生和信通技术专家）；
2021 年教育和培训监测	● 教育和培训总支出； ● 每个学生在公立和私立学校的费用； ● 高等教育程度；
欧统局数据库	● 应届毕业生的就业率；
欧洲职业训练发展中心	● 高科技经济中的就业增长； ● 数字技术的使用；

罗马尼亚主要是通过综合指标"数字经济和社会指数"（DESI）来衡量高等教育，该指标根据 2030 年数字罗盘框架政策提出的四个基本点确定了优先行动领域：

（1）"人力资本层面"评估公民的互联网用户技能和专家的高级技能；

（2）"连接性维度"是指固定宽带和移动宽带的连接，通过衡量供需双方以及零售价格的指标来确定；

（3）"数字技术层面的整合"评估数字密度、企业和电子商务对选定技术的采用情况；

（4）"数字公共服务维度"评估电子政务的需求和提供以及开放数据政策。

2021 年，罗马尼亚在欧盟国家中的综合排名是第 27 位，在大多数指标上的得分都低于欧盟的平均水平。根据最新的互联网用户相关数据，罗马尼亚排名第 26 位，在 16 至 74 岁的人群中，只有 31％的人至少拥有基本的数字技能，而欧盟的这一比例为 56％，只有 35％的人至少拥有基本的软件技能，而欧盟的平均水平为 58％。至于高级技能和发展方面，罗马尼亚的信息与通信技术专家比例略有增加，但低于整个欧盟的水平（罗马尼亚是 2.4％，而欧盟平均水平为 4.3％）。罗马尼亚在信息与通信技术专业的毕业生上表现非常好,占 6.3％,而欧盟为 3.9％[1]。有趣的是,就技术进步而言,罗马尼亚科学、技术、工程和数学(STEM)专业的毕业生的比例在欧盟是最高的之一(30％),但专业人员的可用性很差,因为毕业生人数很少[2]。

由于罗马尼亚目前的工作越来越受数字技术的驱动,劳动力市场正在寻找具备数字能力、能够正确使用数字技术的毕业生。如数据所示,罗马尼亚经济部门中高科技职业(如科学和工程、信息和通信技术专业人员)的就业增长率估计平均为 10.5％,而信息和通信技术服务的最高增长率为 43.9％。另一个有用的指标是数字技能的使用,它与个人在数字环境中的信息交流、解决问题和使用软件的能力有关。总之,罗马尼亚高等教育的现状似乎具有结构性和脆弱性的特点,即公共支出低,学生和劳动力的数字技能水平不令人满意,数字转型行业中的信息和通信技术专家数量少,以及受过高等教育的专业人员数量少,他们的技能不符合劳动力市场的需求。这些缺点阻碍了与欧盟其他先进国家保持一致的能力,减缓了教育和培训质量进步的进程。因此,在国家一级执行教育政策的过程中有很大的改进余地。为了消除现有的弱点,罗马尼亚提出一系列的改进措施,例如:

(1)通过以协作、真实、基于项目的学习为中心的创新教育技术,加强学习实践,以发展关键数字能力,如解决问题、创造力、批判意识以及对数据、信息和数字材料的评估;

(2)协助和培训教师将数字能力融入学科课程;

(3)利用翻转教育、基于项目的学习、指导和同伴学习等非传统教学方法,让教育工作者参与积极、协作的在线学习体验,以培养数字能力(如内容创建、安全管理、解决问题的能力、协作和沟通)。

综上,数字技术的影响力在全球不断加大,世界各国的高等教育领域对

① DESI. Digital Economy and Society Index Romania[EB/OL]. (2021 - 10 - 09)[2023 - 08 - 16]. https://digitalstrategy.ec.europa.eu/en/library/digital-economy-andsociety-index-desi-2021.

② European Commission. Education and Training Monitor 2021 - Romania[EB/OL]. (2021 - 03 - 28)[2023 - 08 - 16]. https://data.europa.eu/doi/10.2766/532994.

于数字技术的重视程度也随之加深。与我国不同的是，由于国情的不一样，世界各国对于数字技术的态度和需求不尽相同。在同样遭受疫情的冲击后，数字技术带来的变革促使许多国家反思当下的问题，仅仅满足于现状显然已经满足不了需求，应势需要做出的变革越来越多。在各行各业的驱动下，高等教育俨然离不开数字技术的加持并受到其广泛的影响，不同于我国的发展，世界上已经更进一步开始反思持续化的变革以适应未来发展。从国际领域的现状来看，主要是高等教育在数字技术驱动下的变革被概念化，成为专业的研究领域，劳动力市场对于职业的定义被重新调整，职业的要求进一步发生变化，同时高等教育在此执行的变革过程中每个国家甚至高校都出现了显著的差异。从现实挑战来说，主要有优先级、分散决策、人们对变革的抵制、数字技术人才的差距和投资回报率五个部分，这与我国的实际挑战是较为不一样的。从实践框架来看，国际层面上已经有针对高等教育变革提出的毕马威框架、微软框架、谷歌框架和数字化成熟度的评估框架等用以指导实践。总而言之，目前国际上高等教育针对数字技术带来的变革的认识已经进入一个新的阶段，在满足传统数字技术带来的变化的同时，寻求着不断的革新和迭代，且有理论和实践层面上的许多可借鉴经验。

第三节　经验与启示：在总结数字技术驱动高等教育变革的经验中探索规律

从国际和我国高等教育数字技术变革的经验中不难看出，未来的数字技术和高等教育的融合与创新必将会进一步对高等教育在多个环节中产生更多的影响，并引领变革的发生。面向未来，高等教育在数字技术的驱动下必然会有新的特征、范式和生态。为了紧跟时代步伐，我国高等教育尽管不断地做出了努力和营造了新局面，但与国际发展领先的诸多国家对比，尚有不足之处。"汲取精华，去其糟粕"也将是未来发展必然需要遵循的准则。

因此,结合我国高等教育数字化的演变过程,即起步发展、应用转化、融合创新和智能转型四个阶段,总结了关于未来发展的四项经验与启示,具体如下:

一、未来变革需要顶层设计

从我国的历史演变再到国际上的变革经验不难看出,数字技术驱动高等教育的变革是必然需要顶层设计的。国际上许多国家都在这一背景下不断地提升本国的战略认知,针对这一变革加强顶层设计,对于高等教育的总体框架、重点领域和专项规划积极谋划[①]。例如:非洲地区很多国家为推动高等教育的数字化进程,发布了一系列的国家政策文件和报告,从国家战略的层面指导变革。在我国,党的二十大会议中提出"推进教育数字化"的要求,也是从顶层为数字技术驱动教育变革提供了强有力的政治保障。从国际上的经验也能看出,欧盟的诸多国家在应对这一变革的时候,颁布了很多相关的政策,以做好各环节的保障工作。然而,我国很多高校中的变革依旧是各自为政,每个学校都在依照自我的理解和需求调整执行,这一举措带来的效果杯水车薪。这就需要针对这一问题,从顶层出发,制定相应的实施框架和通用流程,在规范改革的同时,"留白"供高校依据自身办学特点有倾向地朝特色发展。

此外,顶层设计能够帮助高等教育实现体制机制的创新。国际上很多国家都在依靠政府层面制定顶层设计的同时,着重对于顶层设计的实施制定了标准规范,保障高等教育的数字化变革。第一,很多国家确立并制定组织机构建设的意义、决策、协调、管理等多个环节的准则,如:美国建立教育技术办公室用以管理和执行相关战略政策。第二,国际组织、国家政府部门和教育部门等关注实施环节的多方合作,强化变革时的合作与交流,而这一

---

① 世界慕课与在线教育联盟秘书处.各国谋划和实施高等教育数字化战略——《无限的可能:世界高等教育数字化发展报告》节选二[J].中国教育信息化,2023,29(01):9-23.

环节也往往需要顶层牵头方能持续发展，如：欧盟建立数字教育中心，融合欧盟国家的整体教育资源实现公共化整合和共享。第三，对于国际主要标准化的政策和框架要符合本土和前沿需求，如：数字孪生、ChatGPT、DeepSeek等新兴技术的标准规范和本土适用度。

二、未来变革需要扎根实际

对于高等教育而言，数字技术变革不仅是在学生层面上，更囊括了教师、管理人员、社会、企业等各界人士，其实施范围更是涉及日常的生活和学习工作，不同的人员对于这一变革的需求也不同。例如：北美洲的典型国家对于数字技术带来的变革并不局限于高等教育的基本设施满足，对于日常的专业课程与教学、人才素养培养目标、未来高等教育变革等方方面面都进行了实践。反观我国，主要以数字化基础数据、数字化环境、数字化业务职能、数字化组织结构和数字化体系五个层级执行变革。这一不同实际上便是我国的国情不同于西方国家，遵从的章程和本土化需求具有差异所造成的。

可以说，在借鉴的经验上，"照搬"抑或"创新"往往是难题之一。不同于国际上飞速发展的数字技术和人们对于技术的认可度，我国高等教育的数字技术应用往往需遵循我国不同于其他国家的特殊国情，庞大的教师和学生群体，必然是需要更大投入、更大支持才能支持整个变革发展。因此，扎根实际是我国在各个领域借鉴国际经验需要思考的问题。在总结我国已有发展和国际经验后，实现"以人为本"，对于变革的各个环节都需要再进一步思考。我国高等教育应根据在变革中关注到的实际情况，扎根本土，依照自身的需求，形成独特的变革方向。

三、未来变革需要理实结合

从我国和国际上的变革经验上看，挑战十分严峻。在国际上，由于起步更早，国际上很多具有代表性的国家已经进入数字技术带来的变革的下一阶段,即数字化转型需要。同时对于这些挑战和解决方案,已经有很多企业和学术专业人士提出了不同角度的实践框架,并凝练成理论框架加以倡议,如:毕马威框架、微软框架和谷歌框架,同时还有诸如数字化成熟度评估框架等测量发展状况的实践经验推出。这对于国际上高等教育在数字技术驱动下的变革产生了极为深远的影响,同时也帮助他们在转型的阶段飞速发展,并取得很好的成绩。

而我国面临的现实挑战和国际上其他国家有显著的差异,由于起步较晚,我国在育人方式理念、教育教学模式、学校治理体系、学习资源路径和各级层面政策等方面的挑战,尽管有很多理论研究加以论述,但是实际上的执行却比较少。值得关注的是教育部网站为解决这一问题开设了"坚定推进国家教育数字化战略行动"的专栏(http://www.moe.gov.cn/jyb_xwfb/moe_2082/2022/2022_zl12/),不断更新着全国各地的优秀经验,这对于未来的变革和发展具有重要意义。如:"吴岩:扎实推进高等教育数字化战略行动""中国农业大学:用好国家平台为毕业生提供精准服务"等。但是需要注意的是,目前专栏推出的经验分享中关于高等教育领域的相对较少,这也是未来发展不断需要充实的部分。

四、未来变革需要保障持续

数字技术随着高新技术的创新和发展也在不断地发生变化,高等教育面临的变革和挑战也不是一时,而将是长期且持续的。为了应对这一挑战并确保未来的顺畅发展,国际上采取了一系列的措施进行保障,例如:大洋洲各国的数字化发展尽管位居全球的前列,高等教育的信息基础设施和学生的数字化水平等都处于较高的水平,依旧会不断推陈出新确保面临变化能够及时调整,具有一定的适应能力。韩国则是在2019年颁布了《人工智能国家战略》,在大学专业中增设了人工智能专业,这一专业的主要目标是创建本国的一体化教育体系,该体系主要包括实时监控系统、智能辅导系统、协同教育机制等,全程采集学生的线上线下学习表现、学业成绩和心理情绪等数据,提供可视化精准化诊断、个性化分析和预警诊断方案①。再如俄罗斯基于大数据分析来保障教育决策和提升教育管理效率,提出了建立教育机构的数字管理系统实现对数据收集、储存、结果展示、公众使用过程的完全网络化②。

　　而在我国,实际上也不断从多条路径保障变革的可能性,但是由于起步较晚的原因,目前尚未获取到长期变革带来的积极变化和优秀经验。更多的是学者根据自身的经验不断提出一些建议,实际上获得实践的机会并不多。而国际上针对变革困难和障碍的解决渠道,也不断从政策、理论、实践、指导意见等多个层面为我国提供支持。因此,在面对变革的过程中,我国高等教育在未来的数字技术变革中既需要关注到当下的燃眉之急,也应关注到长远的可持续发展,在不断汲取国际优秀经验的同时,关注我国实际需求和可持续发展的可能。

① 吴砥,李玲,吴龙凯,尉小荣. 高等教育数字化转型的国际比较研究[J]. 国家教育行政学院学报,2023,(04):27-36.
② 吴砥,李玲,吴龙凯,尉小荣. 高等教育数字化转型的国际比较研究[J]. 国家教育行政学院学报,2023,(04):27-36.

|第三章|

要素赋能:数字时代高等教育的教与学

在数字时代的浪潮中,高等教育正经历着前所未有的颠覆和创新。教育者和学习者不再局限于传统的教学范式,而是面临着创造性地融合规模化教育和个性化培养的挑战。围绕新时代高等教育格局中数字化的挑战,本章重点聚焦于四大关键要素的赋能过程探讨,即人才培养理念、课程形态、教育方法和教育评价。首先,如何将传统的规模化教育与个性化培养有机结合,这不再是简单的数量与质量的平衡问题,而是一场对教育本质的深刻思考。其次,课程形态从过去的"罐装化"走向"智能生成"。正如我们所看到的那样,数字技术为课程设计提供了全新的可能性,如何充分发挥数字技术的优势,创造更具创意性和适应性的课程形态,将是关注的重点。数字技术的革命为课程设计提供了全新的可能性,如何充分发挥科技的优势,创造更具创意性和适应性的课程,将是关注的焦点。另外,教育方法的改变也是不可忽视的议题。传统的集中化大班授课正在被个性化精准指导所取代。个性化的教育方法,使得每位学生都能够以自己的节奏和风格学习,培养更具创新精神和实践能力的人才。最后,围绕教育评价的演变,探讨从结果导向的"单一"评价向过程导向的"多维"评价转变。学习不再仅仅是追求分数,更是一个全面发展的过程,多维评价更能客观地反映学生的综合素质。

第一节　人才培养理念：由"规模化教育"
走向"个性化培养"

现代教育映射了工业化集中物流的经济批量模式：铃声、班级、标准化的课堂、统一的教材、按照时间编排的流水线场景。毫无疑问，这种教育为工业时代"标准化""规模化"地培养了可用的人才。但这种"标准化"的教育模式尚存在着个性化缺失、手段趋同、评价体系标准单一等弊端。当前，随着 5G、人工智能、区块链、云计算、XR 等数字技术的迅速发展，人类社会生产生活方式发生了深刻变化。同时，我国数字经济发展持续增速，对劳动者综合素质提出更新更高要求，未来人才发展需求将发生显著改变。有鉴于此，人们已经意识到"规模化教育"很难适应当前技术变革与社会需求的变化，质疑"规模化教育"的声音此起彼伏。在这样的背景下，2022 年全国教育工作会议明确提出要"实施教育数字化战略行动"，党的二十大将"推进教育数字化"写进党代会报告，标志着数字化背景下的教育转型已经上升为国家战略。2023 年 2 月 13 日，以"数字变革与教育未来"为主题的世界数字教育大会在北京开幕，教育部部长怀进鹏在主旨演讲中指出，"数字教育能够在个性化地学、差异化地教、科学化地评等各方面发挥独特优势，通过信息跟踪挖掘、数字回溯分析、科学监测评价等，描绘学生成长轨迹，为每个学生提供个性化的教育方案。"

过去的"规模化教育"阶段主要强调大规模的教育体系，注重对大量学生进行相似的教学和标准化的培养。这种教育模式适应了当时社会对基础人才的需求，但随着社会的发展和经济结构的变化，对人才的需求也在不断演变。数字社会对人才的要求更加多样化和个性化，因此"个性化培养"成了更为重要的教育理念。这意味着教育不再仅仅关注学生的知识传授，还要注重培养学生的创造力、批判性思维、团队合作能力等个人素质。每个学生都有自己的兴趣、优势和需求，个性化培养强调根据学生的特点和需求进行差异化的教学和辅导,以帮助他们更好地发展和实现个人潜能。总之,从"规模化教育"到"个性化培养"的转变,反映了社会对人才培养的需求在不断变化,教育也在积极地适应和响应这一变化,更好地满足学生的需求,并为他们在多样化的领域中取得成功做好准备。

一、规模化教育:历史发展、特点与弊端

规模化教育是指通过大规模组织和运作的方式向广大群体提供教育服务。在现代社会,规模化教育得到广泛应用,并以班级授课制为典型代表。尽管规模化教育有许多优势,但也面临一些挑战。其中包括教学质量和个性化教学难度、师生互动和学习氛围的问题,以及教育资源分配不均等。教育者需要认识到这些问题,并不断探索创新,以确保规模化教育能够为学生提供更优质和全面的教育体验。

(一)规模化教育的历史发展

众所周知,原始社会的教育没有专门的教师和专门的场所,通常是年长者在劳动场所教授年幼者劳动技能与狩猎技巧。可以说,这种教学方式是个别化教学的雏形。所谓个别化教学,是指教师在同一时间以特定内容面向一个或几个学生进行教学的教学组织形式。之后相当长的历史时期,这种个别化的教学一直是教育的主流形式,以下是一些典型的例子:(1)私塾教育。在古代,私塾是一种常见的教育形式,富有的家庭可能雇佣私人教师为子女提供个别化的教育,这些教师可以根据学生的特点和需求,为他们量身定制教学计划。(2)皇宫教育。在一些王朝时期,皇宫内设有专门的师傅和导师,负责教育皇室成员。这种教育通常会根据皇室成员的地位和职责,提供个别化的教育内容。(3)师徒制。在一些手工艺和技能传承的领域,师徒制是一种个别化的教育形式。学徒跟随师傅学习技能,师傅会根据学徒的进展和能力,调整教学内容和方法。(4)专门技能培训。在一些古代社会,存在着专门的技能培训机构,如医学院、文学院等。这些机构可能会根据学生的兴趣和能力,为他们提供个别的培训和指导。(5)宗教教育。在一

些宗教环境中，可能会有个别的灵性导师为信徒提供个别化的宗教教育，这种教育形式强调个人的精神成长和发展。一般而言，个别化教学具有如下两个特点：一是教师只面对一个或几个学生，即"一对一"的个别指导；二是没有固定的学制，没有时间限制，没有课程表，也没有年级和班级的编制。不难看出，这种教学形式存在一定的弊端。最典型的就是教学效率低下，由于每个教师只能教授一个或几个学生，难以实现教育的普及。

这种个别化的教学形式，一直持续到工业革命前夕。众所周知，工业社会是一个"效率至上"的社会，效率成为衡量一切社会活动的准绳，在教育方面也不例外。人们不满足于古老的个别化教学，特别不满意"一对一"个别指导而导致的低效率。同时，随着工业革命的到来，社会对于教育的需求增加，普及教育逐渐成为一个重要目标。于是，改进个别化教学的呼声日渐高涨。早在1632年，捷克教育家夸美纽斯在《大教学论》中，阐明了学校教学工作的基本组织形式——班级授课制。他直言不讳地宣称，"这种教育将不是吃力的，而是非常轻松的。课堂教学每天只有4小时，一个先生可以同时教几百个学生。而所受的辛苦则比现在教一个学生少10倍。"[①]综上所述，基于改进个别化教学的现实考量，加之夸美纽斯提供了班级授课组织的理论依据，班级授课制便应运而生，从而迈出了大规模教育的步伐。随着时间的推移，班级授课制逐渐发展成为一种普遍的教学组织形式。这种教学组织形式"将学生按大致相同的年龄和知识程度编成班级，教师按照各门学科教学大纲规定的内容和固定的教学时间表进行教学"[②]，因而有助于提高教学效率，促进学生之间的互动和合作，同时也方便了教师对学生进行管理和评估。

20世纪以来，班级授课制在全球范围内得到了广泛应用和发展。随着教育理念的不断演变和技术的进步，班级授课制也在不断创新和发展。较

---

① ［捷］夸美纽斯.大教学论［M］.傅任敢，译.北京：教育科学出版社，2015.
② 顾明远.教育大辞典（简编本）［Z］.上海：上海教育出版社，1999：7.

为典型的有以下两种：一是班内分组教学。它是基于特定的标准（如学习能力、学习成绩、学习兴趣和学习风格等）把学生编入不同的小组来进行教学的一种教学组织。目的在于以最佳方式为学生提供多种学习机会，使教学更好地适应学生的特点和需求；二是班内个别教学。现代教育的班级授课制，一个教师通常面对数十个学生，根本不具备开展真正意义上的个别化教学的条件。但教师可以在集体授课的基础上，以"一对一"的形式对学习速度快的学生与学习速度慢的学生进行个别辅导。但就其本质而言，这两种教学组织形式仍然属于班级授课制。

（二）规模化教育的主要特点和弊端

以班级授课制为代表的规模化教育的主要特点，可以用"班""课""时"三个字加以概括。首先，"班"是教学活动的"组织单位"。班级授课制通常以年龄作为标准，将学生编成固定的班级，且班级的人数大致固定。后续的教学活动，就是教师对班级内的所有学生进行相同内容的教学。其次，"课"是教学活动的"基本单元"。班级授课制通常综合教学内容和教学时间两种因素，把教学活动分解成若干彼此连续而又相对完整的小部分，每一小部分就叫"课"。后续的教学活动，就是以"课"作为"基本单元"，一"课"接着一"课"地进行教学。最后，"时"是教学活动的"时间单位"。班级授课制把每一"课"限定在固定的时间内完成，通常为40—50分钟。"课"与"课"之间设定间歇，一般为5—10分钟，从而消除师生的脑力疲劳，帮助他们更好地投入到下一节"课"的教学活动。

正是"班""课""时"的三个特点，使得班级授课制具有多方面的显著优势。第一，班级授课制以大量的学生为对象，通过统一的教学资源和管理模式，覆盖广泛的教育需求，从而增加了学生受教育的机会，提高了教育的普及率。特别是为边远地区、经济困难家庭的孩子提供更多接受教育的机会，缩小教育差距。第二，班级授课制以"课"为教学活动的"基本单元"，而且"课"的划分根据知识种类的不同和学习任务的复杂程度，并遵循学生学习的规律，从而保障教学活动循序渐进，学生能够获得完整的科学知识。第三，教师需要根据教学活动的系统规划，对教学过程进行有计划地组织、监督、指导和评价，能保证教师主导作用的发挥。同时，为了保证教学质量和教育资源的合理利用，班级授课制往往采用标准化教学模式，包括统一的教学大纲、教材和考试标准，以确保学生掌握基本的教学内容和知识体系。第四，班级授课制具有固定的班级和统一的"时间单位"，有利于学校合理安排各学科的教学内容，把控各学科的教学进度，并加强绩效管理，从而提高教育教学的效率。第五，在班级授课的教学情境下，有利于形成师生之间、生生之间的多向交流、协作互助，激发学生的学习热情和竞争热情。

虽然以班级授课制为代表的规模化教育具有上述一些特点和优势，但随着社会的发展，教育教学改革的推进，规模化教育越来越暴露出了它的弊端。首先，规模化教育通常采用标准化教学模式，难以满足每个学生的个性化学习需求。不同学生的学习风格、兴趣和能力可能有很大差异，而在大规模教学中，很难对每个学生进行针对性的教学。同时，在大规模教学中，教师与学生之间的互动和交流可能受到限制，学生可能感觉与教师之间缺乏联系和亲近感，这可能影响学生的学习积极性和参与度。其次，规模化教育过于强调教师的主导作用，致使学生的独立性和主观能动性受到一定的限制。其结果是，在教学活动中，学生主要被动地接受教师的知识灌输，其探索性、创造性和批判性反思意识往往处于"孤独的关闭状态"。规模化教育的时间、内容和进程都是固定化、程序化的，难以容纳和适应更多的教学内容和方法，难以展开更多的教学创新。再次，大规模教育中，为了迅速覆盖大量学生，可能会牺牲教学质量。教师可能面临较大的教学负担，导致教学精力分散，难以全面关注每个学生的学习进步和问题。另外，在大规模教育中，对学生的评估和考核可能面临困难。如何准确地评估学生的学习成绩和综合能力，以及确保考试的公平性和安全性，是一个具有挑战性的问题。而且，在大规模教育中，可能出现资源分配不均的情况。一些地区或学校可能得到更多的资源和支持，而另一些地区或学校可能面临教师短缺、设施不足等问题。最后，规模化教育可能过于注重教育的数量和普及，而忽视教育的质量和价值。教育不应该仅仅是传授知识，更应该培养学生的综合素质和创新能力。

二、育人目标转换和学习方式变革：数字时代的教育革命

在新一代人工智能技术和新一代信息技术快速发展和广泛普及的大背景下，互联网、物联网、云计算、大数据等数字技术导致人类生产、生活方式发生颠覆性变革，一个崭新的时代——"数字时代"正悄然来临。在数字时代，教育正在经历着一场革命性的变革，其中包括育人目标的转换和学习方式的变革。这些变革受到数字技术的推动和普及，为教育带来了新的机遇和挑战。

（一）数字时代育人目标的转换

美国教育心理学家布鲁姆（B.Bloom）首创了"教育目标分类学"理论，他将教育目标划分为认知、情感和动作技能三个领域。该理论一直是国内课程发展、教材教法和教学评价的重要依据，影响极为深远。毋庸置疑，传统规模化教育的育人目标主要基于布鲁姆的教育目标分类学理论。其中，认知领域目标是指认知的结果，包括知识、领会、应用、分析、综合和评价等六级水平。动作技能涉及骨骼和肌肉的运用、发展和协调。在实验课、体育课、职业培训、军事训练等科目中，这常是主要的教学目标。情感是人对外界刺激的肯定或否定的心理反应，如喜欢、厌恶等。人的情感会影响人做出的行为选择。情感学习与形成或改变态度、提高鉴赏能力、更新价值观念、培养高尚情操等密切相关，这是学校教育的一个重要组成部分。

数字技术创新日益加速，以前所未有的方式影响社会生产、生活和学习。全球教育在多种因素的综合作用下正在发生深刻的数字化转型，由此也带来了育人目标的转换。首先，新科技革命意味着经济社会结构、生活方式等发生着快速变革，相应地，对人的素养提出了新的要求。经济合作与发展组织（简称经合组织，OECD）于 2015 年启动了"教育 2030：未来的教育与技能"项目，项目中启动了"面向 2030 的学习框架"讨论，旨在开发一种新的

学习框架，描述需要用什么样的能力来塑造未来的一代。2019 年 5 月
OECD 公布《OECD 学习指南 2030》，并强调以下三项基础尤为重要：一是认
知基础，包括文字能力和数学能力，及在此基础上建立数字能力和数据能
力；二是健康基础，包括身心健康和幸福；三是社交和情感基础，包括道德和
伦理。其次，新科技革命对学习者的关键技能与学习能力提出了新要求。
2020 年 1 月，世界经济论坛发布了《未来学校：定义第四次工业革命时代的
新教育模式》白皮书，在第四次工业革命的背景下，提出了《教育 4.0 全球框
架》，特别就新科技革命所需的关键技能与学习能力做出新的概括。在关键
技能方面主要包括：全球公民技能、创新和创造力技能、技术技能、人际交往
技能，在学习能力方面主要包括：个性化与自定步调的学习、无障碍和包容
性学习、基于问题与合作的学习、终身且由学生驱动的学习。最后，新科技
革命呼唤人类通过教育变革，塑造和平、公正、可持续的未来。2021 年 11
月，联合国教科文组织（UNESCO）发布《一起重新构想我们的未来——为教
育打造新的社会契约》全球报告，并指出，教学法应围绕合作、协作和团结等
原则加以组织；课程则应注重生态、跨文化和跨学科学习，以助学生获取和
创造知识，同时培养其批判和应用知识等能力[①]；教学作为一项协作性的事
业，要进一步专业化；学校承载着支持包容、公平以及个人和集体健康的职
责，应成为受保护的场所，同时还应重新规划学校，以便更好地推动世界向
更加公正、公平和可持续的未来转变。

　　总而言之，在数字时代背景下，育人目标更应聚焦于以下三个方面：第
一，强调综合素质。传统教育往往注重学生的学科知识，而数字时代的教育
更加强调培养学生的综合素质，包括批判性思维、创造力、沟通能力、合作精
神等。第二，注重个性发展。数字化教育可以更好地满足学生的个性化学
习需求，让每个学生在自己的兴趣和潜能方面得到发展，强调培养学生的个
性和特长。第三，强调实践能力。数字化教育注重学生的实践能力培养，倡

---

① 储朝晖.教育创造未来共享的幸福[J].教育与教学研究,2022,36(01):1-7.

导学以致用,让学生能够将所学知识应用于实际问题解决。

(二) 数字时代学习方式的变革

随着信息技术的高速发展,数字时代已经全面改变了人们的生活方式和学习方式。在过去的几十年里,我们目睹了互联网、智能手机、社交媒体和在线教育等技术的飞速普及,这些科技进步给教育领域带来了革命性的影响。数字时代的到来,让学习方式从传统的教室教学逐渐转变为更加开放、灵活和个性化的学习方式。本节将探讨数字时代学习方式的变革,重点关注数字技术对学习环境、学习资源以及学习方式本身所带来的积极影响。

首先,数字时代为学习者提供了更加丰富和多样化的学习环境。传统教室教学通常受制于时间和空间,学生需要前往特定的地点,按照固定的时间表接受教学。随着在线学习平台的普及,学生现在可以在任何时间、任何地点通过互联网获取学习资源。这使得学习不再受制于地理位置,尤其对于那些地理条件较差或交通不便的学生来说,能够享受到与其他地区学生相同的优质教育资源。而且,数字学习环境也为学习者提供了更多的学习方式选择,例如,可以通过视频、音频、互动图表等多媒体形式进行学习,增强了学习的趣味性和吸引力。

其次,数字时代为学习者提供了海量的学习资源。过去,学生主要依赖教科书和教师讲解来获取知识,但这种方式存在信息有限、更新慢等问题。然而,互联网的出现改变了这一切。现在,学生可以通过搜索引擎轻松地获得各种学习资料,包括学术论文、教学视频、在线课程等。与此同时,数字时代也催生了大量的开放式教育资源,如 MOOC(大规模开放在线课程),这些资源免费向全球学习者开放,让学生能够选择感兴趣的领域进行学习,培养自主学习的能力。这些数字学习资源的丰富性和多样性,为学习者提供了更多拓展知识领域和深入学习的机会。

此外,数字时代也催生了新的学习方式和教学方法,个性化学习方式得以真正实现。传统课堂教学往往采用一对多的教学模式,教师主导课堂,学生被动接受。而数字技术的发展为教学带来了更多的互动和个性化选择。

例如，通过在线教学平台，教师可以根据学生的学习兴趣和水平，量身定制学习计划和内容，让每个学生都能在适合自己的学习节奏下进行学习。同时，数字时代的学习方式也更加注重学生的参与和合作，通过在线讨论、团队项目等形式，鼓励学生主动思考和交流，培养学生的创造力和解决问题的能力。

然而，数字时代学习方式的变革也面临一些挑战。首先，数字技术的广泛应用也带来了信息过载的问题。学生在面对大量的学习资源时，很容易迷失在信息的海洋中，不知道如何选择和筛选有效的学习资料。此外，数字学习也可能分散学生的注意力，例如，社交媒体和手机等数字设备的干扰，可能导致学习效率的下降。因此，学生需要在数字学习中保持理性和自律，养成良好的学习习惯。其次，数字时代学习方式的变革也对教育机构和教师提出了新的要求。传统教育机构需要适应数字化的学习环境，建设在线学习平台，提供高质量的数字学习资源。教师也需要不断提升自己的数字技术能力，灵活运用数字工具和教学方法，满足学生个性化学习的需求。同时，教师的角色也从传统的知识传授者转变为学习的引导者和学生的合作伙伴，鼓励学生发现问题、解决问题，培养学生的学习兴趣和学习动力。

综上所述，数字时代学习方式的变革为学习者带来了巨大的机遇和挑战。数字技术的普及让学习环境更加丰富和多样化，学习资源更加丰富和便捷，学习方式更加灵活和个性化。然而，我们也需要正视数字学习带来的问题，如信息过载和分散注意力的挑战，学生在面对海量信息时需要保持理性和自律。教育机构和教师也需适应数字化环境，提供高质量的数字学习资源，灵活运用数字工具和方法，成为学生学习的引导者和合作伙伴。

三、个性化回归：数字时代的人才培养理念

在数字时代，随着科技的快速发展和应用，个性化回归成为人才培养领域的一种重要理念。个性化回归旨在根据每个学生的独特特点和需求，为其提供量身定制的教育和培训，以实现更好的学习成果和终身发展。

（一）个性化教育的核心要义

个性化教育是引导个体生命独特性发展的教育,它以尊重差异为前提,以提供多样化教育资源和自主选择为手段,以促进个体生命自由而充分的发展为目的。[①] 具体而言,个性化教育是根据每个学习者的特点、需求、兴趣、目标等因素,提供适合其个性发展的教学内容、方法、环境和评价等,使其能够充分发挥自身潜能,实现自我价值的一种教育模式。个性化教育不是一种新鲜的概念,早在春秋时期,孔子就提出了"因材施教"的思想。著名教育学家陶行知也认为,培养教育人和种花木一样,首先要认识花木的特点,区别不同情况施肥、浇水和培养教育。然而,在传统的教育体制和条件下,实现个性化教育是非常困难的,教师难以掌握每个学习者的详细信息,也难以为每个学习者提供差异化和个性化的教学服务。幸运的是,在数字时代,我们有了一些强大的技术工具,可以帮助我们实现个性化教育的愿景。数字时代的个性化教育强调将学生视为独立个体,重视挖掘学生的个性需求、激发其创新潜能,并通过数字技术为每个学生量身定制学习路径和资源。以下是数字时代人才培养中个性化回归的重要体现:

1. 智能化教育工具

智能化教育工具是利用人工智能、机器学习和其他先进技术的教育工具,旨在改善学习体验,提高学习效果,并为教育者提供更好的教学和学习支持。这些工具在个性化回归中发挥着重要作用,它们可以根据学生的学习表现和需求,提供个性化的学习建议、资源和评估,从而实现更加智能化和个性化的教育。以下是智能化教育工具的一些常见类型和功能:第一,智能学习平台。智能学习平台结合了人工智能和大数据分析技术,可以跟踪学生的学习进度和表现,并根据数据推荐适合学生的学习内容和资源。这些平台可以提供自适应学习路径,根据学生的学习情况调整教学内容和难度,以实现更好的学习效果。第二,虚拟教学助手。虚拟教学助手是一种人

①　冯建军.论个性化教育的理念[J].教育科学,2004,(02):11-14.

工智能系统,可以模拟教师的角色,回答学生的问题,提供学习辅导和解释,以及与学生进行互动。它们可以为学生提供即时的学习支持,解决学习问题,并鼓励学生继续学习。第三,智能化测评系统。智能化测评系统使用人工智能技术来评估学生的学习成绩和能力。这些系统可以根据学生的学习情况,提供个性化的评估和反馈,帮助学生了解自己的学习进展和需要改进的地方。第四,自适应教材和内容。基于人工智能的智能化教育工具可以根据学生的学习进度和兴趣,自动调整教材和内容。这样,学生可以获得与其个性化需求匹配的学习资源,提高学习的效率和质量。第五,自动化评估和反馈。智能化教育工具可以自动评估学生的作业、考试答案和学习项目,提供快速而准确的反馈。这样,学生可以更及时地了解自己的学习成绩和表现。

2. 数据驱动的评估

数据驱动的评估是一种基于学生学习数据和相关信息进行评估和决策的方法。在数字化教育时代,学生的学习过程和学习表现可以被记录和追踪,产生大量的数据。这些数据可以用于了解学生的学习情况、学习进度、学习偏好和学习难点,从而更好地支持学生的学习和发展。首先,通过对学生学习数据进行分析,教育者可以了解学生在不同学科、知识点和学习阶段的表现。这有助于发现学生的弱势领域,以便有针对性地提供帮助和支持。然后,基于学习数据的分析,教育者可以为每个学生提供个性化的学习支持和指导。不同的学生可能需要不同的学习资源和策略,数据驱动的评估可以确保学生得到最适合他们的支持。另外,教育者可以利用学习数据来评估教学效果,了解教学方法和教材的有效性,从而优化教学过程,优化学生的学习成果。最后,数据驱动的评估可以综合考虑学生的多方面表现,包括学习成绩、参与度、学习行为等,形成更全面的评估结果,从而有助于提高教育的效率和质量,为教育者、学生和家长提供更多有意义的信息,以支持学生的学习和发展。

3. 弹性学习路径

传统教育往往采用标准化的学习路径,而个性化回归则倾向于弹性学习路径。弹性学习路径是一种根据学生的学习需求和能力特点,提供个性化学习体验和学习进程的教育理念。它的目标是使学习更加符合学生的兴趣、学习风格和学习能力,提供更灵活和个性化的学习选择,以便学生在适合自己的步调下获得更好的学习成果。具体来说,弹性学习路径具有如下主要特点:第一,学习内容的个性化。弹性学习路径允许学生根据自己的学习需求和兴趣选择学习的内容。这样可以更好地激发学生的学习动力和热情,让他们对学习更加主动和投入。第二,自主学习。弹性学习路径鼓励学生主动参与学习过程,培养他们的自主学习能力。学生可以根据自己的学习进度和节奏,选择学习的时间和地点,使学习更加灵活和便捷。第三,学习进度的个性化。学生的学习能力和学习进度各有差异,弹性学习路径允许学生在学习过程中按照自己的节奏前进,而不是受到固定的时间表限制。第四,适应性评估。弹性学习路径需要对学生进行适应性评估,了解他们的学习风格和能力水平。通过对学生的评估结果进行分析,可以为他们提供更贴合个性需求的学习资源和支持。第五,多样化学习方式。弹性学习路径提供多样化的学习方式和学习资源,包括在线教学、实践项目、社交学习等。学生可以根据自己的喜好和学习风格选择适合自己的学习途径。

总体而言,个性化回归在数字时代的人才培养中发挥着至关重要的作用。根据学生的个性特点和需求提供量身定制的教育和培训,可以激发学生的学习兴趣和潜能,培养出更具适应性和创新性的人才,为社会和经济的发展作出贡献。

(二) 数字技术对个性化回归的支撑作用

数字技术在个性化回归中发挥了重要的支撑作用。首先,大数据技术提供了收集、处理和分析大量学生数据的能力,使教育者更深入地了解学生的学习需求和表现,从而实现更加个性化的教学和学习支持。其次,在数字时代,个性化教育的发展以人工智能为引擎,正逐渐成为教育领域的一项重要革新。人工智能技术在个性化教育中发挥着关键作用,通过处理大量学生数据和智能分析,为每个学生提供定制化的学习体验和支持。最后,数字时代的个性化教育以区块链作为保障可以为教育领域带来许多潜在优势和创新。区块链技术作为一种去中心化的分布式账本,可以提供更安全、透明和可靠的数据管理和交易方式。

1. 数字时代的个性化教育以大数据为根基

今天,我们有了可以记录和分析学生学习数据的工具,可以收集学生的学习行为、成绩变化、兴趣倾向等信息。这些信息一起构成了教育大数据,为教师提供了丰富的信息,帮助他们更深入地理解学生的学习状况并设计定制化的教学方案。其一,大数据分析可以根据学生的学习历史和学习表现,预测学生未来的学习需求,从而制定个性化的学习路径。学生能够基于自身的学习进度和能力选择最适应的学习路径以达到个性化的学习目标。其二,通过大数据分析学生的学习偏好和兴趣,可以推荐最适合学生的学习资源,如教材、练习题、视频课程等。例如,在在线教育平台上,通过收集和分析学习者在网上的浏览记录、点击行为、弹幕行为、反馈评价等数据,可以构建出每个学习者的画像,并根据其画像推荐合适的课程、视频、资料等内容。[①] 通过建立学习者画像,教育者也可以更好地了解每个学生,为其提供更加精准和个性化的学习指导。

2. 数字时代的个性化教育以人工智能技术为引擎

人工智能技术在数字时代的个性化教育中发挥着"引擎"的作用。人工智能是指由人制造出来的能够执行某些智能行为的系统,人工智能的一些关键技术,如自然语言处理、知识图谱和计算机视觉等在教育上的应用,已经推动了个性化教育的发展。具体而言,通过自然语言处理技术,教育者可

---

① 　王莉莉,郭威彤,杨鸿武.利用学习者画像实现个性化课程推荐[J].电化教育研究,2021,42(12):
　　55-62.

以构建智能化的语音助手或聊天机器人，与学生进行自然的语言交互。这些智能问答系统，例如部分语言大模型，如 OpenAI 的 ChatGPT、深度求索公司的 DeepSeek、百度的文心一言、清华大学的 ChatGLM，能够理解学生的问题、需求和回答，并提供个性化的学习建议、答疑解惑等，为学生提供更加亲近和便捷的学习体验[1]；知识图谱可以对教学内容进行深度剖析，清晰呈现知识体系，有助于学生构建系统的理论框架。基于知识图谱的个性化教学推荐系统可以精准地推荐学习资源和内容，使学生获得更加个性化的学习体验，提高学习效率。[2] 计算机视觉是一种能让计算机理解和诠释视觉信息的人工智能技术。其应用包括人脸识别、目标检测、手势识别等。借此，可以监测学生在学习过程中的行为，如面部表情、眼神方向、注意力集中程度等，实时分析学生的学习状态。这有助于教师获得更广泛、更正式的整体学习图景，可以把传统学习证据与从其他模态中收集的学习证据进行相互补充或验证。[3] 计算机视觉还可以识别学生的情绪状态，如高兴、沮丧、困惑等，从而了解学生的情感需求。据此，教育者可以根据学生的情绪状态，调整教学策略和支持措施，提供情感上的个性化关怀。

3. 数字时代的个性化教育以区块链技术为保障

需要注意的是，在个性化教育的实施过程中，不仅要关注教育的效果，还需要重视数据的安全性和可信赖性。区块链技术作为一种分布式、透明、不可篡改的技术，为个性化教育提供了坚实的保障。首先，区块链技术可以提供更安全和可控的学生数据管理方式。学生的学习数据可以被加密和存储在区块链上，只有授权的人才能访问和使用这些数据，保护学生隐私。其次，区块链可以用于存储学生的学历和证书信息，并提供可信的证书验证服

① 陈凯泉,胡晓松,韩小利等.对话式通用人工智能教育应用的机理、场景、挑战与对策[J].远程教育杂志,2023,41(03):21-41.
② 姜强,赵蔚,王朋娇等.基于大数据的个性化自适应在线学习分析模型及实现[J].中国电化教育,2015,(01):85-92.
③ 汪维富,毛美娟.多模态学习分析:理解与评价真实学习的新路向[J].电化教育研究,2021,42(02):25-32.

务。学生的学历和成绩可以被永久记录在区块链上,确保信息的真实性和可靠性。再次,通过区块链,学生的学习成绩和学习进度可以被准确记录和跟踪。教育者和学生可以实时查看学习进展,了解学生的学习情况,为学生提供个性化的学习支持。另外,区块链可以用于管理学习资源的版权和使用权。教育者和学生可以通过区块链合约确保学习资源的合法使用,并为教育内容的创作者提供合理的报酬。同时,区块链的智能合约功能可以实现个性化教育的自动化和智能化。智能合约可以根据学生的学习需求和进度,自动执行个性化的学习计划和学习资源推荐。最后,区块链的不可篡改特性确保学生的学习记录是透明和可信的。学生的学习历程和成绩可以被长期保存在区块链上,为未来的学习和职业发展提供可靠的证明。

综上所述,个性化教育是数字时代的人才培养理念,是适应信息时代发展的必然选择。个性化教育可以更好地满足学生多样化的学习需求,并培养他们的高阶思维能力。数字技术的应用为个性化教育提供了强大的支持。然而,要实现个性化教育,仅仅依靠数字技术还不够,还需要教育机构和教师的积极参与和投入。教育机构应与技术企业合作,共同开发个性化教育平台和工具,以满足学生和教师的个性化需求。同时,教育者亦应提升自我对于数字技术的认识,掌握数字工具的运用,使之有机地融入教学,以提高教学效果和效率。个性化教育还需要建立多样化的评估体系,除了传统的考试评估,还应考量学生的综合能力和个性发展情况,包括项目作品、课外实践等方面的评估。未来,我们还应不断探索和拥抱数字技术,以更好地培养能够适应未来社会需求的创新型人才。

第二节　课程形态:由"罐装化"走向"智能生成"

在数字时代,课程形态正在经历着从"罐装化"走向"智能生成"的演变。这个演变反映了教育在数字技术的推动下,朝着更加个性化、灵活和创新的方向发展。"罐装化"课程是指事先准备好的标准化教学内容,通常是固定的教材、讲义和活动。这种模式可能无法充分满足每个学生的学习需求,因为学生的兴趣、背景和学习能力各不相同。相比之下,"智能生成"的课程利用人工智能技术和数据分析,根据每个学生的特点和需求生成定制化的教学内容。这种方法可以更好地满足学生的个性化学习需求,提供更有针对性的教学体验。

一、课程形态的历史演变

中国课程史专家吕达先生将课程界定为,"学校课业内容及其进程"[①]。这一定义被国内大多数学者所接受。在西方,斯宾塞(H.Spencer)最早使用"curriculum"一词表达课程这个概念,意思是"教学内容的系统组织"[②]。上述概念梳理让我们看到,对"课程"的讨论似乎只集中在"教学内容"方面。然而,随着信息技术的发展,课程内容的载体和课程的实施方式均受到了前所未有的关注。为了行文的方便,我们把课程内容的载体和课程的实施方式称为课程形态。课程形态可以根据教育技术、教学方法、学科特点等因素进行不同的组合和创新,以满足不同学生的需求。随着技术和教育理念的发展,课程形态也在不断演变和丰富。

(一)"纸本教材"课程形态

"纸本教材"的课程形态是教育历史上最早的课程形态之一,尤其是在印刷术出现之前,人们主要依靠手抄本和口头传授来传播知识。文艺复兴时期,印刷术的发明使得书籍的生产大幅提升,"纸本教材"成为普通人获取知识的途径。特别是,学校开始使用"纸本教材"作为教学工具。例如,教师通常会在教室里使用"纸本教材",通过朗读和讲解来传达知识。学生侧重于听讲和笔记,以获取课程内容。

(二)音像(多媒体)课程形态

随着电子科学技术的迅速发展,在"纸本教材"课程形态的基础上,出现

---

① 吕达.中国近代课程史论[M].北京:人民教育出版社.1994.
② [英]赫伯特·斯宾塞.教育论:智育、德育和体育[M].王占魁,译.北京:中国轻工业出版社.2016.

了音像（多媒体）课程形态。这种变化反映了教育领域的数字化转型，以及教学资源多样化、个性化和互动性的需求。音像（多媒体）课程形态涵盖了各种视听媒体，包括图像、音频、视频、动画等，以丰富教学内容并提供更有吸引力的学习体验。更为关键的是，这种形态的课程可以设计互动元素，如点击、拖放、测验等，使学生能够主动参与，增强学习的参与度和效果。另外，动态的图像和动画可以更生动地展示抽象或复杂的概念，帮助学生更好地理解和掌握课程内容。

（三）"以网络为载体"的课程形态

进入 21 世纪，新技术革命发展的势头更加迅猛，最突出的就是互联网技术的迅速普及与广泛应用。在互联网技术的驱动下，课程形态发展到了网络课程阶段。2000 年 5 月，教育部高教司发布《关于实施新世纪网络课程建设工程的通知》，并明确指出，"新世纪网络课程建设工程将建设一批既可供学生远程学习，又可供教师在课堂教学中辅助教学的网络课程，包括以本课程各知识点为单元的开放式网络课件库；建设若干既能为开展案例课程教学提供必需的教学资源，同时也为网络课程建设提供丰富的优秀教学素材的案例库；建设一批既能够满足网上测试需要，又能够用于校内教学诊断的试题库。"由此可见，教育部在以往"纸本"课程形态的基础上，明确提出了"以网络为载体"的课程及其实施方式。

（四）立体化课程形态

2003 年 4 月，教育部印发《教育部关于启动高等学校教学质量与教学改革工程精品课程建设工作的通知》。根据该文件精神，为保证国家精品课程建设的顺利实施，教育部同年 5 月制定《国家精品课程建设工作实施办法》。"精品课程要使用网络进行教学与管理，相关的教学大纲、教案、习题、实验指导、参考文献目录等要上网并免费开放，鼓励将网络课件、授课录像等上网开放，实现优质教学资源共享，带动其他课程的建设""精品课程主讲教师可以自行编写、制作相关教材，也可以选用国家级优秀教材和国外高水平原版教材。鼓励建设一体化设计、多种媒体有机结合的立体化教材。"从这些表述可以看出,教育部鼓励"网络课程—纸本课程(教材)—音像(多媒体)课程"三位一体的课程形态,从而实现网络课程的提升或进一步发展。

(五)"线上+线下"混合式课程形态

经过十几年的探索,国家已经建设了一批精品课程、精品视频公开课与精品资源共享课,这些课程都是以普及共享优质课程资源为目的、服务学习者自主学习、通过网络进行传播的课程。2015 年 4 月,教育部发布《教育部关于加强高等学校在线开放课程建设应用与管理的意见》,提出建设一批以大规模在线开放课程(MOOC)为代表、课程应用与教学服务相融通的优质在线开放课程,并"鼓励高校结合本校人才培养目标和需求,通过在线学习、在线学习与课堂教学相结合等多种方式应用在线开放课程,不断创新校内、校际课程共享与应用模式。"可见,教育部不仅强调在线课程建设,而且更重视在线课程的应用,进而开启了"线上+线下"混合式教学的实施。

总体而言,尽管课程形态经历了很多迭代,取得了明显的进步,但尚存在课程内容"罐装化"的现象。所谓课程内容"罐装化"是指,根据学科自身的知识体系和规律,设计教学过程和课程内容,不注重和不追求不同学科间的彼此关系。同时,教师将教学内容进行预先导入、封装,然后在教学过程中按照固定的顺序和方式传授给学生。这种"罐装化"课程有其特点,但也存在一些弊端。

二、"罐装化"课程的理论基础、主要特点与弊端

(一)"罐装化"课程的理论基础

"罐装化"课程是一种传统的课程设计方法,这种方法的理论基础可以追溯到一些教育观念和教学理念,其中包括以下一些方面:

一是行为主义教育观。行为主义教育观认为,学习是一种被塑造的行

为,通过外部刺激和奖惩可以影响学习结果。在这种观点下,教师主导教学过程,学生被动接受教师灌输的知识。

二是大班教学模式。由于资源有限,许多学校采用大班教学模式,导致教师难以个性化关注每个学生。因此,为了应对人数众多的学生,教师可能采用"罐装化"课程来统一授课。

三是以教材为中心。一些教育体系强调教材的重要性,教师在教学中会紧密遵循教材的内容和顺序,使课程内容较为固定化。

四是标准化考试。一些教育体系对于标准化考试的重视,导致教师在教学中会注重培训学生应对考试所需的知识点,进而倾向于使用一种统一的教学模式。

五是以教师为中心。在某些情况下,教师会扮演教学的中心角色,学生被视为被教育者,缺乏主动性和参与度。

(二)"罐装化"课程的主要特点

"罐装化"课程的主要特点是基于固定的教学内容和教学方法,忽视了学生的个体差异和学习兴趣,将所有学生一视同仁地进行统一的教学。具体来说,"罐装化"课程的主要特点表现在以下几个方面:

第一,强调分门别类。"罐装化"课程通常按照学科的不同领域和知识体系进行划分和分类。课程会按照学科的逻辑和发展顺序来组织,以确保学生在学习过程中逐步掌握学科的核心概念和技能。

第二,强调系统性和连贯性。"罐装化"课程强调课程内容的系统性和连贯性。课程会按照学科的知识结构进行组织,使学生在学习过程中能够逐步建立知识体系,并且在不同学年或学期中形成有序的学习进展。

第三,固定化教学内容,着重传授知识。教师按照预先制定的教学大纲和教材,将课程内容进行固定化整理,学生接受的知识内容是相对统一和固定的。教师在"罐装化"课程教学中主要通过授课和讲解的方式向学生传授知识,强调学生对知识点的记忆和理解。

第四,教学进度统一,注重考试评价。由于固定化的教学计划,"罐装化"课程要求学生在相同的时间内完成相同的学习内容,学生的学习进度相对统一。同时,会通过考试来评估学生对学科知识和技能的掌握程度。考试评价在"罐装化"课程教学中扮演着重要的角色,能够帮助教师和学生了解学习进展和课业成就。

最后,强调学科独立。"罐装化"课程将不同学科视为独立的学科领域,强调各个学科的独特性和重要性。特别是不注重不同学科间的彼此关系,每个学科都有其独特的教学目标和方法。

(三)"罐装化"课程的弊端

虽然"罐装化"课程在很多教育体系中被广泛应用,但也存在一些弊端。首先,缺乏综合性。"罐装化"课程强调各个学科的独立性,可能导致学生在学习过程中难以将不同学科的知识和技能进行综合应用,从而导致学生缺乏跨学科的综合能力和综合思维。其次,重视记忆和应试。"罐装化"课程通常以考试为主要评估方式,学生可能更注重记忆学科知识而忽略了实际应用和思辨能力,这样的评估方式可能限制了学生的创造性和批判性思维发展。再次,课程繁重。"罐装化"课程可能导致课程内容繁重,学生需要学习大量的学科知识,导致学习压力过大,影响学习效果和兴趣。然后,教学划分固化。"罐装化"课程可能导致教学划分过于固定,难以满足学生个性化和兴趣导向的学习需求。学生可能无法根据自己的兴趣和特长选择学习内容,从而影响学习动力和积极性。最后,忽略现实问题。"罐装化"课程可能忽略与现实问题和社会挑战相关的跨学科知识和技能。对于现实问题的解决,往往需要综合多个学科的知识和方法,而"罐装化"课程可能无法很好地满足这种需要。

人工智能技术可以助力克服"罐装化"课程的上述弊端,为教育带来更加个性化、灵活和优质的教学体验。比如,知识图谱在教育中的应用有助于个性化学习和教学,同时也能克服课程内容罐装化的问题。首先,知识图谱可以将知识按照概念和关联进行组织,建立知识之间的联系。学生可以根据自己的学习需求和兴趣,选择适合自己的学习路径,跳过已经掌握的知识点或深入学习感兴趣的内容,实现个性化学习。其次,基于知识图谱的学习数据分析和学习历史,智能系统可以为学生提供个性化的学习建议和资源推荐。这样可以帮助学生更好地理解和掌握知识,避免了对所有学生一概而论的罐装式教学。最后,知识图谱可以整合不同学科领域的知识,帮助学生了解知识之间的交叉点和综合性知识。这有助于培养学生的综合性思维和解决问题的能力,避免知识的孤立和碎片化。

三、智能生成：基于知识图谱的新形态 AI 课程

（一）什么是教育知识图谱

教育知识图谱是一种将教育领域的知识和概念进行组织和关联的图谱结构。它是一个由节点和边组成的网络(如图 3.1 所示),其中节点代表不同的教育主题或概念,边表示这些主题或概念之间的关联关系。知识图谱的基本单位,是"实体-关系-实体"构成的三元组(Triple),这也是知识图谱的核心。如,⟨北京,人口,2069.3 万⟩表示北京的人口是 2069.3 万,其中"北京"和"2069.3 万"是两个结点,而结点间的关系是"人口"。教育知识图谱以计算机可读的方式表达和存储教育领域的知识,使得计算机能够更好地理解和处理教育信息。

建立教育知识图谱是一个复杂的任务,涉及知识收集、整合、建模和表示等多个步骤。下面是一个简要的步骤指南:第一,确定目标和范围。明确教育知识图谱的目标和所涵盖的范围,即确定包括哪些教育领域和主题。第二,收集数据。即收集教育领域的各种数据源,包括教科书、学术论文、教学大纲、在线课程、教育网站、教师培训资料等,也可以考虑使用自然语言处理技术从文本中提取知识。第三,整合知识。对收集到的数据进行整合和清理,确保数据的一致性和准确性,可以使用数据挖掘技术和信息抽取方法来帮助整合知识。第四,建模知识。将整合后的知识进行建模,将教育领域的概念、关系和属性进行表示。常见的表示方法包括本体(Ontology)和三元组(Triple)表示法。第五,选择知识图谱工具。选择合适的知识图谱

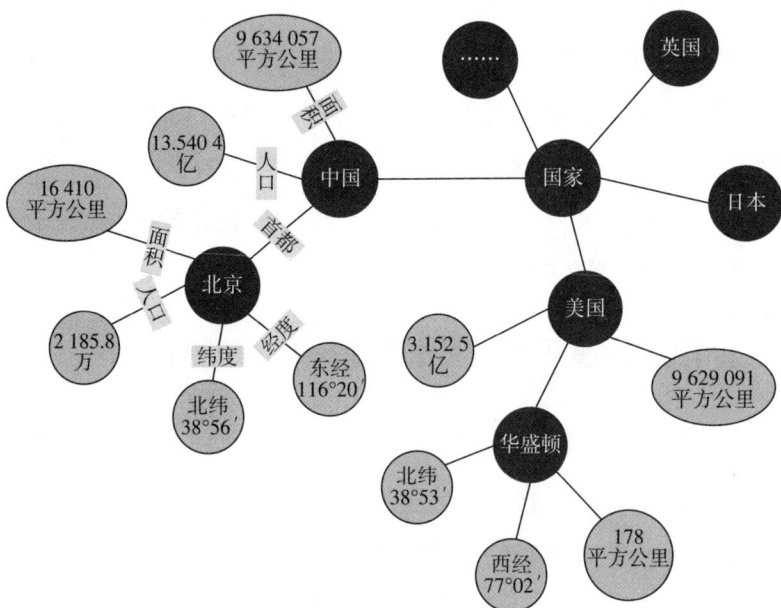

图 3.1　知识图谱的结构示例

构建工具或框架，例如 Neo4j、Protégé 等，以支持知识的存储和查询。第六，设计知识图谱结构。根据建模的知识设计知识图谱的结构，定义实体、属性、关系等。第七，构建知识图谱。将建模后的知识导入知识图谱工具中，构建出实际的教育知识图谱。第八，验证和优化。对构建的知识图谱进行验证和优化，确保知识的正确性和一致性。第九，不断更新。教育知识是一个不断更新的领域，持续收集新的教育数据和知识，并对知识图谱进行更新和扩展。第十，应用和应用场景。将构建好的教育知识图谱应用于实际场景，例如教学辅助、智能推荐系统、教师培训等，发挥其价值。

结构化的知识图谱对语义的表达更加直观，可读性很强，而且有了知识图谱，机器完全可以重现人类的理解与解释过程。所以说，可以将知识图谱作为机器理解人类知识的载体，是人类知识与机器之间的快速通道。另外，通过构建知识图谱，计算机能够找到大量复杂知识中潜在的关联，而人类由于脑容量有限，很难实现这一点。因此，人工智能时代的语义搜索、智能问答、个性化推荐、辅助决策等都需要知识图谱作为底层技术。在数字时代，教育知识图谱的应用可以推动教育领域的改革与发展，带来更加个性化、灵活和优质的教育体验，具体体现在如下几个方面：一是个性化学习。教育知识图谱可以根据学生的学习需求和学习风格，为每个学生量身定制个性化的学习路径和学习资源。学生可以根据自己的兴趣和学习进度进行学习，提高学习效率和学习兴趣。二是智能推荐。基于教育知识图谱，系统可以向学生推荐与其学习目标和兴趣相关的学习资源、课程和教材，提高学习效果和学习动力。三是教学辅助。教育知识图谱可以为教师提供辅助教学的参考和建议，帮助教师更好地了解学生的学习情况和需求，从而更好地调整教学策略。四是教学内容优化。通过教育知识图谱分析学生的学习数据，教育机构可以优化教学内容和教学方式，提高教学质量和效果。五是教育研究。教育知识图谱可以帮助教育研究者发现知识和学习的新模式和规律，促进教育研究的深入发展，推动教育改革和创新。六是跨学科整合。教育知识图谱可以整合不同学科的知识和概念，帮助学生建立全面的学科认知和综合应用能力。七是提高教育效率。教育知识图谱可以帮助教育机构更好地管理和组织教学资源，提高教学效率和资源利用率。八是促进教育智能化。教育知识图谱为教育领域的智能化发展提供了重要的技术支持和基础，有助于实现智慧教育的目标。

（二）基于知识图谱的新形态 AI 课程

1. 基于知识图谱动态生成课程的基本原理

基于知识图谱动态生成课程的基本原理是利用知识图谱的结构和数据，结合智能化算法和学生的学习需求，动态地生成适合学生个性化需求的学习路径和内容，具体如图 3.2 所示。

首先，需要构建一个包含丰富知识点和关联关系的知识图谱。这个知识图谱可以由教育专家、教师和学生共同构建，也可以通过数据挖掘和自然语言处理技术从教学资源和学习资料中自动构建。在知识图谱中，不同的知识点通过边相连接，这些边表示知识之间的关联。关联可以是前置条件

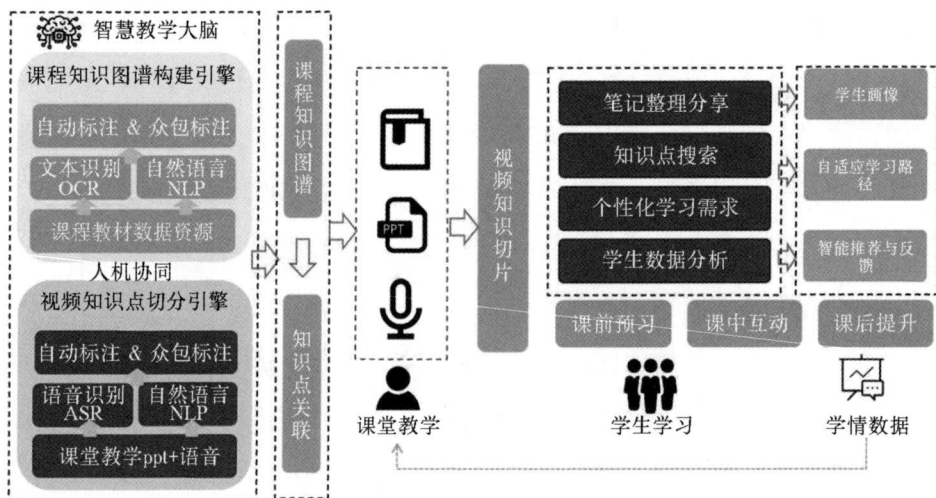

图 3.2　基于知识图谱动态生成课程的基本原理

关系,表示某些知识点需要先学习其他知识点;也可以是逻辑关系,表示知识点之间的逻辑推理关系。然后,通过学习管理系统、智能教育工具等,收集学生的学习数据,包括学习表现、学习进度、学习偏好等。这些学生数据将成为个性化学习的依据。根据学生的学习数据分析,了解学生的学习需求和兴趣。同时,考虑学生的学习目标和能力水平,确定学生的个性化学习需求。其次,基于学生的个性化学习需求和知识图谱中的知识关联,动态生成自适应的学习路径。学生可以根据自己的学习进度和兴趣,选择适合自己的学习内容和学习顺序。同时,系统根据学生的学习进展和学习表现,智能地推荐学习资源和学习建议,为学生提供个性化的学习支持和反馈。最后,基于学生的学习数据和反馈,不断优化知识图谱和智能化算法,提高个性化学习的准确性和效果。通过基于知识图谱动态生成课程,学生可以根据自己的兴趣和学习需求,选择最适合自己的学习路径和内容,提高学习效率和学习成果。

2. 基于知识图谱的课程内容的智能生成

基于知识图谱的课程内容智能生成是一种利用知识图谱和人工智能技术,自动创造适合学生个性化需求的课程内容的方法。首先,基于学生的学习历史、兴趣、能力等数据，进行个性化需求分析。了解学生已经掌握的知识点、需要加强的领域以及学习目标。接着，根据学生的个性化需求和知识图谱中的关联关系，设计适合学生的课程结构，确定每个阶段或单元所涵盖的知识点和学习目标。然后，基于知识图谱中的知识点关联，生成不同知识点之间的关联性学习内容。这有助于学生理解知识点之间的逻辑关系和联系。而且，对于每个知识点，系统会从资源库中匹配适合的学习资源，如教材、视频、案例等。这些资源可以帮助学生更好地掌握知识。最后，基于课程结构和资源匹配，系统可以自动生成适合学生的学习内容，包括课程讲义、教学视频、练习题等。当然，随着学生的学习进展，系统可以根据学习数据调整课程内容，并提供个性化的学习反馈。如果学生已经掌握了某些知识点，系统可以相应地调整后续内容。

通过基于知识图谱的课程内容智能生成，学生可以根据自己的学习需求和兴趣，获得定制化的学习体验。这种方法可以为每个学生生成适合其需求的学习内容，这有助于满足不同学生的学习风格和节奏。同时，智能生成可以自动根据学生已掌握的知识点和薄弱领域，为学生生成针对性的学习内容，这能够避免学生重复学习已经掌握的内容，提高学习效率。另外，通过分析学生的学习进展，智能生成可以根据学习者的需要进行动态调整和优化，这有助于提供准确的学习反馈，指导学生的学习路径。对于快速发展的领域，智能生成还可以及时更新最新的知识和信息，这有助于学生获取与时俱进的学习资源。

3. 图谱资源挂载与 AI 推荐

图谱资源挂载与 AI 推荐是一种结合知识图谱和人工智能技术，为学习者提供个性化学习资源的方法。首先，需要将各种学习资源（如教材、视频、练习题等）与知识图谱中的相应知识点进行挂载。每个资源与特定的知识点关联，以便后续根据学习者的需求推荐合适的资源。接着，需要收集学习者的学习数据，包括学习历史、兴趣、学习进度等。通过分析这些数据，了解学习者的学习情况和需求。基于学习者的学习数据和知识图谱的资源挂载情况,分析学习者的个性化学习需求。了解学习者已经掌握的知识点、需要加强的知识点以及兴趣领域。同时,利用人工智能技术,根据学习者的个性化学习需求,从挂载在知识图谱上的学习资源中选择合适的资源进行推荐。这可以基于内容相似性、学习者兴趣、学习进度等因素进行匹配。值得注意的是,根据学习者的学习进展和使用反馈,系统不断优化资源推荐。如果学习者在某个领域取得进步,系统可以相应地调整资源推荐策略。

总而言之,与传统的"罐装化"课程相比,图谱资源挂载与 AI 推荐具有许多优势,可以更好地满足学生的个性化学习需求和提供更丰富的学习体验。比如,图谱资源挂载与 AI 推荐可以根据学生的学习历史、兴趣和能力,为每个学生定制个性化的学习路径和资源,而传统的"罐装化"课程往往是统一的,无法满足不同学生的差异性需求。图谱资源挂载与 AI 推荐可以从多种学习资源中选择适合的内容,如教材、视频、案例、练习题等。这丰富了学生的学习体验,提供了更多样化的学习方式。图谱资源挂载与 AI 推荐还可以根据最新的知识和信息,不断更新推荐的学习资源,确保学生获取与时俱进的学习内容,而传统的"罐装化"课程内容更新可能相对滞后。

4. 基于知识图谱的课程知识点更新建议

知识点更新建议是针对学生在学习过程中已经掌握或需要进一步加强的知识点,AI 课程根据学生的学习数据和知识关联,提供的建议性指导。这些建议可以帮助学生更有针对性地选择学习内容,提高学习效果。具体来说,基于知识图谱的新形态 AI 课程可以提供以下知识点更新建议:

一是深入学习相关知识点的建议。如果学生已经掌握了某个基础知识点,AI 课程可以建议学生深入学习与之相关的更高层次的知识点。这有助于学生构建更完整的知识体系。二是跨学科学习的建议。如果学生在某个学科领域已经有了一定的掌握,AI 课程可以建议学生学习与之相关的其他学科知识,促进跨学科的综合性学习。三是更新最新知识的建议。对于快速发展的领域,AI 课程可以建议学生学习最新的知识和研究成果,保持对领域的了解和更新。四是巩固薄弱知识点的建议。如果学生在某些知识点上存在薄弱环节，AI课程可以建议学生重点巩固这些知识点，提供更多的练习和学习资源。五是提供实际应用案例。AI课程可以根据学生的学习兴趣，提供与知识点相关的实际应用案例，帮助学生将知识应用到实际问题中。六是提供挑战性学习。对于学习成绩较好的学生，AI课程可以建议一些具有挑战性的知识点，以提升学生的学术兴趣和能力。七是提供自主学习的建议。AI课程可以根据学生的学习风格和偏好，提供个性化的学习建议，让学生在学习中更加主动和自主。

综上所述，基于知识图谱的课程知识点更新建议相对于传统的"罐装化"课程，更加注重个性化和学习效果，提供更多元化、有针对性的学习建议。这种方法在提升学习效率、个性化教育以及改进教学质量方面具有显著的优势。比如，基于知识图谱的课程知识点更新建议可以根据学生的学习历史、兴趣和能力，为每个学生定制个性化的知识点更新建议。这有助于学生针对自身需求进行学习，避免了"一刀切"的情况。又如，基于知识图谱的分析，能够更准确地了解学生已经掌握的知识点和薄弱的领域。因此，更新建议更具针对性，帮助学生重点提升需要加强的知识点。另外，基于知识图谱的更新建议可以根据最新的知识和信息，持续更新推荐的知识点，这有助于学生获取与时俱进的学习内容。

第三节　教育方法或手段：数智赋能
学生专业胜任力提升

为了迎合高等教育高质量可持续发展的需求，教育数字化转型迫在眉睫。在高等教育领域，教育数字化转型强调将数字技术整合到高等教育的各个领域，推动高等教育组织变革[①]。高等教育的目标在于培养迎合社会需求的人才，提升课堂教学质量，是人才培养的关键，也是高等教育数字化转

---

① 祝智庭,胡姣.教育数字化转型的本质探析与研究展望[J].中国电化教育,2022,(04):1-8+25.

型的重要任务。如何在数字时代提升课堂教学质量,实现时代人才培养目标是高等教育变革的重要任务。现如今,国内外聚焦数字技术赋能高等教育这一议题开展了大量的理论与实践研究探索。本节梳理了国内外高等教育领域数字技术赋能教育教学的相关理论与实践成果,具体而言,笔者将从教学内容、教学模式、教学活动、教学资源及教学评价五个方面进行内容梳理。

一、教学内容:聚焦学生专业能力提升的场景化"微"学习

长期以来,本科教育乃至研究生教育的一大弊病是课程教学内容与就业单位用人需求的脱节[①]。随着社会对各专业人才培养需求的不断变化,各高校本科与研究生专业培养方案也在迭代改进以迎合社会对该专业人才的需求。对于数字时代而言,社会对大学生专业能力的需求存在多元性、实践性和发展性三个方面特征。为了迎合社会对毕业生日益增长的专业复杂理论与实践技能的需求,聚焦学生专业能力提升的场景化"微"学习则成为一种新的高等教育学习样态。首先,"微"学习带来了教学内容的颗粒度降维、教学内容被分为若干有逻辑、连续性的微单元,学生根据自己的学习兴趣和职业发展规划自主选学相关学习内容。其次,数字技术使得场景化学习成为可能。教育领域的场景化理念强调在特定学习场景中挖掘学习者的信息需求和服务需求,从而进行相应的信息适配[②]。高等教育领域的场景化学习则强调学生在规定工作或实践情境中,为了学习某一项专业能力而开展的学习过程。

首先,创设科学化的学习场景是高等教育育人的重要工作。大规模高等教育实践经验告诉我们,学生的专业能力培养绝不能囿于传统课堂教学,必须为学生提供多元化的专业知识实践平台。以南京邮电大学本科教学为

---

① 宋齐明.本科毕业生就业能力供需失衡问题及对策——基于供给侧改革的视角[J].现代教育管理,2018,(04):106-111.
② 刘铭,武法提.场景化学习服务模式构建研究[J].电化教育研究,2021,42(01):87-92+114.

例,作为信息通信学科的老牌名校,南京邮电大学本科教学强调理论与实践教学的有机协同。各专业学生在学习完理论课程后,会接受配套的专业实践课程、认识实习等环节的深度学习实践。学生置身于企业学习实践、项目研发实战、工程实践等学习场景,将所学理论知识融会贯通,学以致用,从而实现专业能力提升。

同时,数字技术为高校学生带来了多元化的学习场景。近几年,随着虚拟仿真技术的逐步成熟,高等教育领域的专家学者逐渐认识到很多学生的复杂专业技能可以在虚拟仿真技术或虚拟现实技术的加持下得到有效提升。自 2018 年起,教育部就组织开展国家虚拟仿真实验教学项目建设的工作①。如今,在国家虚拟仿真实验教学课程共享平台中(如图 3.3 所示),汇集了来自全国各高校共 1194 个国家级一流虚拟仿真课程,1295 个省级一流虚拟仿真课程,3504 个虚拟仿真实验课程。虚拟仿真实验对应学科涵盖了理学、工学、文学、医学、农学、教育学、管理学、体育学、经济学、法学、艺术学等十余个学科门类。学生可以在线学习相关虚拟仿真实验课程,夯实专业知识。以海洋工程类学科为例,学生无法常态化进行近海实习,同时很多专业实践技能较为复杂,传统讲授式教学无法让学生的专业能力得到提升。因此,虚拟仿真实验将学生专业技能的培养场景最大程度地还原出来,学生置身于该学习情景中夯实专业知识,培养专业技能。图 3.4 呈现的是海洋平台安装虚拟仿真实验的截图,该课程由哈尔滨工程大学组织研发,对应专业为船舶与海洋工程。学生在虚拟仿真实验中可以利用交互式操作实验,体验海洋平台的安装步骤,学习船舶浮态调节、系泊定位、载荷转移等专业知识,理解压载系统、系泊系统的工作原理,掌握潮汐、横倾、纵倾、吃水、六自由度运动姿态、系泊位置、碰撞干涉预警、安全作业限界等参数对海洋平台安装的影响,强化工程实践能力。

---

① 教育部.教育部关于开展国家虚拟仿真实验教学项目建设工作的通知[EB/OL].[2018－06－05]. http://www.moe.gov.cn/srcsite/A08/s7945/s7946/201806/t20180607_338713.html.

图 3.3　国家虚拟仿真实验教学课程共享平台界面

图 3.4　海洋平台安装虚拟仿真实验截图

　　数字时代高等教育"微专业"的兴起细化了专业能力,提升了能力培养成效。"微专业"是高校在新工科、新文科理念指导下,为更好地服务经济社会发展而探索形成的新型人才培养体系,旨在满足不断变化的就业岗位和市场需求,以提升学生就业竞争力为导向重构专业课程学习体系,推进专业与行业发展的深度融合,提升人才培养质量①。

---

① 夏春明,金晓怡,王晓军等.新工科背景下地方高校微专业建设研究与探索[J].高等工程教育研究,2023,(02):14-18.

数字时代的高等教育不能仅仅做到人才培养的"专"，而应兼顾人才培养的"全"。高等教育的人才培养模式并不是单纯地让学生掌握某一个方面的技能，会操纵某一台设备，掌握一门编程语言或学习一门统计分析技术，而是利用这些工具、理论或技术去解决复杂的工作或社会问题。值得注意的是，问题解决向来不是掌握一个学科就足够的。问题解决是一个有逻辑的过程，需要学生经历发现问题、综合多学科知识创设问题解决方案、开展问题解决、评估与反思等环节。那么在发现问题阶段，学生必须具备跨学科的视野，聚焦真实问题情境进行问题分析与解构；在问题解决方案创设阶段，学生专业知识与技能当然是必不可少的，但问题解决方案所依托的真实问题情境往往是多元化的，学生的专业知识及学术视野往往无法满足。同时，在问题解决方案创设时，会渗透很多其他专业的技能，这些都是学生本专业知识无法覆盖的。

例如，软件工程专业学生在就业后往往都会进入信息科技公司进行软件开发工作。在软件开发时，一名出色的软件工程师的专业能力应该是复合型的，如应具备面向特定用户的功能需求调研、软件 UI 设计、软件推广与运营等能力。传统软件工程专业课程比较关注编程技术、软件工程设计方面，但在 UI 设计、软件推广与运营等方面的课程内容涉猎较少，因此学生想要提升专业的就业竞争力，必须在获得本专业能力的基础上，辅修其他专业课程。因此，"微专业"这个概念应运而生。

微专业的兴起让大学专业课程教学内容变得更加精细、更加聚焦。微专业之所以"微"，是因为其专业课程内容高度凝练、聚焦，而非传统专业课程设置的那种"宏观而广博"。这种课程教学内容的聚焦直接允许学生可以在较短的时间内学习完微专业的核心技能。以华东师范大学为例，自 2022 年起，华东师范大学进一步发挥各专业育人优势，以学生跨学科交叉融合能力培养为导向，设立了 9 个微专业（如图 3.5 所示），分别是：全球变化与碳中和科学、全球胜任力、数字驱动教学、家庭教育、科创教育、公益慈善、创意传播、数字贸易与管理以及关键软件安全保障技术。开设微专业的学院包括地理科学学院、外语学院、社会发展学院、经济学院、传播学院、软件学院和开放教育学院。目前,全国各开设微专业的高校全部以学生未来就业胜任力提升为导向,聚焦学生专业核心理论与实践能力培养,力求提升复合型专业人才的培养质量。

序号	微专业名称	负责人	开设单位
1	全球变化与碳中和科学	周立旻	地理科学学院
2	全球胜任力 (国际组织人才培养)	周小勇	外语学院
3	数字驱动教学	祝智庭	开放教育学院
4	家庭教育	赵　健	开放教育学院
5	科创教育	闫寒冰	开放教育学院
6	公益慈善	黄晨熹、周俊	社会发展学院 公共管理学院
7	创意传播	王　峰	传播学院
8	数字贸易与管理	杨来科	经济学院
9	关键软件安全保障技术	缪炜恺	软件学院

图 3.5　华东师范大学首批微专业名单[①]

二、教学模式:关注多元技术协同赋能教学模式创变

教学模式是指在一定教学思想或教学理论指导下建立起来的较为稳定的教学活动结构框架和活动程序。随着数字技术持续赋能教育全过程,技术加持下的教学创新要素频现,这些技术的加持为高等教育公平问题、个性化教育问题解决提供了重要的工具支持。

---

① 华东师范大学.华东师范大学首批微专业来了.[EB/OL].[2022 - 8 - 14].https://sghexport.shobserver.com/html/baijiahao/2022/08/14/825615.html.

（一）"互联网＋"时代的双师教学模式

"互联网＋"时代的双师教学模式成为促进高等教育质量均衡发展的重要教学模式。双师教学是依托互联网技术，由两位教师（线上主讲教师和线下助学教师）协同开展教学活动的远程教学模式[1]。双师教学模式在中小学领域和高等教育领域都有了较为深入的应用。在中小学阶段，双师教学模式被证明能够有效提升中小学生的学习力，有效提升教育均衡性，让乡村地区学生也能够享受到优质师资资源，促进教育公平[2][3]。在高等教育领域，双师教学模式往往被用来培养特定专业的学生，其核心目标在于提升学生的专业实践能力。

以师范生培养为例，师范生培养高校存在的共性问题是重视学生的理论教学，对学生教学实践能力的培养力度略显不足。为解决这一问题，师范生培养高校的研究学者提出了运用双师课堂实现教师专业实践能力提升的问题。如江苏师范大学邢蓓蓓等人提出了基于互联网技术平台的"[1＋N] T 双师教学模式"（如图 3.6 所示）。其中 1＋N 表示的是 1 名线下教师＋若干名线上教师教学共同提升师范生实践能力。双师教学中的线下教师主要负责指导师范生掌握基本教育理论，定期组织研讨以及对师范生教学表现进行评价与指导；而线上教师则多为学科教学专家或教育理论专家，其核心作用在于为师范生提供典型课例展示，将自己的学科教学或教学研究经验与师范生进行分享，以及对师范生教学表现进行深度指导与点评。在这个过程中，师范生将与线下授课教师与线上专家教师形成教学共同体。双师团队将与师范生一起，协同备课、协同授课、协同反思与协同指导。该教学模式经过了严格的实证研究，被证明能够给师范生带来丰富的课堂活动、多

---

[1]　黄甫全，伍晓琪，唐玉溪等.双师课堂课程开发引论：缘起、主题与方法[J].电化教育研究，2020，41(02)：99-107.

[2]　钟志勇，何文滢，陈烨.双师课堂助推民族地区教师专业发展：优势与问题——基于云南迪庆 D 中学的个案研究[J].民族教育研究，2022，33(04)：75-84.

[3]　王诗蓓.面向学习力提升的双师课堂模式构建研究[D].华东师范大学，2021.

元化的专业知识,能够有效提升师范生的学习兴趣,帮助师范生巩固教育理论知识,提升教学实践技能。

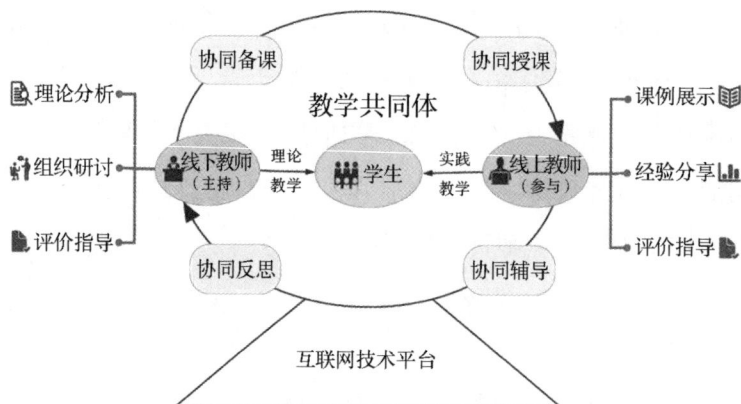

图 3.6 双师课堂教学模式概念图①(邢蓓蓓等,2023)

"互联网＋"国际双师教学模式也是提升我国高等教育国际化水平的重要方式。高等教育国际化是促进国际高等教育质量提升的重要方式,各国高校都在通过各种方式开展校际交流,邀请外籍高校教师为本校学生进行授课。田晓燕等(2021)提出了"互联网＋"国际双师教学模式。这种教学模式的核心在于利用互联网、云服务平台和人工智能技术构建国际双师教学系统(如图 3.7 所示)。主讲外籍教师可以利用该系统进行在线授课,将先进的专业理念、专业实践成果为专业学生进行讲授和分享。同时,国外教师也需要和辅导教师一起设计课程,探讨授课过程需要关注的重要问题,为辅导教师提供必要的资料和辅导意见。在课中,辅导教师需要和外籍主讲教师一起进行授课,其中主讲教师主要的任务是授课和布置课堂任务,而辅导教师主要负责维持课堂秩序,适时介入辅导学生,回答学生个性化的问题。在课后,辅导教师向主讲教师反馈上课情况,协助主讲教师进行学生作业评价。

---

① 邢蓓蓓,刘翠,吴贵芬等."互联网＋"时代师范教育双师教学模式的创新探索[J].现代教育技术, 2023,33(06):118-126.

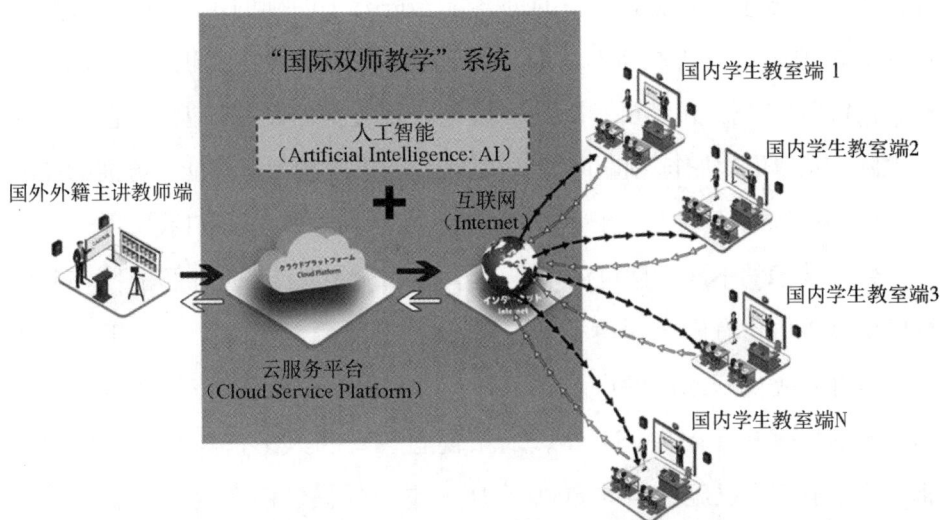

图 3.7 国际双师教学系统示意图[①]（田晓燕等，2021）

从整体上看，双师教学在高等教育领域的核心作用是利用互联网技术实现优质师资资源的汇集与传播。双师教学模式中的授课教师和辅导教师各司其职，分工明确，共同为学生提供优质教学服务。

（二）指向大学生创新创业能力提升的创客教育模式

数字时代带来了高校育人理念的变化，面向大学生创新创业能力培养的创客教育模式成为高校拔尖人才培养的主要教学模式。创客教育以美国MIT（麻省理工学院）比特及原子研究中心在 2001 年发起的 FabLab（Fabri-cation Laboratory，制作实验室）创新项目为起点。2009 年 11 月美国总统奥巴马在"教育创新"大会上提出"让所有的孩子都成为创造者"掀起了创客教育理论与实践探索的浪潮。前中国国务院总理李克强在 2015 年 1 月参观深圳柴火创客空间时指出："创客"的活力和创造将会成为中国经济未来增长的不熄引擎。华东师范大学祝智庭教授认为：创客教育是以信息技术的融合为基础，传承了体验教育、项目学习法、创新教育、DIY 理念的思想。

祝智庭教授还针对学生应具备的创客素养进行了明确的定义:创客素养是指创造性地运用各种技术和非技术手段,通过团队协作发现问题、解构问题、寻找解决方案,并经过不断的实验形成创造性的制品的能力,它与学习者人际沟通、团队协作、创新问题解决、批判性思维和专业技能等方面的能力有关,也决定着学习者在未来是否能够适应社会与工作,获得自我实现①。

数字技术的不断发展也催生了创客教育产品的数字化和智能性。上海智位机器人股份有限公司旗下的 DFROBOT 品牌专门致力于为年轻人和创客爱好者提供开源硬件产品、机器人及相关配件产品。该品牌是一家国际领先的从事开源硬件、STEM 教育、创客教育和人工智能教育科技的企业。该企业至今已经为全球 8000 多所大中小学提供创客教育产品或系统服务。DFROBOT 的官方网址为:https://www.dfrobot.com.cn/,图 3.8 是 DFROBOT 官方网站的截图。

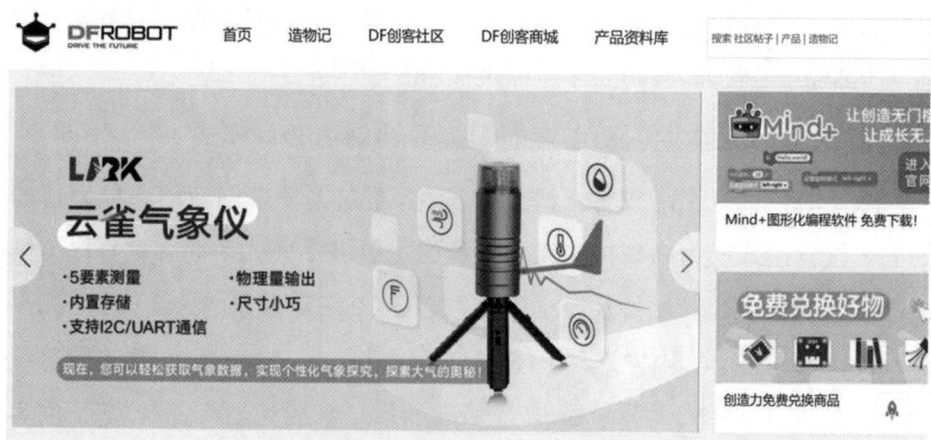

图 3.8 DFROBOT 官方网站

从数字技术赋能的逻辑看,DFROBOT 公司为国内外创客教育开展提供了三方面支持,分别是软硬件支持、学习交流空间支持以及学习资源支持。

---

① 祝智庭,雒亮. 从创客运动到创客教育:培植众创文化[J]. 电化教育研究,2015,(07):5-13.

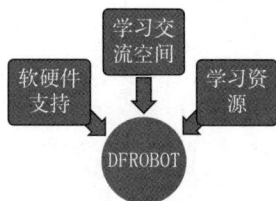

图 3.9　DFROBOT 公司为创客教育提供的三方面支持

在软硬件支持方面，DFROBOT 公司不断地为创客教育提供开源开发板（如树莓派、Arduino UNO 开发板等）、人工智能模块（如语音识别、人脸识别、图像识别模块）以及智能物联网传感器（如温度传感器、湿度传感器、距离传感器）等。这些传感器或人工智能模块的功能封装性较强，用户可以结合自己的创意需求，选择相应的功能模组进行 DIY。同时，DFROBOT 也提供了相关的集成开发环境（IDE）帮助学习者通过集成开发环境，对开源硬件进行编程，实现相关智能功能。

在学习交流空间方面，DFROBOT 公司在其官网中提供了"DF 创客社区"这一板块，帮助创客和其他学习者进行在线创意分享与交流。图 3.10 呈现了在线交流社区的内容板块，用户可以从 Arduino、机器人、行空板、microbit、创客教育以及 Mind＋等不同主题板块中进入在线交流社区。创客在交流社区中可以自由分享自己基于 DFROBOT 公司提供的开源硬件创作的创意作品。如图 3.11 是一位创客基于 Arduino 单片机及步进电机设计的电子琴。创客可以将自己的创意灵感、项目起源、项目设计过程、项目功能成效等内容以论坛帖子的形式呈现给其他学习者。学习者可以进行在线点评、与博主进行异步互动等学习活动。

在学习资源方面，DFROBOT 公司也为初学者或新入门者提供翔实的开源硬件学习资料，为学习者提供图文并茂的学习教程，帮助学习者在家中就可以学习相关的硬件使用方法和软件编程方法。同时，DFROBOT 也提供了在线答疑社区和相关 QQ 群，帮助创客或其他学习者实时解答技术问题。如图 3.12 则以 Arduino 学习内容板块为例，为学习者详细地提供了在线的入门教程、初级教程、中级教程和常见故障排除方法。

图 3.10 DF 创客社区板块

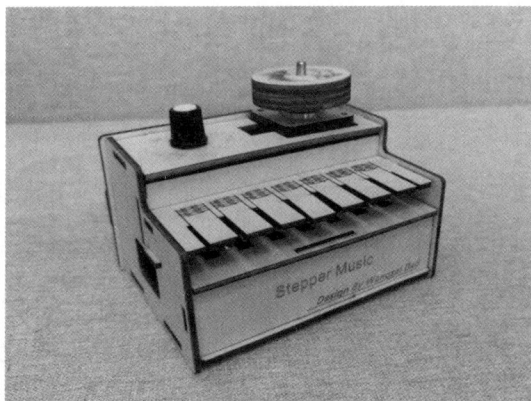

图 3.11 基于 Arduino 和步进电机的电子琴（Mr Guo，2022）[①]

图 3.12 DFROBOT 学习资源库示例

① DFROBOT. 用 arduino 单片机和步进电机制作手掌大的电子琴[EB/OL]. (2023-11-02) ht-tps://mc. dfrobot.com.cn/thread-313232-1-1.html.

目前各高校也在利用这些开源硬件和软件，积极推进创客教育，实现学校创新人才培养的目标。从教学模式设计上看，目前国内外多采用项目式教学（Project-Based Teaching）、基于设计的教学（Design-Based Teaching）以及问题导向式教学等教学模式进行教学设计与实施。例如，吴永和教授等[①]为教育技术学专业研究生提出了基于"学做创"的研究生创客教育教学模式（如图 3.13 所示）。该课程主要以 Arduino 开源硬件作品创意开发为教学主题，使用"学-做-创"的教学思路开展教学。其中，"学"的部分强调研究生在教师的指导下进行研讨式学习，即围绕某一主题开展学习与研讨，确定后续研究或设计目标；"做"的环节强调让学生在上一步骤所确定的项目中进行深入设计、逐步实现项目功能；在"创"的环节，该教学模式强调组建跨学科师资队伍，即借助不同学科教师的专业智慧，帮助学生实现项目预期功

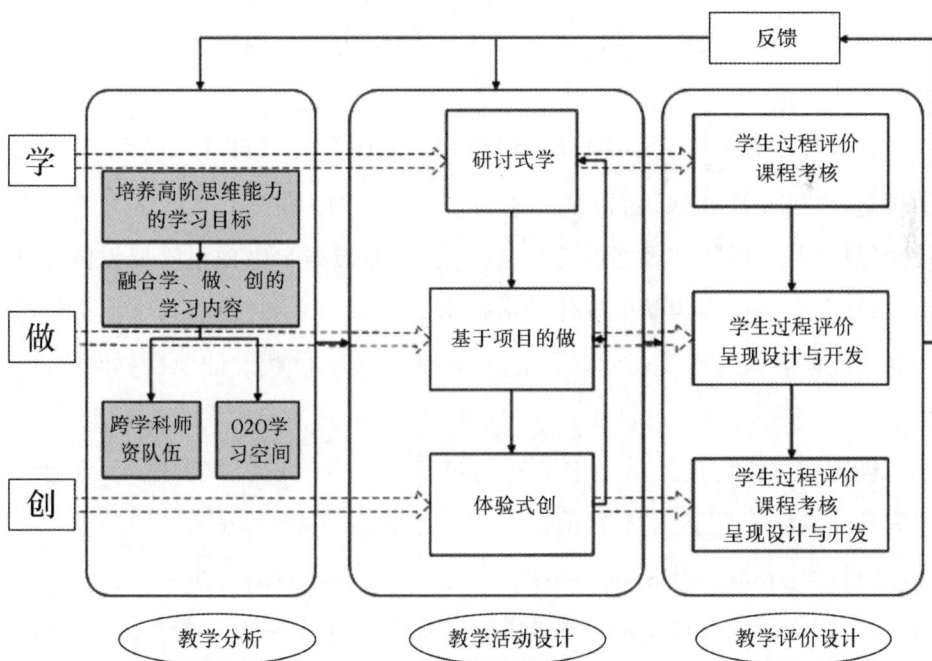

图 3.13　研究生创客教学模式

---

① 吴永和，刘晓丹，仲娇娇等.创客教育课程设计与应用——以华东师范大学 2015 级研究生创新课程为例[J].现代远程教育研究，2017，(01)：88 - 94.

能,设计原创性强、创新度高的项目作品。该教学模式运用了项目式教学的理念,在活动设计过程中,研究者主要设计了"发现问题—提出创造性问题解决方案—设计—原型构建—分享交流以及改进"六个环节推进教学。在教学过程中,学生主要通过感知任务、头脑风暴、方案设计、原型设计、分享交流等学习活动提升其创造性问题解决能力。通过访谈研究发现,这种教学模式能够有效提升学生的学习满意度,同时能够有效提升学生的小组协作能力、沟通能力、动手实践能力以及问题解决能力。

王亚文等[①]在西安工业大学网络空间安全专业建立了高校创客社团,在培养学生专业能力的基础上,提升学生的创造性问题解决能力。该网络空间安全社团日常学习与教学活动主要通过"明确任务—设计方案—讨论改进—产生作品—交流分享—总结评价"六个阶段,培养学生基于创新性项目的专业核心素养培养。该教学模式通过创新型教学实验项目、大学生创新创业训练计划项目、创新性科研项目三个途径,为学生提供专业核心素养提升的实践土壤。

在该社团教学模式中,社团积极响应国家的政策号召,以"做中学"为教学理念,以培养复合型、创新型人才为目标。同时,西安工业大学为该创客社团提供制度、场所和经费的支持;各专业教师根据学生项目需要提供专业指导;知名企业也会为学生提供前沿技术的支持、必要时也会为学生提供经费和其他创客人才的支持,来帮助学生尽快适应项目和设计项目(如图 3.14所示)。

创客教育作为提升学生创造性问题解决能力的重要教学模式,现已经成为各高校培养创新人才的重要方式。创客教育基于"做中学"的理念指导,通过学生在项目中的创意生成、方案设计、原型测试与作品优化等环节的实践,在实现创意项目研发的同时,提升学生专业核心素养。同时,为了

---

① 王亚文,徐飞,刘智平等.高校创客社团的架构设计与案例分析——以 X 大学网络空间安全创客社团为例[J].现代教育技术,2019,29(07):106-112.

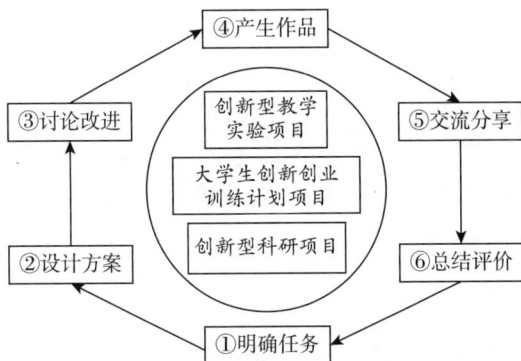

图 3.14 高校创客社团学习模式①（王亚文等，2019）

更科学地提升学生的创意思维，帮助学生更规范、更系统地创意思考，很多学者也将设计思维引入了创客教育中，将设计思维作为一种具体的方法论，提升创客教育的品质②③。

三、教学活动：数智赋能学生个性化学习与协作学习

随着信息技术赋能教学方法的不断革新，高等教育领域的教学活动日趋多元化。技术作为大学生学习的重要媒介或工具，实现了学生的个性化学习与协作学习需求。

（一）探究与协作已成为拓展高等教育课堂活动多元性的重要方式

计算机支持的协作学习（简称 CSCL）是目前学习科学的重要研究领域，也是数字技术赋能高等教育变革的具体表征。CSCL 强调教师与学生运用技术手段，开展课堂或课后的在线协作交流活动④。国际上，教育技术学者

---

① 王亚文,徐飞,刘智平等.高校创客社团的架构设计与案例分析——以 X 大学网络空间安全创客社团为例[J].现代教育技术,2019,29(07):106-112.

② 林琳,沈书生,李艺.谈设计思维发展高阶思维何以可能——基于皮亚杰发生认识论的视角[J].电化教育研究,2019,40(08):22-29.

③ 闫寒冰,郑东芳,李笑樱.设计思维:创客教育不可或缺的使能方法论[J].电化教育研究,2017,38(06):34-40+46.

④ 李海峰,王炜.CSCL 研究 30 年:研究取向、核心问题与未来挑战——基于《计算机支持的协作学习国际手册》的要点分析[J].现代远程教育研究,2022,34(05):101-112.

致力于 CSCL 方向的研究已有 30 年,研究者普遍会利用一些实体技术或思维技术协同提升学生在线协作学习效率。群体感知是 CSCL 中的重要思维工具,指的是小组内部工作者通过共享信息感知和理解彼此的行为,如李艳燕等①开发出支持跨组信息可视化的群体感知工具,并应用在了大学英语协同写作过程中;又如夏亮亮等②提出了协作脚本工具来促进 CSCL 成效的相关实践方法。相关元分析研究表明,CSCL 中的群体感知工具有助于促进学习者认知、元认知、社会情感与动机的发展③。

一些技术工具也能够有效支持大学生在线协作学习。比如柏宏权④利用微信小程序开发出在线同侪互评工具,来支持大学生在线的小组互评活动;柴阳丽等(2019)基于共享调解理论,面向"研究性学习"这门教育学领域的研究生课程开展教学改革,开发出大学生在线协作学习系统,实现学生在线协作学习效率的提升。在研究过程中,柴阳丽等运用特定学习主题,要求学生开展文献阅读、小组讨论、个人反思、小组反思、小组计划等学习活动,整合共享调解的相关理论,分析得出大学生在线讨论的内容趋势和团队协作特征⑤。

(二) 基于设计思维的多元化学习活动设计

二十一世纪以来,培养学生的创新问题解决能力已经成为各国亟须解决的难题。因此国内外的学者将"设计思维"作为促进学生创新性问题解决能力提升的重要方式。

---

① 李艳燕,张慕华,彭禹等.在线协同写作中组内、跨组群体感知信息对小组学习投入的影响[J].现代教育技术,2021,31(10):49-58.

② 夏亮亮,王良辉.协作脚本促进 CSCL 实践:理论、应用及启示[J].现代远距离教育,2022,(01):37-46.

③ 毛子琪,李艳燕,张慕华等.CSCL 中群体感知工具能提升学习效果吗?——基于 2002~2021 年国内外 35 篇实证研究文献的元分析[J].现代教育技术,2023,33(03):65-74.

④ 柏宏权.基于同伴互评的移动作业展评系统的建构及实践分析[J].电化教育研究,2017,38(03):75-79.

⑤ 柴阳丽,陈向东,陈佳雯.CSCL 中的团队反思及其支架开发[J].电化教育研究,2021,42(04):93-100.

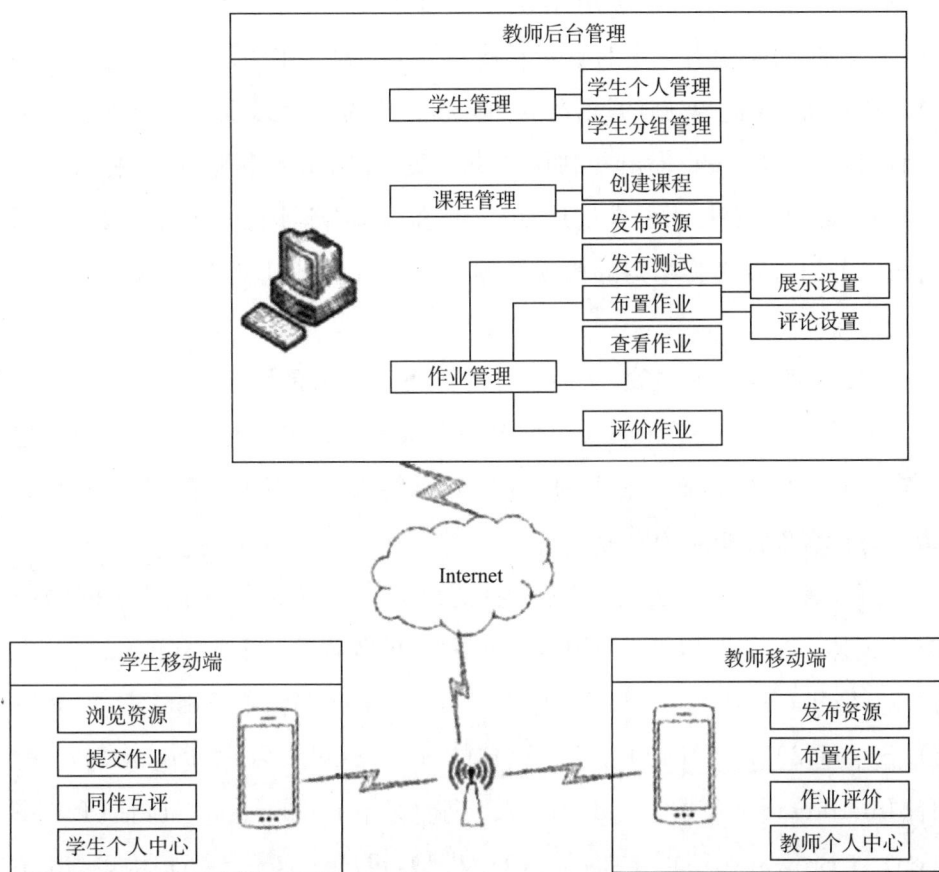

图 3.15　同伴互评系统功能示意图（柏宏权，2017）

设计思维译自英文术语"Design Thinking"，是运用创新手段，实现最终设计、解决问题的思考过程。随着人们对创新与设计的日益关注，设计思维已经发展成为一种被广泛采用的、有影响力的培养创新思维的方法。"设计思维教育和实践"是创新人才培养的一种重要尝试。将设计思维引入学校教育过程，是教育改革、培养创新型人才的必然选择[①]。对于设计思维内涵的定义主要有以下三种理解：

第一种观点是过程论，持有该观点的学者认为设计思维是一个分析、创

---

① 周子明,张志,袁磊.融入设计思维的 STEAM 教育:模式构建与案例分析[J].现代远距离教育,
2021,(01):56-62.

造的过程,包含探索问题、构思解决方案、制作、评价等环节。国内外学者对于设计思维过程也有一定的研究成果。譬如蒂姆·布朗认为设计思维是一种产生灵感、构思、实施的过程①。Norman 认为设计思维是一个创造性的过程,包括定义问题、提出并制作解决方案、评估结果等环节②。林琳等认为,设计思维能够使人们在遭遇复杂问题时,综合运用自己已有的知识,通过设计与思维双螺旋结构的相互依赖与促进,创造性地形成解决问题的思路与方案③。

第二种观点是能力论,认为设计思维是设计者区别于他人的一种高阶复杂的思维能力。如 Dunne(2006)④等人认为设计思维是设计者无形的思考方式和心理过程,而非有形的产品等设计结果。聂森等⑤等人认为设计思维是设计者设计制品的思考方式。

第三种观点是方法论,认为设计思维是一套关于创新式解决问题的方法论体系。如斯坦福大学 d.school 的 EDIPT 模型:同理心(Empathize)、需求(Define)、创想(Ideate)、原型(Prototype)、测试(Test)五个阶段(D.School,2017)。IDEO 教育工具包的五步骤模型:发现(Discovery)、解释(Interpretation)、构思(Ideation)、实验(Experimentation)、评估(Evolution)⑥;Brown(2015)⑦主张的三阶段模型:灵感(Inspiration)、构思(Idea-

---

① 蒂姆·布朗(2011).IDEO,设计改变一切——设计思维如何变革组织和激发创新[M].侯婷.沈阳:万卷出版公司:14,16,36.

② Norman J. Design As a Framework for Innovative Thinking and Learning:How Can Design Thinking Reform Education? [J]. Design and technology educational research and curriculum development:The emerging international research agenda,2001:90.

③ 林琳,沈书生.设计思维的概念内涵与培养策略[J].现代远程教育研究,2016,(06):18 - 25.

④ Dunne D,Martin R. Design Thinking and How It Will Change Management Education:An Interview and Discussion[J].Academy of Management Learning & Education,2006,5(04):512 - 523.

⑤ 聂森,袁恩培,宋洋.数字化时代艺术设计教育及设计思维能力培养[J].广西民族大学学报(哲学社会科学版),2007,(S2):118 - 119.

⑥ RIVERDAILE,IDEO. Design Thinking for Educators [EB/OL].[2017 - 04 - 11]. Http:/media.wix.com/ugdl/04245b_f2620b574493595 d39b357cc2c84028b.pdf.

⑦ BROWN T,WYATT J. Design Thinking for Social Innovation[J]. Annual review of policy design,2015,3(1):1 - 10.

tion)、实施（Implementation）；英国设计协会于 2016 年提出设计思维双钻石模型：发现（Discover）、定义（Define）、开发（Develop）和交付（Deliver）等①。

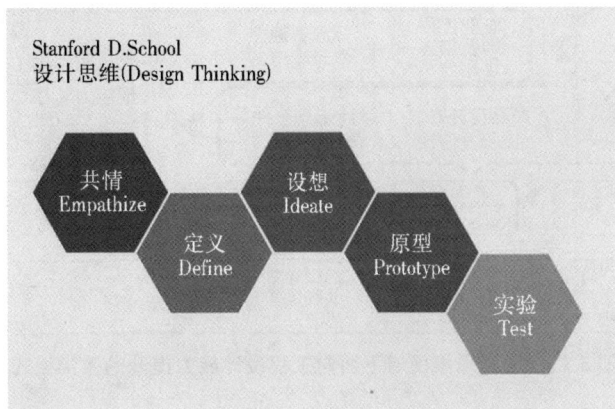

图 3.16 D.School 提出的设计思维过程模型

上述研究梳理为读者展示了设计思维的不同活动过程和具体方法。学术界普遍认为，设计思维既是一种过程论，也是一种方法论。设计思维整合在高等教育课堂教学中的案例屡见不鲜，且大多集中在工科领域，强调运用设计思维的方法论和过程论实现新工科教育的相关教育理念。如谌涛等②构建了设计思维引领的智能制造专业跨学科创新教育模式；又如李宏伟等（2022）③从课程内容构建、教学过程组织和教学方式设定三个方面，构建了面向学生工程设计能力培养的设计思维教学模式。如图 3.17 所示，该教学模式整合了设计思维中同理心、思维导图、头脑风暴、案例分析及讨论等多种工具方法设计教学活动，教学活动中包括了学生讨论发现问题、进行

---

① Design Council UK. Design Methods for Developing Services［EB/OLJ］.［2016 - 12 - 02］.https：//lconnect.innovateuk.org/documents！ 3338201/3753639/Design＋methods＋for＋devel-oping＋services.pdf/3db0636e - 6acc - 4de4 - 9db6 - 3f25d1194bca.
② 谌涛,肖亦奇.面向智能制造的跨学科创新教育:设计思维引领的新范式［J］.高等工程教育研究,2023,（02）:45 - 50.
③ 李宏伟,朱爱斌,陈天宁等.基于设计思维的工程设计能力培养教学实践研究［J］.高等工程教育研究,2022,（03）:85 - 90.

需求挖掘;学生进行田野调研或用户访谈,确定产品定义,并协助完善设计方案。同时学生运用小组协作方式构建产品原型,并开展作品实践等学习活动。

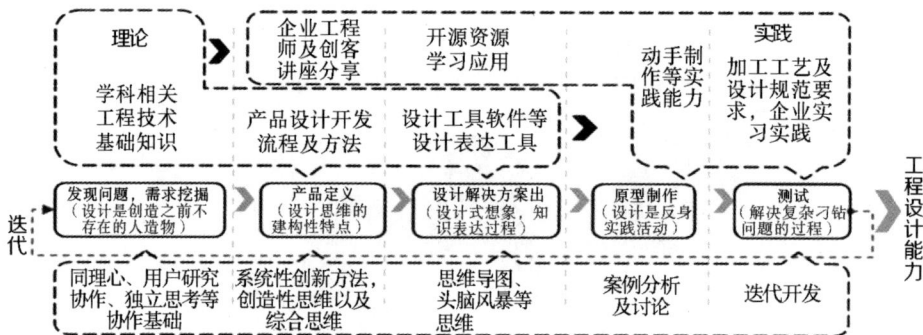

图3.17 设计思维视域下面向工程设计能力提升的教学模式

无论是设计思维还是CSCL,其核心目的都是运用恰当的技术或方法来实现学生协作学习效率的提升。在大学阶段培养学生协作问题解决能力和创造性问题解决能力,是所有专业培养方案中最重要的内容,更是迎合我国创新型人才素养定位的重要方式。

现阶段,诸多数字技术手段也能够对学生设计思维培养提供帮助。如林琳等(2022)[①]提出了面向设计思维不同环节与过程的技术工具(如图3.18所示)。其中,面向不同设计思维阶段的工具在其学习辅助功能上略有不同。例如在定义和构想阶段,学生可以使用故事板、便利贴等记录工具,记录自己和小组的创意灵感生成过程;又如在原型设计阶段,学生可以使用原型制作工具(如MockPlus、Axsure、3D打印机)等来实现原型设计工作;又如在测试工具阶段,可以使用问卷星、SurveyMonkey等技术工具来支持用户反馈信息及用户行为数据的收集与实时分析。

---

① 林琳,董玉琦,沈书生. 设计思维教学法的理念框架与支撑技术 [J]. 现代远程教育研究,2022,34 (04):73－82.

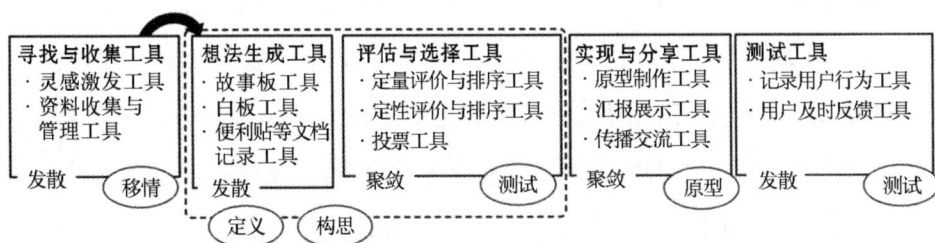

图 3.18 设计思维支持技术工具

我们以斯坦福大学 D.School 提出的设计思维过程模型为指引，为读者梳理了支持学生设计思维提升的数字技术工具。

表 3.1 不同阶段设计思维支持技术工具

共情	定义	设想	原型	实验
问卷星、讯飞听见、Boardmix 博思白板等	百度脑图、Visio、金山文档、有道共享文档等	希沃白板、Google Docs 等	Axsure、MockPlus、3D 打印机、Arduino 开发板等	SPSSAU、问卷星等

首先是共情阶段，学生在此阶段的核心任务是站在用户视角去思考问题。为了更好地萃取用户在实际生活中的问题，可以采用问卷调研法、访谈法对用户进行深度调研。此时可以使用问卷星来进行问卷调查工作，此软件可以在线编辑多元化的问卷，实时采集用户的意见并进行在线的统计与分析。讯飞听见可以快速地将用户访谈语音转换为文字，并对文字内容进行智能分析。在明确了用户需求和痛点后，可以进行在线协作讨论，对用户需求进行系统分析。此时可以使用 Boardmix 白板等工具来实现在线协同合作，允许团队成员进行同理心地图绘制、用户需求定义等工作。

在定义阶段，学生需要将用户需求明确为产品功能。此时，需要学生利用技术工具来进行需求的显性转化。此时可以使用百度脑图、Visio 中的鱼骨图、思维导图和流程图等工具来支持学生完成学习工作。同时，学生也可以使用金山文档、有道共享文档等工具进行在线协作，共同完成需求定义阶段的文档。

在设想阶段,学生可以使用希沃白板的线下协作功能以及 Google Docs 的线上协作功能,进行创意灵感激荡。比如可以通过在线讨论的方式进行 SCAMPER 奔驰法,帮助团队成员构想出更多优质产品优化方案。当然,很多在线便利贴工具也可以帮助用户进行创意构想,实现创意灵感的生成。

在原型设计阶段,不同专业学生的设计作品多有不同,以计算机类专业为例,可以使用 Mockplus 这种应用或网站原型开发工具,将自己的创意灵感设计出来,当然也可以使用 Axsure 进行作品原型设计;对于一些需要实物作品的工科专业,可以考虑使用 3D 打印机、Arduino 开源硬件等数字技术工具实现产品原型的开发。

在实验阶段,其核心目标在于测试原型对于用户的适切程度以及用户需求的达成度。学生可以考虑使用问卷调查法、用户访谈法以及可用性测试等方法来进行原型有效性和适切性的研究。此时,学习者可以使用问卷星进行数据采集与分析,也可以使用在线的 SPSSAU 进行数据深度分析,如进行 T 检验、卡方检验、线性回归分析等。

四、教学资源:迈进需求导向的敏捷型资源研发新纪元

为了提升教学质量,各高校会组织相关学科或专业教研团队,打造专业相关的课程资源群,这些资源往往以数字化的形式呈现。教育部将数字资源划分为教学素材、教学课件、网络课程、虚拟仿真系统、教育游戏、教学案例、数字图书、数字教材、教学工具和学习网站十类①。通过大量教学实践,很多教师发现为本科生或研究生统一配置的数字化教学资源往往并不能满足教师教学和学生学习的需求。同时,数字化教学资源的设计、开发与交付需要较长的时间周期,很多时候无法迎合学生日益变化的学习需求。因此一种新型的教学资源研发模式应运而生,这就是敏捷型教学资源研发。

---

① 教育部.关于印发《国家教育资源公共服务平台教育资源审查办法(暂行)》的通知[EB/OL].ht-tps://www.ncet.edu.cn/zhuzhan/ztzg/20130910/1311.html.

　　何谓敏捷？敏捷这一概念最初来自工业制造领域，其核心优势在于快速响应用户个性化需求[①]（NAGEL& DOVE，1991）。在教育领域，敏捷理念已在教师培训课程研发、高等教育改革、学生评教领域有了广泛的应用[②③④]（闫寒冰等，2018；纪阳等，2018；单俊豪等，2022）。教育领域的敏捷理念强调三方面核心内容：其一是需求导向，即敏捷理念的核心是面向学习者学习需求，以快速满足学习者动态变化的学习需求而提出的一种创新理念；其二是快速响应，即通过技术与非技术手段，采集教育过程性数据，在进行实时数据处理与分析的基础上对阶段性问题进行提炼；其三是高适变力，即敏捷型教育体系应灵活、准确、高效地应对教育过程中因各种内部和外在因素所产生的变化，并针对动态变化进行教育教学方案调整。

　　那么，如何在数字教学资源开发领域运用敏捷理念以满足学生动态变化的学习需求呢？首先要明确，学生到底需要什么类型、什么内容的资源；其次要明确，开发这类资源的专业人员有哪些？需要学科专家、学术专家，还是一线中小学教师？第三还要明确，在资源开发过程中，应该经历怎样的团队成员协作过程，是否还要有其他专业人士参与资源开发。综上，明确学习者需求，组建资源建设团队，团队科学协作是敏捷型资源开发的核心要素。

　　我国学者李笑樱曾提出 AID(Agile Instructional Design/Development，简称 AID)敏捷化教学设计，继承此种思想的课程研发模式成为敏捷课程开发。李笑樱指出：敏捷课程研发应当将学习者作为客户，致力于学习者实际需求的满足，要积极响应学习者动态变化的需求。在课程交付上，强调频

①　NAGEL R N,DOVE R. 21st Century Manufacturing Enterprise Strategy：An Industry-led View [M].Darby：Diane Publishing，1991：2.

②　闫寒冰,李帅帅,段春雨,李玉.敏捷理念在教师培训课程开发中的应用研究[J].中国电化教育，2018,(11):33-38+45.

③　纪阳,吴振宇,尹长川.适变能力、工程认知与敏捷教改[J].高等工程教育研究,2018,(06):139-144.

④　单俊豪,闫寒冰.STEM教育视域下学生评教体系的设计与应用研究[J].数字教育,2022,8(02):1-9.

繁、小规模交付对用户高价值的可用课程单元[①]。单俊豪等(2022)也提出了面向教师培训资源敏捷开发的具体思路(如图 3.19 所示),该学者强调整合学术专家、学校一线教师及教育科技企业,共同开发能够满足教师理论性、实践性和体验性需求的培训课程资源。

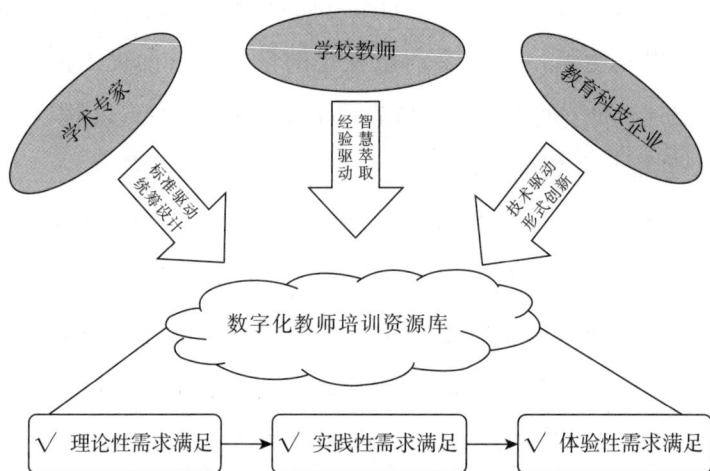

图 3.19　敏捷型教师培训资源库设计策略

很多大学学生评教中都包含"该教师能够提供优质的课后学习资源帮助学习"这类题目。但是大部分老师得到的评教反馈都不是非常理想。很多老师认为:"我明明已经为学生提供了很多学习资源,为什么他们还是不满意?"这一现象充分证明了,教师视角下有用的学习资源在学生看来并不是特别有价值,并不能够帮助学生学习到其需要的知识内容。以某双一流大学数字媒体技术学专业必修课程《C♯程序设计》课程评教结果为例,部分学生给教师提出了这样的意见:"虽然我很喜欢老师上课,老师提供的学习资源很多,但这些资源太多了,让我应接不暇,同时我也觉得这些资源并不能够让我得到能力上的提升,我更需要一种操作性强、有项目引领的学习资源,而不是这种通篇讲大概念的。"

---

① 李笑樱,闫寒冰,彭红超.敏捷课程开发:VUCA 时代课程开发新趋向[J].电化教育研究,2021,42(05):86-93+113.

通过这段话，我们可以清晰地看到，教师虽然很认真为学生遴选了学习资源，但并未真正抓到学生的需求点。那么我们就以此为学生为切入点，深入了解敏捷型课程开发需要经历的过程。

首先，明确学习者学习需求：学生在编程课堂学习中需要有项目引领，即通过一个具体项目的开发过程来学习和内化知识。敏捷性课程资源研发强调小规模、频繁交付课程资源。这就意味着即使学生的学习需求很多，资源研发者一定要将其分解成若干个独立、无内涵交叉的小需求，分工逐个击破。这样才能真正做到效率提升。

其次，明确开发团队人员构成及分工（如图 3.20 所示）。这门课是计算机类专业课，期末考试需要让学生提交一份编程作业。因此可以考虑将往届学生专业课的优秀作品进行遴选，选择 1～2 个最具代表性的编程作品。邀请设计该作品的学生共同参与课程研发。同时，为了保证课程资源与学生的适配性，也可以邀请本学期参与授课的同学一起，实时为课程建设提供有价值的意见或建议。在明确了课程设计大纲和主要内容后，根据课程资源的具体数字化呈现形式，交给相应的资源开发者进行研发。

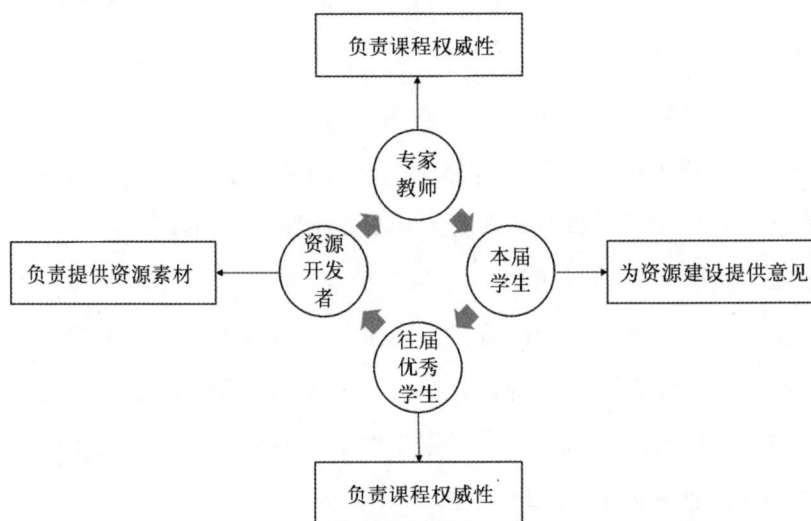

图 3.20　敏捷型课程资源研发的开发人员及其分工

　　再次,构建科学有效的团队协作机制。有效的团队协作机制是敏捷课程资源研发最关键的步骤。在组建团队后,所有课程研发团队成员要组织开一次例会,在例会中,专家教师需要向其他成员明确资源开发的主题、主要内容、主要呈现形式以及具体的资源呈现形式。然后,由本届学生代表阐述自己对资源的需求情况,具体而言,可以说明资源内容、资源呈现形式、资源时长等要素。接下来由负责提供资源素材的学生介绍自己的作品特色、作品主要功能,由专家教师和本届课程的学生共同决定资源的具体内容。最后,在明确了具体需求并达成一致后,撰写资源开发需求文档,并提交给资源开发者组织研发。当然,如果时间紧迫的情况下,可以邀请提供资源素材的学生进行资源设计,如录制微课、演示操作实录等。

　　与传统的 ADDIE 课程设计模式相比,AID 模式主要通过用户需求驱动的方式组织课程研发,而 ADDIE 课程设计主要从课程标准出发,设计课程。前者实践性、用户需求达成性较好,后者的系统性、规范性较好。在此要指出的是,不是所有的课程都适合 AID 开发模式,当一些课程的系统性较强,且开发周期较长时,建议使用传统的 ADDIE 模式进行课程资源研发。当时间周期较短、学生需求较为迫切且需求在不断变化时,可以考虑使用 AID 模式进行课程资源研发。

　　笔者认为 AID 模式的核心理念较为上位,具有学科通用性,可以在高等教育中进行大规模应用。笔者结合 AID 模型的核心理念与特征,提出了高等教育领域通用敏捷性课程资源开发模式(如图 3.21 所示)。

　　敏捷性课程资源研发可以分为四个步骤:需求调研、组建团队、团队协作以及提交成果。每个环节的阶段性成果都会带入下一个环节中。同时要明确,敏捷性课程资源研发的前提是面向小规模、需要频繁交付的课程资源,那么敏捷迭代是必要的,设计者需要根据资源成果与用户需求的弥合度适时明确并调整新需求,重新经历多次资源研发过程。

　　在需求调研阶段,资源开发者需要统筹调研学习者关于学习资源的内容需求、形式需求、时长需求、资源设计需求以及资源的授课教师需求等。

力求将学生的需求具体化，可以尝试使用问卷调查或深度访谈的方法萃取学习者各方面真实的学习需求。

在组建团队阶段，资源开发者需要考虑如下几方面人员角色，包括：内容开发者、需求提出者、需求响应者、资源体验者和媒体开发者几个角色。其中内容开发者主要作用在于基于学习者真实学习需求，确定资源内容，包括资源内容的重点难点、内容建设逻辑、内容呈现方式等；需求提出者主要作用是在过程中不断地提出需求和建议，质疑资源建设不合理的地方；需求响应者主要指资源开发者，资源开发者在接受了需求提出者的建议后，需要与内容开发者与媒体开发者协商，确定资源内容与媒体呈现形式；资源体验者和需求提出者可以是同一类人群，如各专业学生受众。资源体验者的作用是理解资源开发的整体运行逻辑和设计逻辑，并在设计中和成果设计结束后，作为亲身体验者为资源建设情况提出建议；最后一个角色是媒体开发者，媒体开发者主要是技术人员，主要负责视频录制、剪辑、动画及虚拟仿真等技术的开发工作。该角色需要明确学习者的内容需求、媒体形式需求，从而有效规划课程建设的思路。

团队协作需要"需求提出→需求分析→方案设计→讨论修订→方案确定→研发交付"六个阶段。其中需求提出阶段主要由内容开发者、需求提出者两类成员负责，核心工作在于通过协作讨论，明确指出资源开发的具体需求；在需求分析阶段，资源建设者将整合上述需求，明确资源的内容和媒体呈现形式，确定资源开发所需要的技术人员，寻找技术人员；第三步是方案设计，在方案设计环节，需要资源开发者将需求和具体资源建设计划以文档的形式呈现出来，文档中应明确资源开发的具体需求（包括内容、形式、时长、设计样式、授课教师等方面），同时应该明确资源交付周期、资源建设思路、资源体验者和需求提出者在资源设计过程中应扮演的角色和起到的作用；在方案设计结束后，需要集合内容开发者、需求提出者、需求响应者、资源体验者和媒体开发者共同讨论方案的可行性，修改方案中可操作性不强、需求弥合度不高、导致开发效率降低的诸多要素，形成最终的需求方案；最后是研发交付,这个环节主要交给媒体开发者,即让技术人员将适切的资源进行编辑、剪辑与艺术设计,将成果呈现给学习者。

当然要注意的是,这个过程是迭代循环的,因为敏捷课程资源开发强调小步子、频繁交付。需要在过程中不断满足学生动态提出的学习需求。

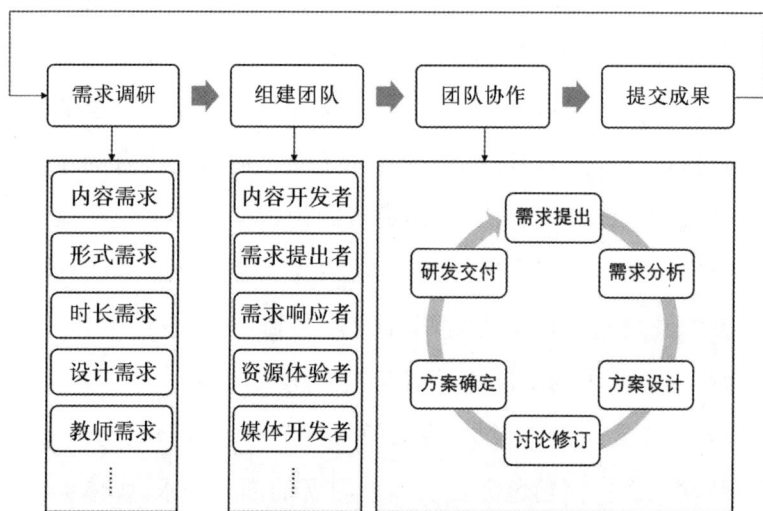

图 3.21 高等教育领域通用敏捷性课程资源开发模式

五、教学评价:打造迎合教学适变性的敏捷教学评价体系

信息技术的发展带来了高等教育教学评价的创新变革。目前,以人工智能为技术支撑的智能化学生测评使得学生多元学习表现得到很好的量化与可视化呈现。我国教育信息化行业龙头企业科大讯飞公司在《智能技术赋能教育评价》这本蓝皮书中指出,目前智能技术在教育质量检测、学校发展、在线课程评价、课堂教学评价以及学生综合素质评价五个方面有了长足的应用。

人工智能技术解决教育测评的核心目标有两个,第一个是提升测评效率,第二个是提升测评精准度。首先,高等教育中传统总结性测评,仅仅能够测量出学生对简单知识的实际解决能力,对学生复杂问题解决能力的测评并未研究深入，智能化程度并未提升。第二，高校学生人数较多这一现象导致高等教育评价仅仅停留在总结性评价，教师没有过多时间与精力投入学生过程性测评这一教学工作中。因此很多学生过程性的数据流失严重，这种宝贵数据的流失使得学生真实学习水平无法通过测评得到有效还原。高等教育想要实现学生能力的精准测评，除了智能技术加持，还应该秉持敏捷化评价理念。

　　上一小节，我们提到了敏捷这个概念，其核心在于高适变力和快速响应。由于高等教育中，不同课程、同一课程的不同课型、不同课程体系之间都存在差异，因此评价体系必须具备高适变力，即能够承受快速变化的能力；第二个是快速响应，在此情境中，快速响应可理解为评价结果应该以最快的速度反馈给教师，帮助教师进行有效的课堂教学干预，比如现如今的答题器、智慧课堂中的随堂检测功能（如图 3.22 所示）就是快速响应这一特征的最好体现。

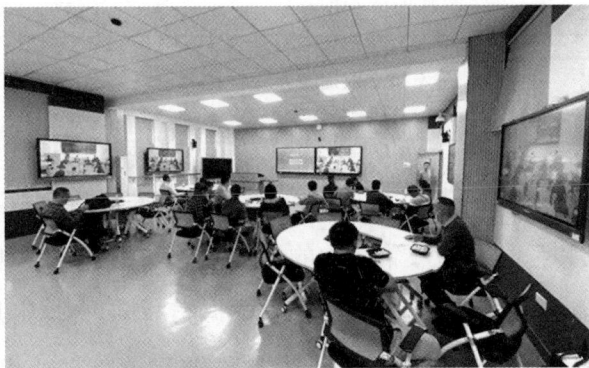

图 3.22　湖南大学智慧课堂[①]

　　当前，智能技术并不能够做到在所有高校、所有专业、所有课堂中普及，因此智能测评也无法普及。那么如何在现有条件下，整合开源技术优势，最大程度实现敏捷教学评价呢？国内相关学者也做出了创新尝试，如单俊豪

[①]　教育装备网湖南大学·创新智慧教学空间观摩研讨活动成功举办.[EB/OL].[2020 - 1 - 10].ht-tp://www.ceiea.com/cp53162/newsdetail_22970.htm.

等学者提出敏捷型学生评教这个概念,利用问卷星等工具,设计并开发了STEM教育视域下教师教学能力敏捷化测评工具(如图3.23所示)。该工具聚焦学生评教这一维度,利用学生学习体验作为切入点,设计敏捷化课堂小问卷,并经历了大规模的中小学实践论证,结果显示该敏捷性评教问卷能够有助于教师进行课堂反思,有助于测评出教师在不同课型中的教学能力。

1. 请选择4个最能描述本堂课你的学习情况的选项[多选题]		
☐ 学到很多知识	☐ 知识全部理解	☐ 知识难度能接受
☐ 课堂活动丰富	☐ 班级同学纪律好	☐ 对项目设计感兴趣
☐ 小组合作很开心	☐ 得到很多学习材料	☐ 问题得到解决
2. 如果你也有如下期待,请选择出来[多选题]		
☐ 学习有点跟不上	☐ 项目设计再有趣些	☐ 渴望更多课堂活动
☐ 想得到更多学习资料	☐ 课堂纪律再好点	☐ 需要老师多指导
☐ 期待更多小组合作	☐ 知识有些难	☐ 希望再多学一些知识

图3.23 敏捷型学生评教样例[①]

当然我们绝对不能忽略最基础的课堂评价方式:随堂小测验。教师可以借助问卷星、石墨文档、QQ群中的作业功能来进行随堂小测验。以问卷星为例,教师可以阶段性地收集学生的课堂知识掌握情况的测试数据,问卷星会给出随堂测验的实时结果,教师可以根据实时结果,决定是否要降低难度或加强教学难度与加快教学进度。如图3.24就呈现了利用问卷星得到的实时数据反馈结果。该堂课主要培养师范生利用数据进行试卷分析的能力,图中显示的是教师掌握试卷关键统计量的情况,可以发现在该堂课的学习过后,学生普遍对平均分、得分率这两个概念掌握较好,而对于推进率、分位数等概念掌握仍然较弱,需要进一步加强师范生引导与学习。

---

① 单俊豪,李笑樱,闫寒冰.敏捷型学生评教:内涵、特征定位与设计策略[J].电化教育研究,2022,43(02):102-108+128.

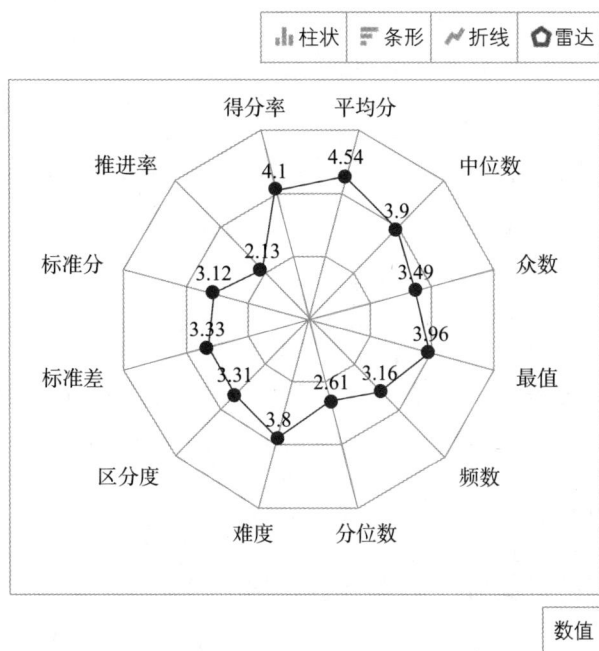

图 3.24　随堂测试问卷结果样例

综上，想要做好敏捷型教学评价，应该从学生随堂检测和学生评教两个方面入手，对问卷进行整合设计，并在适当的时间发放问卷。同时，教师也应该利用这个问卷分析学生在学习中存在的问题，重点关注学生重难点知识的掌握情况、学生的学习状态以及学生的真实课堂学习体验三个方面；教师也应该利用常态化问卷分析结果反思自己在教学中存在的问题，如在教学内容讲解、教学活动设计与实施、课堂教学管理、课堂教学问题解答、课后评价、课堂学习资源供给等方面存在的问题，从而有针对性、有根据地改变自己的教学，提升教学胜任力。

第四节　教育评价：以数据驱动教师
精准教学与科学决策

教育评价是高等教育质量提升的核心要素，也是高等教育蓬勃发展的指挥棒。传统意义上,大家对教育评价的第一印象就是对学生学习效果进行评价,其实不然。教学评价强调通过对学生、教师与学校教学阶段性的学习与教学效果进行评价,使得学生能够了解自己的学习情况,教师也能够了解自己的教学情况,学校更能够获得持续改进教学的证据,从而做出相应调整与改进。新时代的教育评价也呼唤全面的评价内容、立体的评价手段、开阔的评价思路和多样的评价技术①。

教育评价的核心是数据。在数字时代,教育数据的采集与分析工作变得更加智能。数据驱动的教育评价将呈现多模态协同、分析即时精准、干预智能等特征。高等教育顺应教育数字化转型的浪潮,在教育评价方面进行了诸多的尝试和探索。

一、数据密集型时代的教育评价观

西南大学教育学部部长朱德全教授指出:我们的教育评价正在进入第四范式,即数据密集型评价范式②。在此范式下,智能技术或理念能够有效嵌入教育评价体系中,技术的加持能够让评价的伴随性增强,实时采集、分析数据以及快速反馈分析数据结果能够使得教育评价的无损性增强;同时,数据密集型的核心在于数据的多元性,这就要求教育评价回归主体多元性的本质,即允许多元主体(如学生、教师、家长、同行等)进行评价;数据密集型评价范式也强调评价内涵的变革,传统评价关注被评价者能力或表现的判定,而不是利用评价结果促进被评价者能力及表现提升。数据密集型时代,评价范式应当走向现代化,符合教育评价的初衷:评价即发展。让被评价者在评价中获取成长与发展的依据,实现以评促学,以评促教,以评促发展。

---

① 张志华,王丽,季凯.大数据赋能新时代教育评价转型:技术逻辑、现实困境与实现路径[J].电化教育研究,2022,43(05):33-39.
② 朱德全,吴虑.大数据时代教育评价专业化何以可能:第四范式视角[J].现代远程教育研究,2019,31(06):14-21.

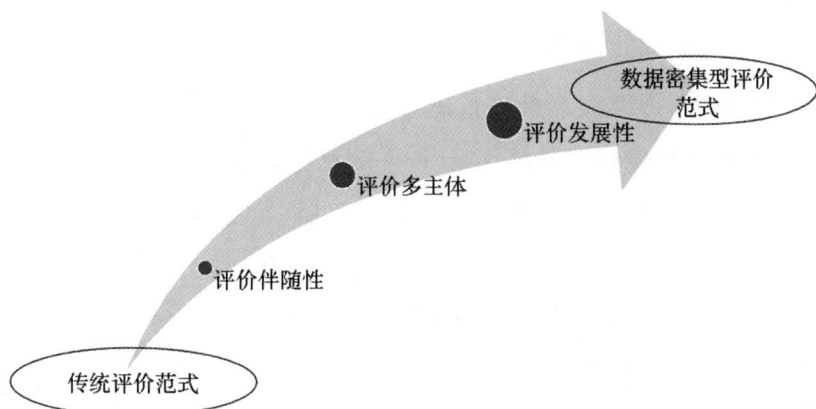

图 3.25　从传统评价范式到数据密集型评价范式

理念嬗变带来了数据密集型时代的教育评价内涵与范式变革。单俊豪（2021）提出了数据密集型时代教育评价的思维变革和策略变革路径（如图 3.26 所示）。

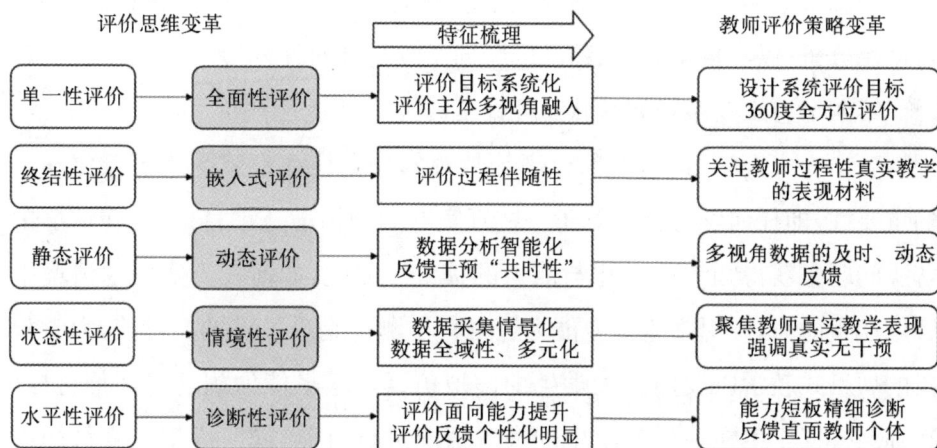

图 3.26　数据密集型时代教育评价的变革路径（单俊豪，2021）

第一个思维变革是从单一性评价转为全面性评价。在高等教育领域，评价单一化现象明显，比如学生往往采用期末纸笔测验的方式进行考核，教师往往采用科研与教学工作量来进行考核；学校往往采用升学率、就业率、高考分数线等方面进行考核。这种考核的方式可以一定程度上反映出学生、教师或学校的问题,但数据较为单一,很难全面、系统地评价相关责任主体的完全"样貌",因此全面性评价值得提倡并推广。那么何谓全面性评价呢?其核心在于评价目标系统化,这种系统化的表象是数据来源的系统化,核心在于评价主体的多视角融入,即关注不同评价主体关于被评价者的数据,例如 360 度评价就是一种最经典的系统性评价方式。

第二个思维变革是从终结性评价转为嵌入式评价。这个理念的核心在于评价过程的伴随性,强调利用信息技术手段,将学生、教师和学校发展过程中的数据进行适时采集,并对过程性的数据进行分析与刻画,形成不同被评价主体的过程性能力或水平发展画像。例如,利用智能课堂分析技术实现学生课堂学习状态的动态抓取、分析与统计,生成阶段性学生群体学习状态变化图(如图 3.27 下方所示)。

第三个思维变革是强调从静态评价转变为动态评价。这一理念的内涵在于动态采集能够有效表征各被评价主体能力与水平的多元化数据,并进行动态分析,以实现实时的、精准的靶向干预与针对性发展。

第四个思维变革强调从状态性评价转变为情境性评价。这一点相对难理解。作为成人学习者,大部分高等教育的学生往往都感受到情景化学习的重要性,即任何学习都要基于一些真实的问题情境或项目情境,在情境中解决问题来获得知识的内化与能力的提升。因此,如何在真实问题情境中锻炼学生能力,并对学生专业能力进行科学测量是最关键的。目前,大学阶段的项目式教学以及面向大学生的虚拟仿真实验最能做到这一评价目标。教师会根据学生在项目学习中的表现情况进行打分,同时虚拟仿真系统也可以根据学生在仿真实验中的操作和表现情况进行智能化测评。

第五个思维变革强调从水平性评价转变为诊断性评价。什么是诊断性评价呢?笔者认为其强调以诊断学生、教师和学校发展过程中的薄弱环节为核心目标,精准定位问题、靶向干预与适性提升是诊断性评价的核心要义。那么,数据密集型时代的诊断性评价则强调"评价即发展",即教育评价的目标在于让相关利益群体的能力或水平得到提升，而不是给这些群体下定论（如表现好或表现不好）。

图 3.27　智能课堂学生学习行为分析可视化界面①

二、技术赋能高等教育评价的场景

数字时代，智能技术赋能高等教育的领域呈现多样态、系统化发展的态势。课堂教学情况、学生学习情况、教师教学水平、学校发展指数评价等方面都有智能技术的加持。本研究围绕高等教育领域最关注的四个评价议题：课堂教学智能测评、学生专业能力测评、教师教学能力测评以及学校发展指数测评四个方面开展案例介绍，并对其核心技术进行适当引介。

（一）面向课堂教学

2023 年南京国际教育装备及科教技术展览会胜利召开。会上诸多教育科技公司，诸如科大讯飞、华为等纷纷展示了其最新研发的智能教育装备。

———————————

① 燧机科技. ai 课堂行为分析系统.［EB/OL］.［2023 - 7 - 12］.http://news.sohu.com/a/696047899_121396599.

所有教育装备覆盖了所有学段,大部分教育装备聚焦于服务课堂教学,为提升课堂教学效率,高效诊断课堂教学效果提供了创新的技术实现视角。其中,希沃(SeeWo)公司提出了智慧课堂解决方案(概念图如图3.28所示)。学生置身于智慧教室中,教师可以利用智能终端向学生端发送随堂测试或随堂问卷,智能交互录播系统也能够采集并分析学生的课堂数据,实现课堂报告的即时生成。教师可以随时了解学生的学习状态和学习成果,从而进行针对性的教学调整。在课程结束后,会生成面向本堂课的专属课堂分析报告,供学生和教师进行查阅。在这个过程中,智能人脸表情识别、动作识别、语音识别等人工智能技术根据课堂分析需求,被有机整合到了智慧课堂解决方案中,以实现相应分析功能。

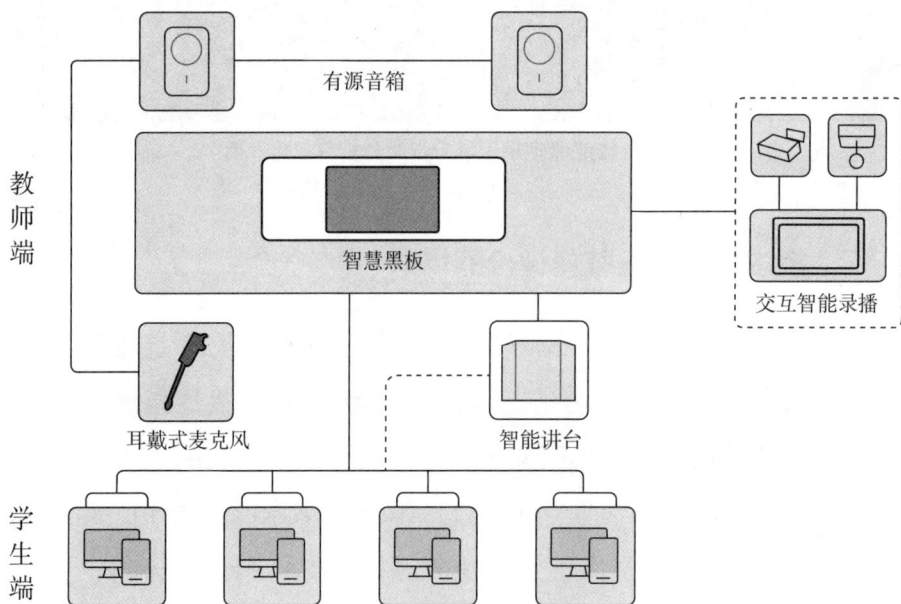

图 3.28　希沃智慧课堂概念图①

人工智能技术的加持使得对于课堂教学行为的分析越发细致。很多大

① 希沃.高职教六大情境方案.[EB/OL].[2023-8-14].https://www.seewo.com/solution/high-ereducation.

学都采购了课堂智能分析系统，分析系统可以根据班级学生选课情况进行出勤率的精准统计；同时，系统可以根据学生的课堂学习行为计算抬头率、前排就座率、并对趴桌、向后看、站立、玩手机等消极课堂行为以及举手等积极课堂行为进行识别与统计。同时，该系统可以保存每一堂课的分析结果，并对一个教学周期的情况进行汇总，并通过 AI 智能分析的方式进行总结与比较。

在这个过程中，人工智能技术中的人脸识别、动作识别、语音识别和情感识别等技术是不可或缺的。这也正是技术赋能课堂教学评价的典型案例。当然，在这个过程中，教育伦理问题备受关注。技术应用在课堂教学过程中必然会采集学生的隐私性数据，比如上课表情、人脸特征、学习动作等，这些数据一旦泄露或被滥用，则会造成较为恶劣的后果。在后续章节中，本书将进一步探讨技术赋能教育过程中存在的伦理问题及应对之法。

（二）面向学生专业能力

对于大学生专业能力的测评是智能技术赋能高等教育最重要的研究领域。传统大学生的专业水平到底能不能胜任工作岗位的需求？在高等教育发展初期，这个问题的答案可以通过学生绩点、学生工作经历情况来粗略判断。再到后来，通过学生在学期间做过的代表性作品来判定学生专业能力。至今，很多智能化设备可以快速测评出学生的专业能力，如英语口语、写作能力，又如某一门专业课的核心技能。

那么，智能技术到底能够测评出学生哪些方面能力呢？2022 年华东师范大学顾小清教授团队主编的《智能教育蓝皮书》中将人工智能技术赋能教育评价分为了四个场景：包括英文短文批改、英语口语测评、试卷批阅以及课堂教学质量评价（如图 3.30 所示）。那么面向学生能力测评的场景则包括了英语短文批改、英语口语测评、试卷批阅三个领域。当然，虚拟仿真技术和虚拟现实技术也能够有效地创设虚拟现实情境来测评大学生专业能力。因此，本节将从英语短文批改、英语口语测评、试卷批阅以及虚拟仿真与虚拟现实技术支持情景化测评四个方面进行叙述。

教育评价场景	相关工具	主要功能
英语短文批改	E-rater、TextEvaluter	自动评阅英语短文，检查语法错误
英语口语测评	听说智能测试系统	口语测评
批阅试卷	智能阅卷系统	自动化阅卷
课堂教学质量评价	智能课堂评价系统	统计出勤率、听课率等

图 3.29　人工智能赋能教育评价的四个场景

首先是英语短文批改，国内最常见的英语批改网站当属批改网。批改网是利用人工智能技术（如智能文本识别、自然语言处理等技术）实现的英文作文自动批改的平台。其官网介绍，批改网的原理是通过比对学生作品和其标准英文语料库之间的距离，并通过适切的算法将其映射成分数和对应的文字点评。截至 2018 年，批改网已经累计批改作文近 4 亿篇。国内顶尖学府如清华大学、南京大学、复旦大学都是用批改网进行本科和研究生阶段的英语读写教学，其提供的形成性评估模式提升了大学生的自主学习能力；同时教师也能够收获班级学生英语写作水平的反馈，辅助教师进行英语教学，提高教师工作效率[①]。

从批改网的功能上来看，该平台的主要功能是实现英语作文的智能打分、修改和润色。学生将写好的英文作文提交上去，系统会自动生成作文的得分，并从词汇、句子、篇章结构和内容相关四个维度进行综合评价。此外，系统会结合学生在四个维度的表现情况，给出简短的中文评语。同时，系统会智能地对用户提交作文的每一个句子进行错误提示，如语法错误、词性错误、拼写错误等。

第二个是英语口语测评。目前国内外有诸多智能口语测评系统能够支持大学生口语能力的智能诊断与提升。如云知声公司提出了"AI＋教育"解决方案，其中包括了学生中英文口语评测技术，这项技术主要基于智能语音分析技术，以学习者的音素为粒度，对其发音的准确度、完整度、流利度、重音、实际发音对应的音标等维度进行全方位评测，并能对发音情况进行错误

---

① 批改网.TA 们在用.［EB/OL］.［2023－8－15］.https://www.pigai.org/index.php? c＝us.

图 3.30　批改网截图

定位、纠错及分析，客观反映学习者的口语水平。从技术视角看，该测评系统采用了人工智能领域中较为前沿的声学技术，系统能够准确分析出学习者发音的准确度、流利度和完整度等多个维度的情况，同时也可以在重音、连读、省读、逻辑重读等影响发音流畅的细节上做出针对性的检测[①]。目前，该系统的英语口语测评的云端调用量已经跃居全国第一，并在中文口语能力检测研究中持续发力。目前已经支持跟读测评、模仿测评、口头作文测评、半开放题测评、英语识别与测评、中文识别与测评、重读/连读测评以及选择题测评等多种题型的评价工作。

---

① 云知声."AI＋教育"，中英文口语评测技术 为教育赋能-云知声 AI 开放平台［EB/OL］.
　［2022－8－3］.https://www.unisound.com/open/20.html.

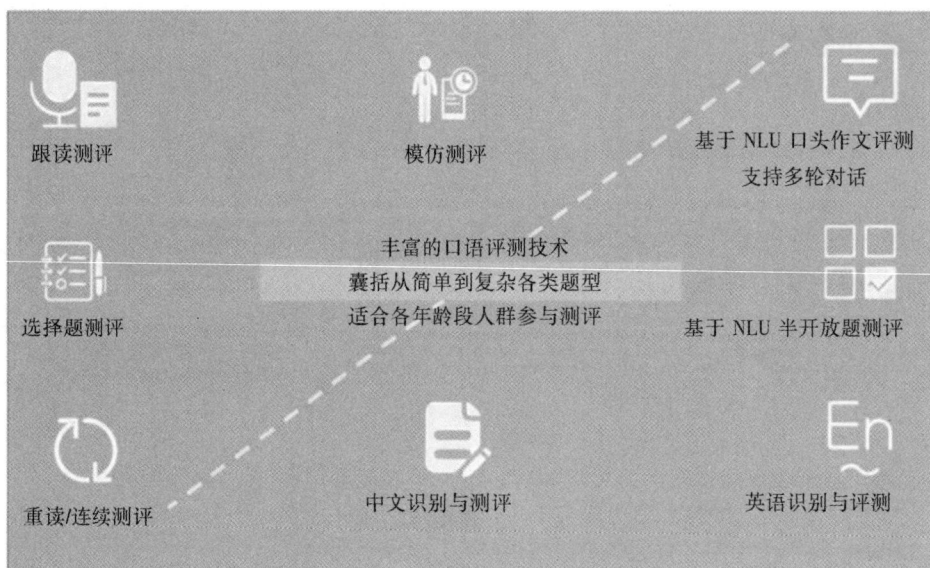

图 3.31　云知声提供的口语测评题型

　　通过上述工具可以看出,国内口语测评技术已经能够支持学生的中文和英文口语水平测试与提升。这也为学生日常有目的地锻炼口语技能提供了非常好的帮助。

　　第三项是智能阅卷系统,目前这一项技术在中考、高考、四六级考试和考研考试中应用较多。其核心功能在于运用图像识别、灰度跟踪、坐标定位等技术明确学生涂卡的位置,从而与标准答案的涂卡区域进行比对,进行客观题的评分。主观题评分多采用人工评分的方式,即两位评分者共同批阅一道题目,如分数相差较大,则启动第三位评阅人进行评审。当然,科大讯飞公司已经成功研发出主观题的智能批阅功能,该项功能定位于基础教育领域,能够分析出学生理科计算题、解答题以及文科阅读题目的答题准确性,并根据标准答案的给分点智能打分。这项技术在高等教育领域应用不是特别广,原因在于在高校日常教学中,鲜有常态化的大规模考试,现有授课教师足以应对试卷批改工作,因此不需要耗费大量财力去购买相关智能阅卷设备。

第四项是虚拟仿真与虚拟现实技术支持情景化测评。这一项技术在职业教育培训领域应用广泛。比如模拟航天飞行、模拟高危险性操作环境、模拟演讲等。虚拟仿真和虚拟现实技术支持的情景化测评的核心在于将真实生活或问题情境通过技术手段复刻出来。从而为学生提供身临其境的感觉，在学生具有高度临场感的时候，就能够真实地表现出工作情境中的相关能力。以下举几个真实的例子供读者学习。

首先是学生演讲能力培养方面。演讲能力一直是大学生的必备技能之一。HTC 公司近年来一直致力于虚拟现实技术的研发工作。其在近年推出的虚拟现实系统 Ovation 公共演讲模拟器，能够创设大规模演讲场景，学生作为演讲者对台下的虚拟观众发表即兴演讲（如图 3.32 所示）。在演讲过程中，Ovation 能够实时监控学生的演讲行为，并提供及时指导，帮助学生克服演讲障碍。同时，该系统能够结合 HTC 研发的 VR 硬件设备 HTC VIVE EYE，通过对学生演讲过程中的眼球运动追踪、注意力及聚焦的追踪分析，为学习者提供演讲能力的智能分析与测评工作。该项技术主要通过捕捉演讲者在虚拟环境中的目光聚焦时间、眼神方位变化、眼动速度、眨眼

图 3.32 Ovation 演讲模拟器界面①

---

① HTC VIVE.借力虚拟现实，克服演讲焦虑.[EB/OL].[2023-8-18]. https://business.vive.com/cn/stories/vive-eye-tracking-ovation-vr/.

率等信息,从而运用多模态数据进行演讲能力的测评。图 3.33 呈现了学习者在演讲过程中眼神聚焦位置情况的热力图。同时,系统也会结合实时的学习者眼动数据分析,并针对分析结果动态调整台下观众的表情反馈,助力学生与虚拟观众的有效互动,从而提升学生与观众的眼神与言语互动能力。

图 3.33　学习者演讲过程的眼神聚焦位置热力图

第二个应用场景案例是飞行员训练。BAA Training 是一家全能型航空培训公司,深受全球行业领导者的信赖。该公司为飞行员提供了多样化的培训服务和定制的解决方案,其中就包括 VR 驾驶舱模拟器。该模拟器能够将真实驾驶舱中的环境、操作面板高度还原出来。飞行员只需要戴好 VR 眼镜,启动程序就可以以飞行员的视角沉浸在驾驶训练情境中。用户可以通过操控 HTC VIVE 手柄中的按钮,调整虚拟驾驶舱中的按键,实现模拟飞天。该软件已经在飞行员培训中应用广泛,同时也能够根据飞行员的实时操作步骤进行反馈与评价,从而帮助飞行员适时调整操作,锻炼其飞行操作能力和临场应变能力。该系统已经成功应用在飞行员培训训练中,培训结果显示出该培训系统能够有效锻炼飞行员专业能力,节省了必要的时间、人力和物料成本[①]。

---

① HTC VIVE. HTC VIVE × BAA Training × VRpilot 助力飞行员培训.[EB/OL].[2023 - 7 - 29]. https://business. vive. com/cn/stories/baa-trains-the-pilots-of-tomorrow-with-vrpilot-and-htc-vive/.

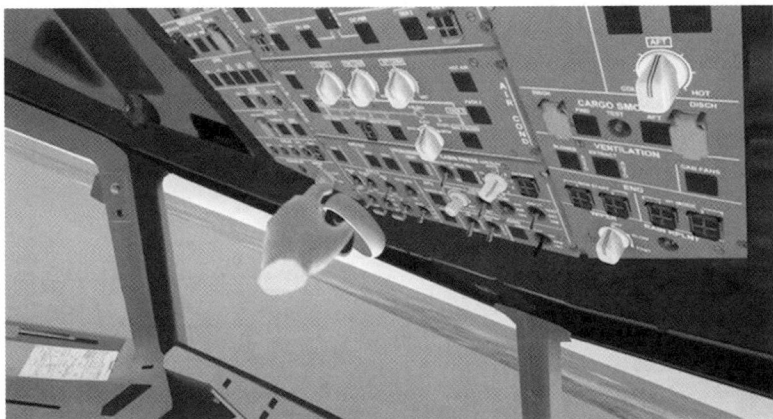

图 3.34 模拟驾驶舱情景

第三个是面向不同专业学科能力的虚拟仿真评价系统。多数理工类学科和医学类学科都需要学生掌握一些实践操作能力，这些能力获得大多数情况需要亲临真实操作环境（如手术室、高温车间等）。出于人身安全以及可重复性较弱等方面考量，不能为学生常态化提供这些实践环境。因此虚拟仿真实验为解决这类问题提供了一个新的思路，学生可以在虚拟场景中锻炼基本的操作实践能力。在上文中我们提到了国家正在大力推进高等教育领域的虚拟仿真实验课程项目的建设。以医学为例，武汉科技大学开发了一套面向上消化道出血的诊治流程的虚拟仿真实验系统。该系统整合了视频类型的理论教学，同时也提供了真实的床边教学视频，帮助学生提升临床诊治能力。最重要的是，该系统提供了完整的上消化道出血诊治的规范化数字学习路径。通过"病史采集—评估—紧急处置—病因诊断及治疗—操作评价"五个环节，让学生对如何诊治上消化道出血这一病症有很好的理论和实践认知。图 3.35 是病史采集阶段的操作截图。学习者可以点击右侧问题，在左侧病人旁边的白色区域会实时显示出患者的回答。

在病因诊断及治疗环节，学习者可以通过与虚拟仿真系统中的相关学习任务进行互动，从而在系统的学习引导下逐步完成学习和实践任务。如图 3.36 所示，当用户紧急处置完患者后，就需要对患者的检查结果进行分析，确定病因。

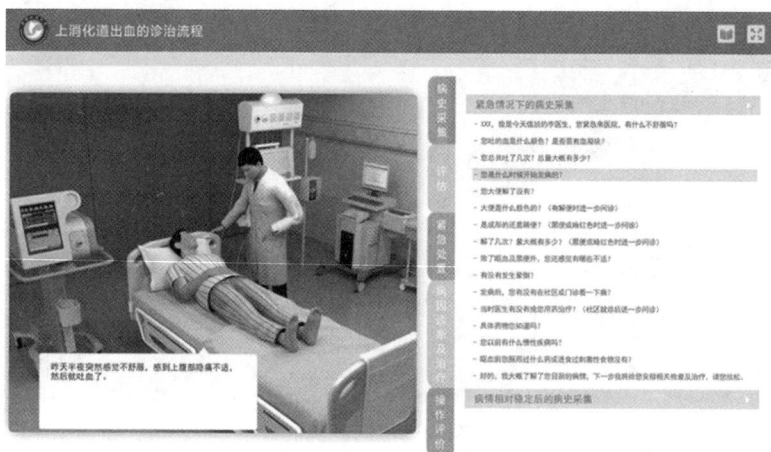

图 3.35　病史采集环节的操作界面

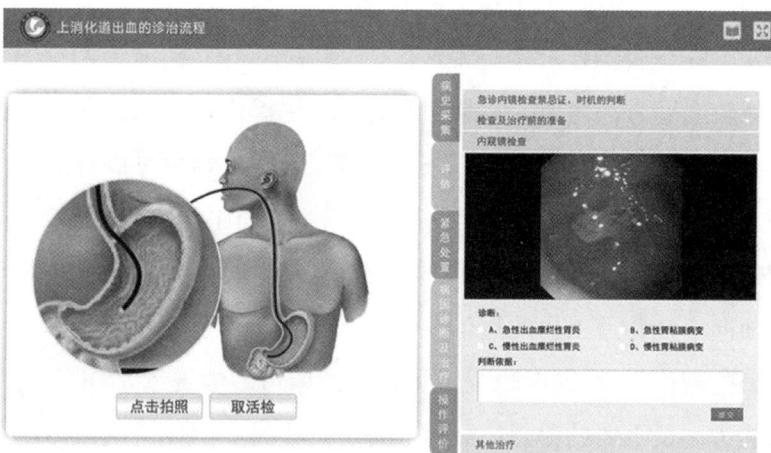

图 3.36　病因诊断及治疗操作界面

　　在完成学习后，系统会根据学生过程性的操作情况和答题情况，给学生的学习表现进行评价打分。图 3.37 显示的是该虚拟仿真实验学习评价界面，该学习系统共从紧急处置、其他处置、禁忌证、时机判断及内窥镜检查五个方面评价学生。值得注意的是，该系统并不是只根据学生的答题情况进行打分，还会根据学生真实情景中的选择与交互操作情况进行分析与打分。

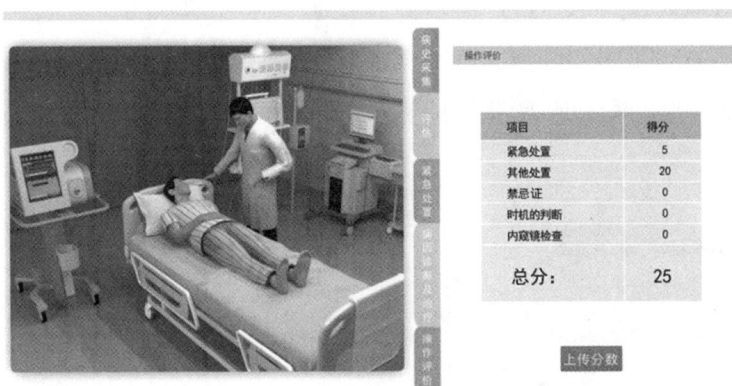

图 3.37　虚拟仿真系统评价结果界面

数字时代，面向学生能力的教育评价整体上呈现出评价数据多元化、评价情境真实化、评价结果反馈即时化等特征。同时，上述诸多案例提供的评价结果所带来的信息价值远远超过了纸笔测验的价值本身。数字时代面向大学生能力提升的评价系统将会在人工智能技术的持续赋能下，继续往精准测评方向发展，即在不干扰学生学习过程的同时，满足评价的即时性诉求。

（三）面向教师教学能力的评价

目前高校教师专业能力评价体系相对形式化，更多以领导听评课的方式来进行教师专业教学能力的评价。同时，一些教育信息化发展强势的高校也会引进智慧课堂，辅助分析教师的教学行为。

1. 基于移动听评课的教师评价

听评课是对课堂进行观察、评价和研究的一系列活动的总称[①]（崔允漷，2012）。移动听评课则强调用智能移动终端，对教师的教学情况进行实时或异步的点评活动。目前，各大高校陆续引入智慧教室录播系统，学校领导和学校教学督导可以随时点开某一间正在上课的教室进行远程督导，聆听教师上课，并对其教学情况进行教学点评。图 3.38 是教师端收到的教学督导

---

① 崔允漷.论课堂观察 LICC 范式：一种专业的听评课[J].教育研究,2012,33(05)：79-83.

授课建议。通过这种听评课的方式,督导能够实时、远程地监控学校教师的教学情况,减少了时间和空间的浪费。同时,教师也不会因为有督导在学校听课从而产生上课局促,紧张等感觉。

图3.38 高校教师收到的听课建议

听评课并不是一个简单的过程,需要经历课前准备、课中观察和课后交流反思三个阶段(如图3.39所示)。在课前准备阶段,督导组需要制定听课记录表。听课记录表的核心是告诉督导专家从哪些角度评价教师的教学。一般而言,听课记录表包含了教师教学设计、教学实施和课堂教学评价等一级维度。围绕每一个一级维度,可以细分为讲授启发、总结提升、技能训练、实验操作、方法习得等二级维度。闫寒冰等(2022)[①]也指出,围绕信息化课堂教学,为了迎合不同课堂在教学内容、教学活动、课型方面的差异性,可以

---

① 闫寒冰,林梓柔,汤猛.关注差异的信息化教学课堂评价指标设计与应用[J].电化教育研究,2022,43(08):92-100.

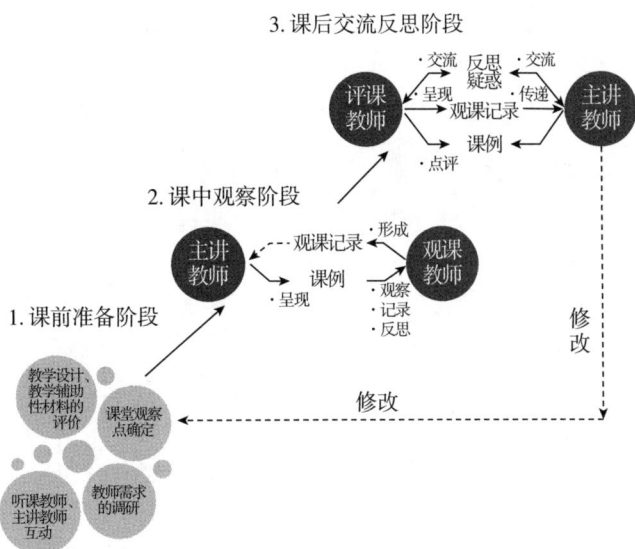

图 3.39 听评课三阶段示意图[①]（朱珊珊，2019）

考虑设计统一指标和特色指标，来保证在课堂差异客观存在的情况下，能够尽可能还原教师课堂教学的真实情况。

第二步是课堂观察阶段，督导可以结合听课记录表的关键点进行远程听课，当然督导听课可能不是一次，也不止一位，为了进一步还原被听课教师的教学能力，系统开设了弹幕功能，允许教师在教师教学的某个关键节点发送实时弹幕，并利用教学特色打点等功能，从而在听课结束后，帮助教师了解这堂课的优势和不足。

第三步是课后交流与反思阶段。有了上述在线听评课功能的加持，教师可以在课后通过弹幕汇总和听课记录等数据，发现自己教学过程中的问题，从而和督导进行有针对性的交流。在这个过程中，教师和督导可以通过移动听评课平台进行远程同步交流，或者远程异步交流。督导结合听评课数据分析结果提出针对性建议，教师进行回应，并提出后续课堂教学优化方案。

---

① 朱珊珊. 精准教研取向下听评课在线支持体系研究[D].华东师范大学，2019.

当然,最新研究也将人工智能技术中的自然语言处理技术应用到听评课文本分析中,实现对教师信息化教学微能力的评价。如林梓柔等(2023)[①]基于预训练的深度学习模型对 16 371 条信息化课堂评课文本进行分析,从而对 13 项教师信息化教学微能力进行精准评价(如图 3.40 所示)。其中涵盖了教师学情分析、教学设计、学法指导和学业评价四个板块的微能力。在

编号	能力维度	微能力点	评课文本示例
A1	学情分析	技术支持的学情分析	可以尝试使用可视化图表分析学生的成绩,对于了解重难点掌握情况很有用
A2	教学设计	教学资源设计	演示文稿用了太多动画,容易转移学生注意力
A3		学习过程设计	教学环节过渡自然,过程由浅入深,方法灵活多样
A4		学习活动设计	多个任务间缺乏有效衔接,学生完成任务有难度
A5	学法指导	技术支持的课堂导入	导入问题的小游戏偏难,学生容易从这里开始跟不上
A6		技术支持的课堂讲授	重点讲解的时候用思维导图辅助,值得学习
A7		技术支持的总结与提升	用时间轴的动画梳理了两个历史事件的脉络,能够帮助学生更清楚地认识两者的区别
A8		技术支持的方法指导	建议学生提供问卷星平台开展问卷调查,能够体验完整的调研过程和方法
A9		技术支持的小组学习	有一组学生在讨论中闲聊,教师可以提供计时器限制
A10		技术支持的展示交流	可以用 UMU 支持分享学生的作品
A11	学业评价	评价量规设计与应用	概念图是学生进行反思评价的有效工具,做法值得学习
A12		评价数据的伴随性采集	教师能够对学生的讨论进行观测记录,这个过程性数据的收集很好
A13		数据可视化呈现与解读	利用课堂小工具直观反馈比分从而激发学生兴趣

图 3.40　13 项教师信息化教学微能力展示

① 林梓柔,闫寒冰.基于预训练的教师信息化教学微能力自动识别研究[J].电化教育研究,2023,44(03):115-121.

研究过程中，研究者首先提取了移动听评课系统中的评课文本数据，对数据进行人工标注和预处理，然后放入预训练模型中进行训练，再通过数据集爬取、嵌入设计、任务训练、调优等方式，对微能力进行分类和评价，研究流程如图 3.41 所示。

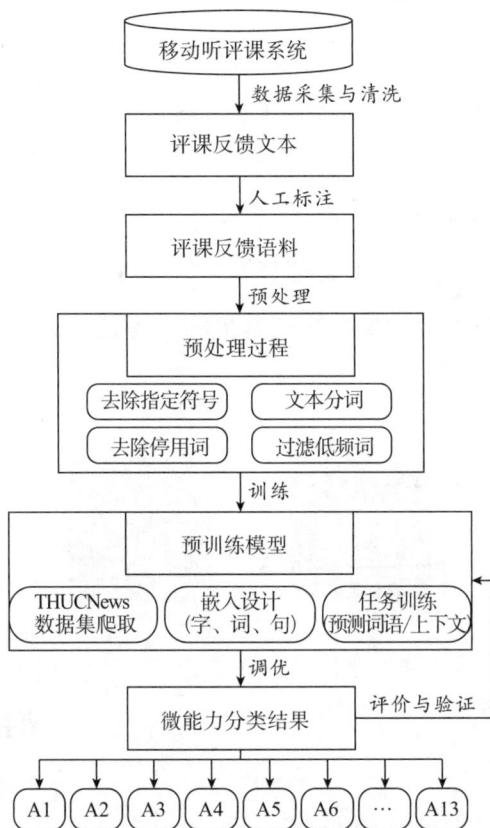

图 3.41 基于预训练的教师信息化教学微能力评价过程

研究结果显示，这种方法能够有效通过听评课文本实现对教师信息化教学能力的精准分类，同时也能够对评价专家评课文本中的信息进行智能信息萃取，实现对于教师能力的精准诊断与测评。

2. 教师课堂教学分析

教师课堂教学分析是在课堂教学中，根据课堂教学理论和教学规律，运用观察的手段收集课堂教学过程的事实性材料，对教师行为及其行为所导致的结果做出价值判断的过程①。当前智能语音识别、智能图像识别、智能文本分析等技术已经成功应用到教师课堂教学的智能分析中。例如,广凌智慧教室融合中台推出智慧教室融合管理平台,用于支持高校教育信息化建设。该平台能够实现课堂录播管理、考勤管理、学情分析、教学巡视等功能。在教师课堂教学分析模块,该公司能够实现对教师和学生行为的多元分析,例如学生课堂学习行为(如举手、趴桌子、书写、站立等行为),又能够对教师的课堂行为(如提问、讲授等)进行提取与分析。在采集完师生行为后,平台会自动给出课堂教学评价的结果,对教师与学生行为进行实时分析,发现课堂教学问题,并为教师提供实时预警。同时,课堂教学分析报告也能够为教师教学改进与评价教师教学行为带来充分证据。如课堂氛围相对沉闷,说明教师教学中并未关注到学生的学习情况,无法有效调动学生的学习积极性。

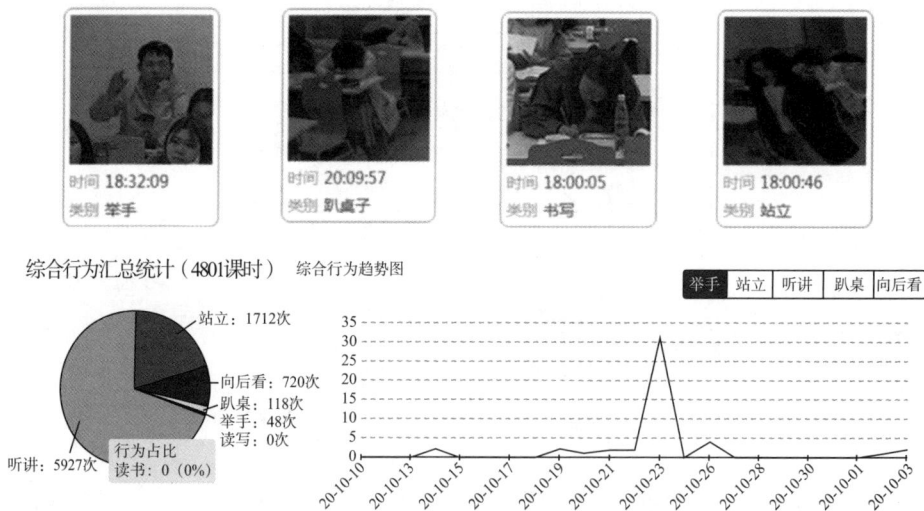

图 3.42 广凌智慧教室融合中台智能课堂分析报告

---

① Gardner H E. Intelligence Reframed: Multiple Intelligences for the 21st Century[M]. Hachette UK, 2000.

|第四章|

伦理规范:数字技术驱动高等教育
变革的风险与防范

　　随着新一轮科技革命和产业变革的深入发展,数字化浪潮奔涌而来,逐渐改变着人们生产生活的方式,主导着人们的实践活动,高等教育也在数字技术的驱动下产生了巨大的变革。高等教育在数字技术的巨大潜力中迎来了新的发展机遇,但同时也面临着诸多的风险与挑战。从技术伦理危机,到高校数字技术应用的具体风险,再到协同引导帮助高校应对挑战,都需寻找应对之道。首先,我们将从上位层面探讨高等教育领域的技术伦理问题。主要聚焦于四大维度:本体论维度、认识论维度、方法论维度和价值论维度,对人机关系、人的异化、数据安全、知识产权、教师角色等潜在风险及其治理路径进行分析。其次,我们将研究高校数字技术各个应用环节过程中的隐忧与治理。数字技术广泛投入应用以来,高校技术应用失范事件频发,在技术开发、专利转化、应用推广等多个环节都存在一定的风险挑战,因而如何消除隐忧,如何引导技术向善是我们讨论的主要问题。最后,探讨高校面对这些挑战的具体举措,探索技术浪潮下应用伦理的规范与建构。为了对高校数字技术教育应用过程中的伦理失范事件进行有效防范,社会各界应当合力规范并建构合理的应用规则,形成共同引导。

第一节　机遇或挑战：技术变革下的教育伦理危机

人工智能在教育领域的创新性应用，也冲击和改变了整个教育系统生态和教育秩序，尤其是教育文化、教育中的人伦关系、教育结构和教育价值等诸多方面。由此，也产生了一系列伦理问题，如削弱教师地位、侵犯学生自由、加大教育不平等、对教育正向价值的压制、对教育育人价值的僭越、教育对人工智能的依附等等。在狂热追求人工智能之时，我们应冷静思考在新时代背景下教育变革将面临何种新的风险？又该如何规避这些教育风险？唯有妥善解决这些问题，方可确保人工智能与教育进行理性的、科学的、安全的、深度的融合①。本章节内容将从上位层面谈高等教育领域的技术伦理问题，包括人机关系、人的异化、数据安全、知识产权、教师角色等潜在风险，以及对应的积极措施和治理路径，以期构建人与技术和谐共处的未来图景。

一、本体论维度：教育主体与教学技术本质追问

随着智能技术的推进，人是什么、机器是什么、教育场域中教育主体是什么、教学技术本质是什么成为绕不开的追问。为厘清教育中人与技术的本质关系，首先将从本体论维度对教育主体和教学技术的关系及存在问题进行剖析。

（一）关系解构：教育中"人-技术"关系异化

"异化"一词来源于拉丁语 alienatio，原意是让渡、疏远、脱离等。最早在神学中使用，用来表示信徒疏远上帝。后来逐渐应用到政治学领域和社会学领域。马克思认为，异化是人类在发展过程中创造的物质的或精神的东

---

① 吴河江，涂艳国，谭轹纱.人工智能时代的教育风险及其规避[J].现代教育技术，2020，30（04）：18-24.

西,它成为异己的存在力量,并反过来控制、奴役人类自身①。

纵观人类文明发展史,人与技术的演变关系经历了三个阶段,从古代手工时期的融为一体、到近代机器时期人与技术的分离,再到高新技术时期人与技术的结合,科学技术作为第一生产力,极大地促进了人类物质文化水平的提高,提高了人们改造自然的能力。然而,任何事物发展都具有两面性,人们对技术越来越依赖,不合理的技术使用导致人的异化现象,人类创造的物质文化产品成为外在的异化力量,反过来制约人们的生存发展,控制和弱化人们的活动。工业革命以来随着科技进步对生产力发展和社会进步愈发深刻的影响,所带来的人们对科学技术的过度崇拜、对技术实用性和工具性的过分偏重、对科技力量的过度依赖和效率至上、结果至上等技术化思维的广泛存在和应用,导致技术理性的盛行。技术被普遍认为是实现某种目的的工具或手段,此时的技术是作为被利用、被控制、没有主观能动性的人造物,实用和效率是工具理性的价值尺度。在此种价值观下,利益驱动人们强调技术的目的性和实用性,漠视人的情感需求和精神价值,难免引发人的异化和物化。然而,现代技术从被动的客体存在逐渐进化为自主行动的拟主体存在。在机器经历从"个体形态"到"主体形态"的演化中,人与技术之间从松散耦合关系发展为主客体倒置,技术物表现出更多的自动性、主体性和智能性。当机器拟人化、人类机器化等极端现象发展到一定程度时,"人—技术"关系又重新被检视,人们需要反思人和机器的合理关系应是如何,究竟人主宰了技术,还是技术驯化了人。马克思的异化劳动理论揭示了工业发展对人性的反作用,人的劳动生产及其产品反过来变成了奴役人的异己力量,从而造成人的片面发展②。

随着智能技术的飞速提升,技术的自主性愈发明显,被技术高度物化的

① 闫坤如.人工智能技术异化及其本质探源[J].上海师范大学学报(哲学社会科学版),2020,49(03):100-107.
② 孙田琳子.人工智能教育中"人—技术"关系博弈与建构——从反向驯化到技术调解[J].开放教育研究,2021,27(06):37-43.

人们也开始出现"机器化""非人化"的发展趋势,逐渐开始颠倒本原单向的人技关系。人工智能在教育中的应用所带来的技术异化,突出地表现为一种本末倒置现象,即使用人工智能成为目的,人成为实现人工智能的手段。这种技术悖论也存在于教育场域,教育主体与教学技术之间常常会形成支配与被支配的关系。人工智能的教育应用,会造成人对人工智能的过分依赖,致使人的各方面智能下降,当人将感知、推理、决策等智能都交给人工智能,人在感知、推理、决策方面的能力施展机会必然减少,结果最终导致人的智能下降。换言之,人对技术的过度依赖将导致机器越来越聪明,而人却越来越"笨",逐渐失去独立思考的能力和批判性思维。

教学技术既影响教育主体追求的目的,反过来也影响教学生活和使用技术的人,产生违背技术目的的后果。工具主义教育观桎梏于"知识本位"的传统思维,将教育目标与价值生生剥离,用标准化、程序化、统一化的模式和方法培养学生,无异于把学生视为车间流水线上统一规格的"产品",忽视培育过程中的情感投入与人文关怀,难以满足新时代多元化人才培养需求。在此价值取向下,教育难免培养出千篇一律、像机器一样的人,这显然背离了育人初衷。因此,教育者应加强培育过程中的情感投入与人文关怀,避免数据主义思维下教育模式的同质化和程序化发展,进而导致"重分数轻素养,重结果轻过程"的人才培养误区,这显然不满足当下新时代人才培养需求。正所谓,造出像人一样的机器并不可怕,可怕的是培养出像机器一样的人。教育的本质是人,不管技术如何进步,永远都是为人服务,不能反其道而行之。这是技术伦理要坚守的根本原则。基于此,在智能时代的起点,就要强调和强化人的主体性地位,以人为本,以人为先,让技术在一定的伦理范畴内演进,避免技术对人的规制和奴役①。

(二)角色建构:技术冲击下教师角色转向

近年来,人工智能应用的深化与泛化引发了"机器替代人"的恐慌,越来

---

① 王嘉毅,鲁子箫.规避伦理风险:智能时代教育回归原点的中国智慧[J].教育研究,2020,41(02):47-60.

越多的职业正逐步被智能机器取代。不论是超市的收银员，还是工厂车间的工人，都随着技术的发展逐渐被机械化、智能化的技术产品所取代，劳动力市场结构发生颠覆性的变化，这场职业取代风波涉及各个行业，部分可标准化、可程序化、重复性高的劳动工作将被逐步替代，要想完成特定的工作，使用技术比用人的成本要低得多、效率要高得多。特别是近年来，像Chat-GPT、DeepSeek等生成式人工智能的热潮来袭给教育领域也带来不少冲击。生成式人工智能（Generative Artificial Intelligence）是一种特定类型的人工智能，它可以通过人工智能相关技术，自动化生成文本、图像、视频、音频等多模态数据。因此，生成式人工智能在知识转化、资源生成、自动交流方面具有独到优势，它和其他人工智能则有可能淘汰提供一般性知识服务的岗位，替代那些教育程度较高、技能较强，同时薪酬水平也较高的职业。ChatGPT、DeepSeek通过深度学习，可以对文本中的上下文信息进行理解和处理，从而生成更加连贯、合理的文本。在教育领域中，生成式人工智能可以实现文字创作、资料链接、文稿生成、问答、翻译等功能，它的高效性和智能性为教育知识的原创性带来不小冲击。

反观教育领域，很多人开始思考人工智能是否有一天也会取代"教师"这个职业。诚然，教育领域的技术应用带来了很多教学模式的变革，技术促进下的教育活动变得更高效，智能教学技术在知识获取、知识传递等复制性教学工作方面表现出色，智能检索和大数据技术让个性化教学、精准教学成为可能，不仅进一步挖掘了学生的天赋，还减轻了教师的工作负担。在智能时代，学生获取知识的渠道更宽更广，高速的搜索引擎能随时为学生提供海量的学科知识，还可以根据学生的学习情况给出针对性的意见，进行自动批阅、学习评价和资源推荐。和智能技术相比，教师在知识储备、教学技能、认知容量、工作精力等方面显得捉襟见肘，答疑解惑、推荐资源、传递知识、学习记录等这些重复性的工作在一点点消耗教师的精力和时间，技术赋能下的教育活动虽然给教师带来了不少便利，但同时也给教师的权威角色带来新的挑战。教师在回复速度、知识储备等方面都不及机器人反应迅速和准确,学生如果在学习中遇到疑难问题一般会第一时间去上网搜索,而不是去询问老师,可见,教师的主体地位受到威胁。这些挑战消解了教师作为知识权威、教学主体的地位,消解了师生之间因知识的教与学产生的"业缘"伦理关系①。

那么,人工智能的深入发展和广泛应用真的会替代教师的角色吗? 当教育主体遇到智能技术时,究竟还能保留其主体性吗? 这些思考体现出人们对教师职业和地位的担忧,但需要肯定的是,教师的角色不会被取代,这是由教育的本质所决定的。教育是培养人的活动,人的复杂性和多元性不是机械化的技术所能包含和表征的,换言之,人工智能技术没有情感、意识、责任、素养等隐性人类特质。人具有创造性思维、批判性思维和系统性思维,这是智能体所不具备的素养。而教育是有关人的活动,这一特殊性决定了智能体并不能完全替代人来开展教育活动②。正如 ChatGPT 在回答人们这个问题时说道:"人类的情感表达、创造力、社交能力、自我意识,这些能力是人类的独特优势,目前还无法完全被人工智能技术所取代。"英国广播公司(BBC)基于剑桥大学研究者的数据体系,分析了 365 种职业未来的"被淘汰概率"。其中,电话推销员、打字员、银行职员等职业,分别以99.0%、98.5%、96.8%概率,被列为可被人工智能取代的职业;而艺术家、心理医生、教师等职业,分别以 3.8%、0.7%、0.4%的概率,被列为最不可能被人工智能取代的职业。此外,教师的人格魅力、教育的温度、教育人文环境的熏陶、知识的创新创造等"人"独有的个性化教育活动是无法用机器取代的。

人工智能的飞速发展给教育发展带来了便利,均衡和丰富了教育资源,推进了教育公平,为学生定制了个性化的学习方案,强化了师生间的及时有效互动,提升了教学活动的效率,让老师有多余的时间和精力对教学进行研

---

① 刘霞.人工智能时代师生关系的伦理审视[J].教师教育研究,2020,32(02):7-12.
② 吴河江,涂艳国,谭轹纱.人工智能时代的教育风险及其规避[J].现代教育技术,2020,30(04):18-24.

究和改革等。然而,需要重视的是,人工智能的教育应用必然会消解和重构教师的主体地位,对教师角色提出更多的要求和挑战。"人工智能不能取代教师,但是使用人工智能的教师却能取代不使用人工智能的教师。"未来的教育是人与人工智能协作的时代,充分发挥机器与人类不同的优势是提高教育生产力的关键,人工智能将会取代简单重复的脑力劳动,教师要发挥自主创新、复杂决策、情感关怀激励等优势①。虽然重复性、机械性工作都可以交给人工智能,但是教师仍然需要不断学习新知识、新技能,与时俱进,改进自身,及时关注最新技术进展,掌握如何运用人工智能技术来分析教学过程中的问题。

人工智能技术不仅难以替代教师的专业劳动,反而更加凸显了教师专业劳动的非物质价值属性,即创造性、道德性和情感性。教师需要去做人工智能所不能替代的教育工作,这就要求教师在考虑"为何教""教什么"和"怎样教"等教育问题时不能对所有学生僵化地采用同一套教育内容与方法,也不能被任何固定的程序、模式所规定和局限,而是要根据学生的差异与特点因势利导、因材施教。一方面,未来的教师更像是学生的人生导师,需要更加关注学生的个人成长,做好学生人生观、价值观的引导,在情感交流和人文关怀中培养学生的情感、素养、审美、道德和品格,弥补技术和机器不能提供的情感价值培养;另一方面,教师需要改进教学方法,掌握技术在教学中的合理应用,注重培养学生的创造力和创新精神,因材施教,促进学生的个性化成长,学会熟练运用技术提高教育教学的效率,根据学生数据反馈采取正确合理的教育决策,做学生成长道路上的把关人和引路人。

二、认识论维度:智能时代师生角色的重新定位

随着机器越来越智能,人与智能技术的关系越来越紧密,甚至出现了人的机器化和机器的拟人化。本部分将从认识论维度,围绕人与技术的关系

---

① 人工智能时代需要怎样的教师[N].中国教育报,2018-05-17.

演变、如何认识人和技术的辩证关系等开展阐述。

(一) 数据主义盛行:人的机器化与机器的拟人化

人工智能技术的风靡应用实质上是数据主义思维盛行下的结果,智能技术依靠数据、算法和算力实现各种功能,同时,智能技术的深入发展也进一步扩大了数据主义的影响。数据主义是在大数据与人工智能技术兴起之时出现的一个新的技术哲学思潮,它不仅是一种哲学思想,而且成为大众化的思维方式,它全方位地影响着人类的现在与未来。数据主义者认为"数据与世界逻辑同构",世界上存在的任何事物和关系都可以通过数据关系来表达,世界万事万物都是数据。史蒂夫·洛尔在《数据主义:决策、消费者行为以及所有领域的革命》中称这种"万物皆数据"的思维为"数据主义"①。《未来简史》的作者尤瓦尔·赫拉利(Y. N. Harari)认为"数据主义"盛行导致"人文主义"的崩塌,数据已经渗透到人类的生产、生活的方方面面,大数据已经撼动了世界的方方面面,从商业科技到医疗、政府、教育、经济、人文以及社会的其他各个领域。数据主义的盛行一方面促进技术发展、人类进步与社会高效运转,带来了积极的作用,但另一方面也引发了各行各业技术热下的冷思考。我们不得不反思教育领域中,数据主义思维下的教育活动是否越来越像生产车间里的流水线,将学生视作统一的"加工产品",用标准化、单一化、规模化的技术定向干预他们的成长,催促他们向同一方向、同一目标发展,从而导致我们培养出像机器一样的人,这显然是有悖教育本质的。

新技术时代是一个更加强调能力的时代,数据分析能力、创新思维能力、快速更新能力等条分缕析的能力体系正在形成,令人感慨于人类能力的有限性。人类向机器学习、与机器竞争的局面已经悄然开启。可机器在大众的想象中终归是可复制的、标准化的,那这种学习的最终结局会不会让人

---

① 闫坤如.数据主义的哲学反思[J].马克思主义与现实,2021,(04):188-193.

更像机器而不是更像人①？一般来说，人与机器之间的异化关系主要表现为两种形式，即"人的机器化"和"机器的拟人化"，其症结在于二元论视角下导致的人与技术的分离，当技术凌驾于人类主体之上就会导致紊乱，当人们过于依赖技术手段会致使人类智能的机械化，形成两种权力单向倾斜的极端现象。机器的拟人化是指机器智能越来越多地在认知、记忆、运算等层面突飞猛进，机器越来越具有一些类人的属性，在深度学习技术的发展下，智能技术可以在一些情境下做出自主判断和决策，智能技术愈发具有自主性和拟人性。将人工智能引入教育实践需正确把握人与技术的依存关系，一方面人工智能可以帮助教师分担一些重复性的知识传递工作，提高教学效率；另一方面，有关知识创造等创新性工作则离不开人类智能的参与，教育主体的独特性无可取代。人工智能与人类智能应取长补短、互相配合，将使用者的自主性与技术价值相结合，组成相互关联、具有共同愿景的道德共同体，才能使教育效益最大化，形成一个完整的、平衡的、伦理自洽的教育活动②。

人本身就具有多样性和复杂性，教育的宗旨是促进人的全面发展，尊重差异化和个性化，而非培养出单向度的人。因此，我们应正向运用并主动驾驭教育中的技术，积极发挥技术的正面效应，将技术服务于教育，而非受限于数据主义的思维桎梏，充分挖掘人的内在潜能，促进个性化的精准教学。20世纪60年代，奥格登·林斯利（O.Lindsley）首次提出"精准教学"的概念，该理论强调教学过程中的针对性、适切性和有效性，教学活动的每个环节都需要教师的精心设计和精准干预，但由于当时技术条件的限制而未能实现。因此，早期由于教师能力的局限性，精准教学只是一个近乎"纸上谈兵"的教学理念，但是随着智能技术的发展，技术支持下的大规模精准教学

---

① 王嘉毅,鲁子箫.规避伦理风险：智能时代教育回归原点的中国智慧[J].教育研究,2020,41(02)：47-60.

② 孙田琳子.论技术向善何以可能——人工智能教育伦理的逻辑起点[J].高教探索,2021,(05)：34-38＋102.

已成为可能。如今,"精准教学"被定义为用大数据和智能技术所开展的因材施教,是指在信息技术支持下,通过跟踪、记录和分析学生学习过程数据,为教师教学设计、教学决策、教学指导、个性化干预和学习改进提供科学依据,协助教师开展个性化教学。美国东北大学校长约瑟夫·奥恩在《教育的未来:人工智能时代的教育变革》一书中写道:"未来的教育要培养学生的数据素养、科技素养和人文素养,使学生不仅能管理大数据、了解机器的工作原理,还能与智能机器协同合作。"为了规约教育中智能技术和大数据技术的发展和应用,必须在使用中保持人的主体性地位,必须遵从人类的伦理规范,才能更好地发挥数据技术的作用,避免人的主体性地位的丧失,回归于人自身的生活世界,促进人的自由全面发展。

(二)人文关怀缺失:人类情感与人工情感的危机

研究者经常拿人工智能和人类智能作比较,认为人工智能来自机器对思维的模拟,而人类智能却大不相同。从物质基础来看,人是碳基的,机器是硅基的;从自我意识的角度,我们可以体验这个世界,而机器却只能测量它。而人之所以能体验,是因为人有身体,可以感知意义。人的思维是与身体结合在一起的,并且被牢牢固定在身体内,而机器智能却可以完全脱离身体存在,并且还可以同时在多个地点进行复制[①]。正因为这样的客观基础,目前的人工智能系统缺乏主观的感官体验,它们无法感知和体验世界,这使得意识的产生变得困难,也就是说,人工智能欠缺对语言和情感的理解和处理能力,机器所做的所有决定和判断都是基于算法表征下的计算结果,并不包含主体人的价值判断和情感成分。

情感是人类的一种主观意识,它必然是人脑对于某一种客观存在的主观反映,这种客观存在就是"价值",情感与价值的关系就是主观与客观的关系,因此情感的哲学本质就是人脑对于事物价值特性的一种主观反映,情感的思维实际上就是人脑对于"价值"的思维,对于情感的计算实际上就是对

---

① 周丽昀.人工智能伦理研究中的"关系转向"[J].哲学分析,2022,13(02):142-156+199.

于价值的计算。人与人的情感沟通并不是情感表达方式上的沟通，而是心灵和精神深处的交流，即价值关系的沟通与传递，情感特征的分析和识别主要在于价值关系的分析与识别，因此情感计算的核心内容就是"价值计算"，而不是"生理指标"的计算。然而，目前许多人工情感的研究者们都不知道这一点，他们总是试图通过测量和计算情感产生过程的各种生理指标（如心率、血压、脑电波、呼吸等）的变化数据来确定情感强度的变化情况，或是研究情感的变化规律，其结果必然是："在主观范围内绕圈子，在表面形式上打循环。"①

人类情感是我们独有的特征，它能够创造深层次的人际连接和共情。人工智能可以模拟人的情绪，难以模拟人的情感。人工智能应用于教育极有可能带来情感缺失和情感遮蔽。情感遮蔽是指教师和学生的情绪、感受被技术屏蔽，喜怒哀乐相互之间觉察不到，一是自己觉察不到自己的情感，二是觉察不到其他人的情感。教师和学生之间最为珍贵的感情交流被虚拟世界所隔离，传播和流动的只有技术眼中的"数字符号"和一些程式化的活动设置，忽视和缺失了人文关怀的情感教育力量②。教育的核心目标之一在于培养人的情感健康，这需要教师和学生之间具有积极意义的情感互动。由于人工智能的介入，教师和学生之间的情感互动将会减弱，这对学生的情感成长不利。培养学生的健康情感，绝对不是通过学生与机器之间的互动可以实现的③。即使人工智能具备情感功能，当把具备情感能力的人工智能应用于教育的时候，也会带来无法预料的灾难，由于人工智能的情感是假的，是人工制造出来的，用这种假的情感来和学生交流，学生的情感能力会朝向哪里发展，这是值得深思的问题。

---

①　人工情感的缺陷、误区及根本出路.［2019－10－17］. https://baijiahao. baidu. com/s? id＝1647582265042668117&wfr＝spider&for＝pc.

②　冯锐,孙佳晶,孙发勤.人工智能在教育应用中的伦理风险与理性抉择［J］.远程教育杂志,2020, 38(03):47－54.

③　谭伟, 张曼茵, 陈良. 人工智能应用于教育的风险及其应对［J］. 中国教育信息化, 2023, 29(07): 22－29.

我们如何在人工智能时代找到平衡，促使人类情感与人工情感融洽共存？这就需要鼓励人工智能的设计和应用考虑人类情感的需求，例如情感识别技术的发展。同时强调人类情感的重要性，推动教育和社会环境中的情感教育和共情能力培养，利用人工智能技术来增强人类情感的表达和交流，例如虚拟现实中的情感体验。人工智能的发展带来了许多机遇和挑战，我们应该认识到人类情感的重要性，并与科技共同探索创造更温暖、真实的未来，让冷漠的机器更具温暖陪伴的力量，回归有温度的教育世界。

三、方法论维度：教育教学技术的伦理设计嵌入

教育是人的教育，促进人的全面发展是人类一切教育的出发点和归宿。人工智能是推进教育均衡发展、促进教育公平、提高教育质量的重要手段，是实现教育现代化不可或缺的动力和支撑。在未来的教育发展之中，人工智能与教育的融合将更加深入和广泛，人工智能在教育领域的应用将逐渐常态化。那么，该如何减少和规避人工智能在教育应用中的伦理风险，促进高等教育可持续健康发展，是方法论维度需要探讨的话题。

（一）价值设计：技术对主体行为的伦理引导

机器伦理学的一些讨论建立在这样的预设基础上：机器在某种意义上可以成为对其行为负责的道德主体，或"自主的道德主体"。"机器伦理学"主要关注机器如何对人类表现出符合伦理道德的行为。温德尔·沃勒克（Wendell Wallach）和科林·艾伦（Colin Allen）提出了机器人伦理设计的三种进路，分别是自上而下的进路，自下而上的进路以及混合的进路。荷兰学者马克·科尔伯格（Mark Coeckelbergh）则从人与机器人互动关系的角度来考察机器人伦理，认为可以从人与动物的关系扩展到人机关系，更加关注机器人在不同时间、不同环境下对人类的表现，以此来推动机器的设计和研究。杜严勇指出："可以更具体地把人与机器人的关系分为四种：观察关系、干预关系、互动关系和建议关系。"还有学者提出了"价值敏感设计"，在实践

中考虑到技术设计过程中的所有利益相关者，把机器人的使用语境与设计语境紧密联系起来。[①]

荷兰技术哲学家彼得·保罗·维贝克（Peter-Paul Verbeek）基于"后人类主义"视角提出"道德物化"思想，认为技术自身具有道德意蕴，为实现技术向善的理想境遇提供了一种新的伦理实践进路。传统的技术伦理学立足于人本主义的立场，将技术视为工具性角色；当代技术哲学发生了后现象学的转向，技术中介理论揭示了技术设计中的内在道德维度，表明技术总是有助于基于道德决策构建人的行为和解释。技术调解理论将技术伦理的考量从效果阶段前置到设计环节，从外部治理深入至内部建构，走向主客体互相调节的设计哲学，是一条技术伦理学的内在主义进路。此外，道德物化思想揭示了技术对人的引导作用，道德价值可以通过前思式设计嵌入到技术产品中，是一种未雨绸缪的前瞻性伦理引导，而不是以往"事后诸葛亮"的"先应用后治理"路线。

价值敏感性设计和道德物化理论都认为将伦理价值融入技术系统是具体可行的，建构合乎伦理的技术人工物才从理念走向实践，其思想内核都是一种内在主义伦理研究进路。"内在主义"要求把伦理的职责从外在的"监督"转变为内在的"介入"，即将伦理规范融入人的实践活动中，从内在要求约束可能出现的伦理问题。再次，在对技术本身的考量上，"内在主义"不再将视角锁定在技术应用过程中出现的伦理问题上，而是追根溯源关注算法的设计与开发，期盼从源头解决技术伴生的伦理问题。[②]

教育应用中的人工智能作为现代技术的一种表现形式，同样具有技术意向性特质，人工智能在被使用过程中的指向是否"向善"是评判该技术是否符合伦理规范的维度之一。使用智能导师系统、自适应学习系统、大数据学情分析等"AI＋教育"应用需把握其在研发与使用过程中是否具备道德导

① 周丽昀.人工智能伦理研究中的"关系转向"[J].哲学分析,2022,13(02):142-156＋199.

② 赵磊磊,蒋馨培,代蕊华.内在主义技术伦理:教学评价智能化转型考量[J].中国远程教育,2023,43(01):40-48.

向,若能为优化教育教学而生、为减轻师生负担而用,且不存在伤害人们利益的风险,则从技术本身视角来看是符合伦理规范的。而像"监测头盔"这类极具争议的智能技术,虽设计初衷是为了收集学习行为数据以改善教学,但实际运用中破坏了学生的隐私安全,把活生生的人当作机器一样测量,有悖人性伦理,技术的后续使用逐渐违背了技术设计的初衷。这种看似合理的人工智能应用却存在技术导致的偏见与歧视,人的外在附属物对人的奴役在以某种看似合理化的形式支配着人的存在。故此,为实现"人—技术—教育"的内在一致性,首先应从技术自身道德化做起,通过技术的价值嵌入和前期设计引导和规范人们的使用行为,从技术自身出发劝导人们遵守道德规范,指向教育本质与人的发展,规避技术异化的伦理风险。①

(二)治理路径:基于技术道德化的教学过程

技术调解理论将技术伦理的考量从效果阶段前置到设计环节,从外部治理深入至内部建构,走向主客体互相调节的设计哲学。"道德法则在我们心中,也在我们的技术中,为了阐述我们行动的正确性、信任感和延续性,我们需要增加技术的隐我,即技术背后隐藏的某种自我。"②行动者网络理论提出者拉图尔强调,可以将伦理注入技术设计之中来调节人的行为,通过技术中介构筑基本的道德框架。他提出"脚本"的概念来描述技术物对人们行为的影响,如同电影或剧场演出的脚本,技术规定其使用者在使用它们时该如何行动。譬如,马路减速带的脚本是"当你靠近我时,请减速";一个塑料纸杯的脚本是"用后请扔掉我";安全带的技术脚本是"坐车请注意安全"。产品设计的脚本是在设计语境与使用语境之间建立联系,从技术被使用的角度来设计产品,利用技术产品自身的局限性来约束使用者的行为范畴。脚本规定了技术调解的情境性,设计者需授权技术物的道德能动者角色,并为

---

① 孙田琳子.论技术向善何以可能——人工智能教育伦理的逻辑起点[J].高教探索,2021,(05):34-38+102.

② [荷]彼得·保罗·维贝克.将技术道德化:理解与设计物的道德[M].闫宏秀,杨庆峰译.上海:上海交通大学出版社,2016:19.

其设计展开引导人类行为的现实情境，使人们在特定情境下自觉地遵守其脚本隐藏的道德规范。

基于该技术实体论立场，我们可延续这种"激励"或"抑制"的技术调解机制，将技术的向善性融合于教育人工智能产品的设计之中，通过赋予技术人工物合乎伦理的价值取向，间接构建人工智能教育伦理规范。例如，当学生长时间使用技术学习而可能造成疲劳性身体损伤时，需通过技术设置提醒使用者劳逸结合、合理规范学习时间；当运用人工智能采集学生学情数据时，需有提前征求学生意愿的程序，以保护他们的隐私安全；在智能评价学生学习效果时，应综合考量学生的学习态度和隐性知识获得，而非仅凭某次测验成绩做出判断，其内在技术脚本应是某种教育价值观的体现；当学生利用 ChatGPT、DeepSeek 等智能教育产品自动生成作业而侵犯到他人权益时，可依托问责追踪的技术以培养学生的社会责任感和法律意识。智能教育产品的设计者需了解用户需求与使用场景，深谙当下社会文化与法律责任，立足公正良善的设计动机赋予技术产品向善的道德脚本，从当前的设计活动投射到后续的使用过程，将产品或技术的预期影响与用户行动决策结合起来，在技术源头上促进引导教育中人们的伦理实践。

道德物化实现的关键不仅在于技术的设计情境，还与技术的使用情境密切相关。技术哲学家伯格曼认为技术人工物的设计本是为了减轻人们负担，但这一减负作用也减少了人们参与现实的机会，降低了人与技术产品交互的亲密度，鼓励人们在使用技术过程中建立二者之间的纽带关系。[①] 技术在社会调节中扮演了说服者与被说服者的双面角色，隐性的行为规范和道德原则物化在人工技术物中使人类自我意识得到外在显现，而外在的技术评估与伦理原则也将有助于技术自身发展的规范化，从内而外，相辅相成，共同构成主体与技术之间相互作用的道德环境。鉴于此，技术道德化的实

---

① 孙田琳子.虚拟现实教育应用的伦理反思——基于伯格曼技术哲学视角[J].电化教育研究，2020,41(09):48-54.

现路径不能只落脚于技术的设计、开发等初始阶段,更应伴随技术的选择、使用、管理、评估等各个环节,从而形成完整持续的伦理规范体系。

在教育活动中,我们不仅需要依靠技术的内在调节作用影响人的道德行为,还要通过技术评价、技术管理、问责机制等外在约束手段强化技术使用过程中的向善性,通过技术道德化理念引导教育场域技术治理路径。如今,人工智能技术的变革应用也为教育场域带来了许多新问题。例如,当人工智能代替了教师的部分工作时,机器输出的智能化决策和自动化行为后果由谁负责;具有情感功能的强人工智能能否代替教师的培养和陪伴;基于计算主义的智能评价体系是否符合应然的育人本质等。面对这些新的伦理挑战,我们需重新审视人工智能和教育之间的交互作用,重塑人工智能在教育应用中的伦理秩序和评价指标,形成内在指向与外在约束相互依存的道德环境,实现"人工智能＋教育"健康发展的双重保障。具体而言,要根据不同的教育场景、教学内容和学习群体选择合适的人工智能技术和产品;明确该技术由谁使用、怎么使用和使用时的注意事项;建立伦理失范后的问责机制、明晰人工智能教育的社会责任与价值观念等;制定出符合教育人工智能伦理规范的评价指标,供技术开发者和教育者参考和衡量。①

四、价值论维度:未来教育场域的人机关系图景

在人工智能技术加持下的全新教育场域中,如何重新界定教育主体的存在价值和角色定位、如何建构科学合理的人机关系,已成为推动未来教育发展亟须解决的关键问题。在此,从价值论维度探讨未来智慧教育图景,从而建立起多元、开放、和谐、共生的"教育主体—教学技术"人机关系,形成人机优势互补的教育新生态。

(一)价值负荷:教育场域中技术向善何以可能

科技向善是指科学技术的发展必须有利于更好增进人类的福祉,尤其

---

① 孙田琳子.论技术向善何以可能——人工智能教育伦理的逻辑起点[J].高教探索,2021,(05):34-38+102.

是新技术研发既能够推动产业变革和经济发展，又能够"让社会更加美好"，实现可持续发展。目前，学界中针对人工智能技术对人的作用主要有三种理论观点，分别是技术乐观主义、技术悲观主义和技术中性论，后续的技术价值负荷论在此基础上发展而来。

乐观主义的观点认为，人工智能的发展并非坏事，人类将受益于人工智能。乐观主义通常抱有用技术征服自然的美好愿景，秉持"技术崇拜"或"技术救世主义"的态度将技术理想化、绝对化或神圣化，视技术进步为社会发展的决定因素和根本动力。悲观主义的观点认为，随着人工智能的发展，可能会出现奇点，进而人工智能会控制和操纵人类，使人成为机器的附庸。技术悲观主义侧重于技术理性思考，植根于人们潜意识层面对技术居安思危的忧患意识，将技术的负效应呈现出来并做出预防性和前瞻性的判断。

技术中性论认为技术仅仅表现为实现人的目的的一种工具，技术本身没有好坏之分，技术的价值并不是由自身决定，而是由外部因素强加于它的。马克思曾使用火药的例子说明："火药到底是用来伤害一个人还是为人医治创伤，它终究还是火药。"技术的"善"与"恶"取决于创造技术和使用技术的人 。一项新技术问世到底是福是祸，取决于人为因素，而非技术本身。然而，随着研究的深入，技术与社会体系相互作用的复杂效应层出不穷，技术中性论开始受到质疑，逐渐有人不再相信技术是"无罪的"。

直到技术价值负荷论认为，技术在创造的初期就被设计者赋予了价值偏见，任何技术都有一定的价值取向，技术是负荷价值的，即使技术在最初创造的时候并没有展现或被赋予某种价值取向，但在后期人类的使用中又可能会出现超出预期、背离原意的社会效应。例如，罗伯特·摩西（Robert Moses）所设计的通往纽约长岛、著名的"种族主义天桥"就被认为是技术负载价值的最好案例。它通过限定天桥高度，使拥有小汽车的人群可从桥下通过到达海滩公园，乘坐公共汽车的穷人和其他群体则会因为桥面高度限制而无法通行。天桥的设计对不同经济群体和不同身份的人进行了区分，同时体现了设计者的价值取向①。

技术价值负荷论为技术向善奠定可能,换言之,我们可以将人们主观的意愿投入技术产品中,以引导技术人工物的使用者向善发展。可见,技术可以嵌入道德、价值、观念等内在精神,教育场域的技术向善主要依赖于教学者和设计者对智能教学产品的前期设计和定向开发,通过有效干预技术的功能权限、使用路径、使用群体和使用范围等环节,促进和规范学习者和教学者的使用行为。因此,基于价值负荷论的立场,智能教育产品的设计者具有较大的责任和权限,为教育活动的健康开展提供前提条件。智能教育产品的开发者和设计者应提升自身技术素养,遵循教育规律,合理运用技术手段,在产品开发中关注教育主体的自主性和主观能动性,把握好技术智能性和主体自主性的设计平衡,既能提供必要的学习支持,也能避免使用者对技术的过度依赖。

在利用科技手段推动教育体系发展的时候,只有发挥好科技伦理对科技创新及其应用的调节、引导和规范作用,才能促使教育活动和科技活动朝着更加有利于人类和社会的方向发展,实现科技向善的目的。科技创新是手段,科技伦理是保障,科技向善是目的,三者相互配合协调,缺一不可。在这三者关系中,科技伦理为科技创新及其应用划定底线和边界,以确保向上向善的发展方向②。

(二) 价值引导:建构和谐共生的教育人机关系

一直以来,人与技术互构的平稳进程因为技术功能的急剧膨胀而失衡,技术的反作用时常引发背离教育初衷的两难困境。技术调解论作为当代技术伦理学的新思潮,强调现代人与技术之间交互关系的有效建构,弥补了技术哲学发展中经验转向和伦理转向的不足,成为注重技术物质性与道德性的第三次转向。其中,维贝克的复合意向性探讨了技术意向性对于人的道

---

① 张浩鹏,夏保华. 价值敏感性设计透视:背景、现状、问题与未来[J]. 自然辩证法研究,2023,39(04):77-83.

② 曹建峰.人工智能伦理的深入研究迫在眉睫[J].互联网经济,2019,(04):36-41.

德主体性的建构作用,技术在人与世界的关系建构中不只是中立的工具或手段,还调节人的知觉、理解与行动。后现象学视域下的技术意向性呈现一种建构性技术伦理立场,这种人机交互的意向性通过互相建构的方式缩小了主体与客体之间的距离。至此,人与技术争夺主体性的长久博弈在复合意向性的指引下最终达成和解。① 人与技术之间的关系不再是单向压制或是倾斜的,而是彼此建构、双向共生的依存关系,人可以创造技术价值,技术也可以引导人的行为,从而建立一种和谐共生、共同向善的人机协同体。

不论是传统的黑板教具还是现代的智能导学,教育活动的开展都离不开技术的支持,唯有教育主体与教学技术化解对立、融为一体,才能调和技术给教育带来的副作用。为防止再次陷入技术凌驾于人的窠臼,教育场域中的人与技术需构成相互规约与牵制的交互关系,充分发挥师生的主观能动性和技术的引导作用,建立双向平等的主体间性,形成目标与行动一致的人机协同体。目前来说,现阶段的人机交互仍以"机器→学生"的单向反馈为主,机器根据学生的问题做出应答较多,而学生对机器的使用体验,即"学生→机器"的反馈渠道和信息匮乏。可见,形成人机双向的反馈机制,构建主体间性的新型人机关系是十分必要的。人机关系层面不仅要增强人和技术之间的双向反馈,还需要构建人机协同体,需把握机器智能性与学生自主性二者间的设计尺度,形成两者间的平衡,既能保障信息技术对学习者的学习支持,又要避免学生对技术的过度依赖。这要求改进智能技术的算法模式,保留学习者的自主权,根据任务情境嵌入需要他们主动思考的内容;其次,要唤起学习者的主体意识,培养他们的批判性思维和价值判断能力,打破信息茧房的枷锁。人工智能能为教育者分担诸如讲授知识、批改作业、监考、答疑等重复机械工作、提供个性化学习方案,但人们更应坚守以人为本

---

① 孙田琳子.人工智能教育中"人—技术"关系博弈与建构——从反向驯化到技术调解[J].开放教育研究,2021,27(06):37-43.

的育人理念,注重发展学生的高阶思维,提升教育主体的主导性,以防主客体关系变迁下技术对人的反向驯化。① 教师应集中于做人工智能无法替代的工作,比如培育学生的品格、审美、情感和创造力等内在素养,做学生成长道路上的引路人。

人工智能时代的教育不能走上先发展后治理的道路,应将技术应用的理性反思融入教育发展之中,前瞻性地厘清教育主体与教学技术之间的关系,警惕技术自主性日益膨胀反向压制人们的主体性。积极倡导和大力支持负责任的科研创新,建立覆盖责任行为全程的监督机制,构建科研诚信和科技伦理治理体系。智能时代,教师更应从技术主义走向人文主义关怀,突破技术理性主义的束缚,面向学生未来,回归教育原点。教育者应加强学生技术责任与科技伦理的培养,谨防技术依赖下的本末倒置,建构融合共生、平衡协同的应然人机关系,促进人工智能时代教育的可持续健康发展。

第二节 隐忧与治理:高等教育技术应用风险防范

在数字技术与教育持续融合的过程中,怎样才能更好地推动数字技术在教育领域中的有效应用,已经成为国家推动教育信息化和发展教育现代化的重中之重。2010 年 7 月颁布的《国家中长期教育改革和发展规划纲要(2010—2020 年)》指出,国家需高度重视数字技术对教育改革与创新、教育现代化建设的革命性影响。② 随着教育数字化的不断深化,大数据、人工智能等技术被广泛地运用于学术研究、学校管理、课程教学等领域,同时也给高等教育带来了全新的机会和挑战。③ "大数据+教育"并不是将大数据技

---

① 孙田琳子.人工智能教育中"人—技术"关系博弈与建构——从反向驯化到技术调解[J].开放教育研究,2021,27(06):37-43.

② 教育部.国家中长期教育改革和发展规划纲要(2010—2020 年)[EB/OL].(2010-07-29)[2020-04-25]http://www.gov.cn/jrzg/2010-07/29/content_1667143.html.

③ 于聪,刘飞.人工智能教育应用的伦理风险及其对策研究[J].机器人产业,2022,(02):32-37.

术与教育简单叠加，它以大数据为内生动力，引领教育新发展。科技与教育的融合，在推动教育持续发展的同时，也带来了一系列的问题，如数据失信、隐私泄露、"数据为王""工具为王"等，这些问题都在一定程度上反映了大数据与高校教育融合过程中的重难点。[①] 本节将从技术应用的潜在风险和防范策略入手，探索技术浪潮下高校面临的挑战与隐患。

一、困局：深陷技术应用险境，缺乏风险防范对策

随着高等教育的发展，技术在高校教育教学中得到了广泛应用，教育数字化也已经成为高校办学的重要支撑和展示平台。目前，技术在高校中的应用大致分为教师教学、社会服务、科研创新三个方面。

首先，是高校教师在教育教学中的技术应用，主要体现在：(1) 融合数字技术的教学内容。教师在教学过程中通过将数字技术与教学融合，实现课堂教学的"网络化""泛在化"，将传统的课堂教学转变为"课堂讲授＋线上研讨、线上虚拟仿真实验等"，课下则提供更加丰富多样的微视频课程、练习集、交互式测试题等线上学习资料。通过数字技术，教师可以访问各种在线学习资源，如电子书籍、网上课程、教学视频等，以这些丰富的学习资源为学生提供更广阔的知识视野和学习机会，从而在不同的领域进行深入学习和探索。教师也可以以多媒体、动画、视频等多样化的形式呈现教学内容，结合多种教学资源和工具，丰富教学内容和方式，使学习更加生动有趣，从而提高学生的学习兴趣和参与度，让学生在线上线下不同的环境中进行深入思考和讨论，促进概念的理解和应用。总的来说，融合数字技术的教学内容可以增加学习的趣味性和参与度，丰富学习资源，提供个性化学习体验，强化实践能力，促进互动与合作，提供即时反馈与评价，并培养学生的创新能力。(2) 融合数字技术的教学形式。用点赞、游戏、弹幕等网络时代流行的方式取代传统枯燥的教学管理方式，使课堂教学活泼多样，通过在线平台、

---

① 万芮.规避风险，正视技术：教育大数据应用的再思考[J].教育科学论坛，2020，(34)：37 - 40.

社交媒体等促进学生之间的合作和互动,使学生通过在线讨论、协作项目等方式共同学习和解决问题,培养团队合作和沟通能力。让学生在学习中从被动走向主动,主动成为学习的主体。线上线下融合的教学方法可以给学生提供更灵活的学习选择。学生可以根据自己的时间和地点选择参加线上或线下的教学活动,提高了学习的便捷性。同时,教师也可以通过在线平台跟踪学生的学习进度和表现,及时给予个性化的指导和反馈。线上线下融合的教学方法结合了多种教学资源和工具,例如多媒体教学、在线互动等,可以丰富教学内容和方式,提高学生的学习兴趣和参与度,让学生可以在线上线下不同的环境中进行深入思考和讨论,促进概念的理解和应用。总的来说,线上线下融合的教学方法结合了传统面对面授课和在线教育的优点,更能够充分利用教育技术的优势,提供更灵活、个性化和多样化的学习体验,提高学习效果和教学质量。(3)融合数字技术与时俱进的教学条件。数字技术可以通过虚拟实验室、模拟软件、在线互动等方式,提供更多实践和操作的机会,让学生可以在虚拟环境中进行实际操作和练习,加深对知识的理解和应用。数字技术还可以根据学生的个体差异提供个性化的学习内容和路径。通过学习管理系统和智能化教学工具,教师可以根据学生的学习需求和水平来调整教学内容和节奏,帮助每个学生实现更好的学习效果。还可以为学生提供直播教学、视频教学、作业互评、在线考核、在线互动,为学生提供一个网上"教室",形成学生的第二学习空间。(4)科学合理的在线学习管理。数字技术与教育教学深度融合促进了在线学习平台和优质课程资源建设。要完善选课制度,建立线上线下相结合的管理方式,要有效合理解决平台学习、网上学习学分认定问题,实现学分等效认定,要制定校外课程认定办法,建立学分互认的实施细则。①

其次,是高校社会服务中的技术应用,主要包括:(1)教学环境数字化。教学环境数字化是指将数字技术融入教学环境中,以提供更有效、便捷和个

---

① 黄国华.从师生需求看高校教学信息化发展[J].中国教育网络,2021,(07):19-21.

性化的教学方式和学习支持。教学环境数字化可以提供多样化的教学方式和学习资源、满足学生个性化需求、增强学生的参与度和学习积极性、提高教学效果和便捷性、促进教师和学生的互动交流等。比如将教室和学校的设备进行数字化改造，例如配备电子白板、投影仪、电脑等现代化教学设备，这样可以实现多媒体教学、展示教学资源和互动学习，提高学生的学习兴趣和理解能力。或者利用人工智能等技术开发智能化教具，如智能辅助教学系统、个性化学习软件等。这些教具可以根据学生的学习情况和特点，提供个性化的学习支持和反馈，促进学生的个性化发展和学习效果的提升。教学环境数字化可以提供多样化的教学方式和学习资源、满足学生个性化需求、增强学生的参与度和学习积极性、提高教学效果和便捷性、促进教师和学生的互动交流等。（2）教学管理数字化。教学管理数字化是指利用数字技术手段对教学管理进行数字化、自动化和智能化处理，以提高教学管理效率、准确性和服务质量，主要围绕师生信息管理、课程信息管理和教学资源管理等。学校可以建立学习管理系统，用于管理学生信息、学习进度、作业提交和成绩评定等。学生可以通过学习管理系统获取教学内容、提交作业、查看成绩等，教师可以通过系统进行学生学习情况的监控和评价，提供个性化的学习指导。教学管理数字化可以提高管理效率和准确性、方便快捷地获取和处理数字、提供个性化的学习指导和服务、促进教育质量的持续改进等。通过数字技术的应用，教学管理可以更加科学、智能和人性化，提高教学管理水平，为教师和学生提供更好的教学支持和服务。（3）教学资源数字化。教学资源数字化是指将教学资源进行数字化、网络化和智能化处理，利用数字技术手段进行存储、管理、共享和应用。比如利用多媒体软件制作电子课件，将教学内容以图文、音频、视频等形式呈现或将传统纸质教材转化为电子教材或互联网教材等。教学资源数字化可以扩大教学资源的覆盖范围、提供多样化的教学方式和学习资源、促进教学内容的更新和共享、提高学习效果和学生成绩、提供个性化学习支持和反馈等。通过数字技术的应用，教学资源可以更好地满足学生的学习需求，提供丰富、便捷和个性化的学习体验。①

最后,是高校科研创新中的技术应用,主要包括:(1)数据分析与挖掘:利用数据分析和挖掘技术,对大规模数据进行处理和分析,提取有价值的信息和模式,为科研提供支持和指导。例如,在生物医学领域,可以通过基因数据分析来研究疾病的发生机制和治疗方法。(2)模拟实验与计算仿真:利用计算机技术和仿真软件,进行模拟实验和计算仿真,加快科研进程、降低成本和风险。例如,在材料科学领域,可以通过材料计算仿真来预测材料性能,并进行新材料的设计和优化。(3)人工智能与机器学习:应用人工智能和机器学习技术,对复杂问题进行建模和求解。例如,在自然语言处理领域,可以使用机器学习算法来构建智能问答系统,帮助研究人员更高效地获取文献信息和知识。(4)传感器与物联网:利用传感器技术和物联网技术,构建实时监测系统,收集和分析各种环境参数和数据。例如,在环境科学领域,可以利用传感器网络监测大气污染物的浓度和分布,为环境保护提供数据支持。(5)虚拟现实与增强现实:应用虚拟现实和增强现实技术,创造沉浸式的研究环境,提供更直观、交互性强的体验。例如,在建筑设计领域,可以利用虚拟现实技术来模拟建筑结构,帮助研究人员进行优化和改进。(6)区块链与加密技术:利用区块链和加密技术,保障科研数据的安全性和可信度。例如,在科研合作和知识产权保护方面,可以利用区块链技术确保数据的不可篡改性和溯源性。

技术在教师教学、社会服务方面的应用已积累了大量实践经验,但在科研创新方面仍存在薄弱环节。高校作为重要的科技创新主体,是我国科技创新战略中不可或缺的一环。在科技创新和经济增长相互促进的背景下,高校所承担的应用科研任务日益增多。然而,相对于不断增强的科研投入与产出,我国高校科研成果转化的力度却相对较小,大量科研成果未能实现有效的转化与推广,极大地限制了高校创新潜能与活力的释放。其中,我国

---

① 黄国华.从师生需求看高校教学信息化发展[J].中国教育网络,2021,(07):19-21.

科技成果转化过程中的风险问题尤为突出。所谓科技成果转化风险，是指将科研成果或技术创新转化为实际应用过程中可能面临的各种风险和挑战。这些风险和挑战有时会导致科技成果转化失败，从而使科技成果无法最终转化为促进经济社会发展的现实生产力。科技创新本身就具有一定的风险性，而高校受自身功能使命、运行管理体制、市场环境等因素的影响，在科技创新和成果转化过程中也会面临来自内部和外部的各种风险。[①] 那么，高校科技创新在技术开发、专利转化、应用推广等环节面临的风险具体有哪些？又应该如何进行防范呢？

（一）技术开发：洞察潜在风险，确保创新成果实践可行

技术开发风险指的是在研究开发的过程中，虽然研究开发方已经做出了最大的努力，但是因为目前的认识水平、技术水平、科学知识及其他现有条件的制约，还是出现了无法预见、无法克服的技术困难，从而造成了研究开发的全部或部分的失败，从而造成的财产上的风险。

在高校技术开发过程中常因技术不成熟、研发周期长、研究方向选择错误等问题出现一系列风险。常见的技术开发风险有：数据安全风险，高校在技术应用中处理大量的敏感数据，包括学生和教职员工的个人信息，以及研究项目中的机密数据。如果数据安全措施不到位，可能导致数据泄露、盗窃或滥用。为防范数据泄露和滥用的风险，高校需要加强数据管理和保护措施，采用合适的数据加密和权限控制机制，并定期进行安全扫描和数据维护。技术漏洞风险，高校技术应用中使用的软件、硬件或系统可能存在漏洞，这些漏洞可能被黑客利用进行攻击，导致数据损坏、信息泄露或服务中断。

为减少此类风险，高校应定期对技术设备和系统进行安全评估和漏洞修复，同时加强员工的安全意识培养和培训。高校在技术应用中需要遵守相关的法律法规和政策规定，如个人信息保护法、知识产权法等。如果高校

---

① 刘琼.高校科技成果转化面临的主要风险与防范对策[J].学习月刊,2021,(12):38-39.

未能严格遵守法律要求,可能面临法律责任和声誉损害。为规避此类风险,高校应强化法律合规意识,制定并执行相应的政策和控制措施。某些技术应用可能涉及伦理和道德问题,例如人工智能的决策是否公正、隐私权如何保护等。如果高校在技术应用中忽视伦理和道德考虑,可能引发社会争议和舆论质疑。为规避此类风险,高校应建立伦理委员会或专门机构,审查和评估技术应用的伦理合规性,并加强师生的伦理教育和意识培养。

通过认识和识别这些风险,并采取相应的防范措施,高校可以更有效识别、评估和防范技术应用的潜在风险,确保技术应用的安全、合规和可持续发展,保障科技创新的安全性、伦理性和社会责任感。

(二)专利转化:关注数字技术,规避知识产权失范风险

在 21 世纪"知识经济"的背景下,高校作为我国科技创新和新技术产业发展的中坚力量,必须加强对高校知识产权的保护和运用。专利是国家科技水平的一个重要指标,它也是知识产权和科技创新的一个重要标志。在参加重大科技计划项目的过程中,我国高校也已经拥有了一定数目的专利和自主知识产权。

高校的技术成果常需要进行专利转化,但在转化过程中存在科技成果转化管理制度缺失、科技成果评价体系不合理、专利与市场发展不契合等系列问题和风险。[①] 长期以来,高校的科技成果转化工作一直未受到足够的关注,相对于高校传统的人才培养和科研活动,高校对科技成果转化的重视程度还没有达到应有的高度,这直接造成了大学的科技成果转化制度不健全,存在较多漏洞,科技成果难以转化,错过很多市场机遇。随着数字技术的发展,数字化赋能和数字技术发展也为专利转化带来了风险和挑战,需要我们特别关注。

首先是技术更新速度快:数字技术的发展速度非常快,新的技术不断涌现,旧有技术很快过时。这可能导致专利技术在转化过程中面临陈旧性和

---

① 邱国霞.高校专利转化存在的问题及对策分析[J].江苏科技信息,2013,(15):15 - 17.

技术落后的风险。某项技术可能在专利申请时是前沿领域的突破性创新，但很可能在转化过程中已经有更先进的技术出现，影响其市场价值和竞争力。因此，在数字化赋能的背景下，可以对技术的演进轨迹进行充分的评估和预测，以降低专利转化风险。其次是知识产权保护困难：数字技术的特点使得知识产权的保护变得更加困难。软件领域的专利保护常常面临可行性和有效性的挑战。此外，数字技术的开源共享和信息流动性也使得知识产权的保护更加复杂，可能出现侵权和盗用的风险。最后是技术标准化问题：数字化赋能和数字技术的发展带来了众多技术标准和协议，在专利转化过程中，如果无法与相关标准或生态系统对接，将导致技术难以推广和商业化；如果技术无法符合或适应相关的技术标准，可能会面临市场接受度低的风险，技术标准的竞争也可能导致专利技术在市场上的地位受到挑战。除了技术方面的问题，数字技术领域竞争也十分激烈，竞争对手众多。在专利转化中，高校需要考虑与其他技术和企业的竞争合作关系，寻找自身的优势和差异，以在市场中脱颖而出。

为了更好地应对数字技术领域专利转化所面临的风险和挑战，高校相关人员可以采取以下策略，提高专利技术商业化能力，推动数字技术在实践中发挥更大的作用。首先，加强技术创新和研发投入，优化专利战略。高校可以加强对数字技术领域的研究与开发，不断提升科技创新能力。及时跟踪技术发展，密切关注数字技术的新动态，及时调整专利转化策略，确保技术的市场竞争力。同时，针对专利技术进行深度分析和评估，制定合理的专利战略，规避市场风险。其次，加强知识产权保护，加强专利法律意识。高校需要加强知识产权保护，建立完善的知识产权管理体系，加强对专利的深入研究和合规性评估以及专利法律知识和方法的学习和应用，有效防范专利被侵犯或者无法得到应有的保护的情况。最后，拓展产业合作，积极将专利技术转化为商业化产品。高校可以积极拓展与企业、机构的合作关系，搭建产学研平台，实现技术转化和产业化。通过合作，将专利技术转化为商业化产品，提高专利技术的商业化能力。

科技创新离不开人才,高校也应加强专业人才的培养和教育,提高人才的创新能力和专业素质,推动专利技术向商业化方向转化。高校还可以建立专利技术孵化器、技术转移中心等机构,为专利技术转化提供更多支持和帮助。

(三)应用推广:精准市场调研,降低知识技术转化难度

高校技术应用推广过程中市场需求的不确定性是一个重要挑战,特别是在数字技术应用领域。数字技术应用的用户群体广泛,其需求也是多样化的,不同行业、不同用户群体对产品功能、性能、价格等方面的需求有所不同,使得高校在推广过程中难以准确把握市场需求的变化和演变趋势。除此之外,也可能面临技术迭代过快、市场竞争激烈、推广渠道不畅等风险,导致推广过程困难或者市场份额有限。数字技术应用领域的技术迭代速度非常快,新的技术和产品层出不穷,市场需求也随之快速变化,过去的推广策略和产品可能会因为技术更新而无法满足新的市场需求。不同的企业、高校或科研机构也都在致力于开发和推广类似的产品和解决方案,市场竞争激烈,存在大量竞争对手。

总的来说,高校技术在推广应用仍处于探索发展阶段,技术上不够成熟,需要进一步改进。高校可以加强市场调研,提前了解市场需求,了解目标市场的特点、潜在需求和竞争情况,制定合理的落地推广计划;针对不同的用户群体和市场需求,制定多样化的营销策略,比如,针对不同行业的用户,可以推出定制化的解决方案,针对不同规模的企业,可以提供灵活的合作方式等;同时与用户保持密切互动和沟通,了解他们的需求和反馈,通过不断与用户交流和反馈,及时调整产品和推广策略,以适应市场需求的变化。除此之外,高校需要具备敏捷创新的能力,快速推出新的产品或改进现有产品,以应对市场快速变化的需求,更好地满足市场需求的变化,并与相关企业建立良好的合作关系,借助企业的市场渠道、销售网络和品牌影响力,更好地推广数字技术应用,同时减小市场风险。

综上分析,不难发现高校中的技术应用风险迭出,尤其在科研成果转化

方面深陷技术应用困境，我们应如何打破这一困局，促进技术在高等教育中的进一步应用呢？

二、破局：剖析典型失范案例，明确管理改进方向

随着科技的不断发展，高校在科技领域中也面临一些失范的典型案例。这些案例引发了对高校管理改进方向的思考和讨论。

（一）隐私泄露问题：应用程序泄露用户隐私内容

大数据、深度学习等关键数字技术的突破和成熟，引发了第三次人工智能浪潮。与大数据技术相关的在数据采集、存储和使用中面临的隐私泄露、信息安全问题，与深度学习算法有关的算法黑箱、歧视问题等，也顺延到了教育应用领域。[①]

高校技术应用中的隐私泄露问题是一个严肃的安全隐患，涉及个人隐私、数据保护和信息安全等方面。如果应用程序泄露用户的隐私内容，可能导致个人隐私被滥用、身份信息被盗用、个人数据被非法获取等严重后果。

在高校中，人脸识别技术被广泛应用于多种场合：一是校门进出口管理，在校门口设置了人脸识别闸机，对学生进出校信息进行真实、实时的记录，当有外来者进入校园时，保安老师也能及时得到有关信息。二是宿舍楼，每个宿舍楼都有一个门禁，这样就可以让辅导员和宿管知道他们有没有在寝室，在寝室待了多长时间，如果有一个学生回来晚了，那么他们的行为就会被发现，从而得到更好的指导和教育。三是对班级进行考勤管理，在每个班级的大门上都设置了一个人脸识别装置，让同学们只需要用一张脸就能完成上课的登记，然后老师们就可以从后台的数据中了解到同学们的出勤。[②] 有些学校还在教室内安装了人脸识别设备，用来检测学生的上课状

---

① 高山冰，杨丹.人工智能教育应用的伦理风险及其应对研究[J].高教探索，2022，(01)：45-50.

② 罗生全，谭爱丽，钟奕军.人工智能教育应用中的伦理风险及其规避[J].中国教育科学(中英文)，2023，6(02)：79-88.

态,这样老师和教学管理部门就可以对一些班级的教学质量进行检测。利用人脸识别技术,教师可以方便快速地获取学生的各种信息,并对学生的学习和生活情况进行进一步的分析。但是,从法律的角度来说,这的确是对学生的个人隐私造成了侵害,并且可能会造成对个人面部信息的过度收集和滥用。[①]

为了解决这个问题,高校应该采取一系列的措施来保护用户的隐私。首先,高校应该建立完善的数据保护制度和规范,明确明晰数据收集、存储和使用的原则和流程,确保用户数据的合法、合规和安全。其次,高校应该加强对第三方应用程序的审查和监管,确保这些应用程序有足够的安全性和隐私保护措施。同时,高校应该加强用户教育,提高用户隐私保护的意识,让用户了解个人信息的价值和风险,并学会正确使用和保护自己的个人信息。

此外,高校还应该加强技术安全保护措施,包括加密通信、身份验证、访问控制等技术手段,保护用户数据的机密性和完整性。高校可以成立专门的信息安全团队,负责监测和应对隐私泄露事件,及时发现和处理潜在的安全漏洞。

总之,保护用户隐私是高校技术应用中的重要任务,高校应该积极采取措施,从制度、技术和用户教育等多个方面确保用户数据的安全和隐私的保护。只有这样,才能有效应对隐私泄露问题,增强用户对高校技术应用的信任和满意度。

(二)科技成果滥用:技术滥用引发数字伦理问题

科技成果转化为生产力,能给社会带来极大的利益,但若运用不当,也会给社会带来极大的危害。在当前的社会中,对科技成果的滥用并不少见。当前,我们所处的是一个信息时代,随着计算机网络的日益普及,从人们的

---

① 林燕萍,付冬波.人脸识别技术在高校应用中的法律风险及应对策略[J].电子技术与软件工程,
2021,(08):259-260.

学习、工作、生活，到国家的经济发展、国家的安全等方面，计算机网络起到了越来越大的作用。伴随着社会的市场需要，出现了大量的计算机科技工作者，他们中的大多数都具有较高的技术道德素质，他们可以把自己的发明创造用来为人类服务。然而，也有一小部分的科技工作者，为了获取更多的利益，会滥用科技成果，甚至从事网络犯罪。[①] 随着时代的发展，科学技术的进步也疯狂对冲我们的固有伦理体系。

近年来，人工智能技术的飞速发展备受瞩目，其中最引人注目的莫过于聊天生成预训练模型（ChatGPT）。ChatGPT 是一种由 OpenAI 公司开发的自然语言生成模型，它通过学习大量文本数据，能够生成连贯、有逻辑性的回答。其强大的生成和对上下文的理解能力，使得它在许多领域都有着广泛的应用，如客户服务、虚拟助手、教育等。它具有强大数据存储能力和超强信息检索功能，超强的语言识别技术使其在智能机器人中显得格外出众。ChatGPT 对智能机器人的这一历史性变革在为日常生活带来便利的同时，也带来了一系列伦理和社会问题。

首先是数据泄露问题。ChatGPT 以海量信息"为食"，数据量越大、数据越新，其功能性越好。这意味着要保证良好的用户体验，它必须在社会各领域中获取足够多和准确的知识和信息，但问题在于，许多信息涉及国家机密、商业秘密和个人隐私，获取和利用这些信息本身存在合法性问题，一旦重要数据泄露，造成的损失到底是由泄露数据的人承担，还是由披露数据的ChatGPT 承担？如何评估赔偿或者惩罚的力度？这些都不得而知。在当前个人信息被私自收集、买卖、利用的背景下，规范 ChatGPT 获取信息的合法性成为一个毫无头绪的问题。事实上为了规避数据泄露的风险，许多互联网巨头已经提醒员工在使用 ChatGPT 时注意泄露机密的问题，这意味着ChatGPT 在获取信息时存在着已知的障碍，客观上成为一种抵制其发展的力量。

---

① 胡雁楠.科技人才伦理素养问题浅析[J].人才资源开发,2018,(03):31-32.

其次是高校学生利用 AI 作弊现象。ChatGPT 被学生用于完成作业和撰写论文对教育界和学术界造成了重大的冲击。调查显示,美国有 89％的学生用 ChatGPT 写作业,目前尚未研究出可准确检测这种作弊行为的技术性方法。利用 ChatGPT 完成学业任务的质量和效率远超此前的系列解题软件,它可以完美避开查重等问题,这使其极具诱惑力。教育界和学术界存在的意义本来就是培养社会人才、推进人类历史的进步,而 ChatGPT 作为当前智能机器人的一个前沿成果,却替代人类完成人才培养的任务,假如人类果真沉溺在这种"科学自动化"和自欺欺人中无法自拔,那就再也无法前进一步,而且势必会导致思考惰性和大脑退化。在这个意义上,ChatGPT 的使用需要进一步被限制,而教育界和学术界如何既利用其强大的检索功能,又限制其被用于作弊同样是一个难题①。

为了解决这些问题,我们需要深入探讨 ChatGPT 的伦理和社会影响。首先,政府和企业需要制定严格的数据隐私政策和算法透明度机制,以保护用户的隐私和利益。其次,需要开展跨学科的研究,探讨 ChatGPT 的伦理和社会影响,并制定相应的规范和标准。此外,我们也需要制定相应的法律和政策,以限制 ChatGPT 的潜在负面影响。

不可否认,数据和工具在高校教育和研究中的应用是有价值的,它们可以提供信息、支持决策,并推动科学发展。然而,数据和工具只是辅助手段,不能取代人的思考、判断和创造。高校应该更加注重培养学生的综合素养和批判思维能力,使他们能够独立思考和解决问题,而不仅仅依赖于数据和工具。另外,高校也应该更加关注对问题本质的理解和深层次思考。教育和研究的目的不仅仅是获取数据和使用工具,而是通过对问题的思考和理解,形成知识、洞察和创新。这需要高校提供一个宽松的学术环境,鼓励学术自由和探索精神,培养学生的综合素养和创造力。因此,高校应该在数据

---

① 黄哲,汪燕,樊君花. 通往 AGI 的路上是否应该设置"暂停键"? ［N］. 中国计算机报,2023－04－24(008).

和工具的应用中找到平衡点，既要充分利用科技的优势，又要注重发展学生的综合素养和思考能力。这样才能真正实现高等教育的目标，为社会培养具有创造力和解决复杂问题能力的人才。

科技创新必须伦理先行。著名科学家爱因斯坦曾坦言："科学是一种强有力的工具，怎样用它，究竟是给人带来幸福还是带来灾难，全取决于人自己，而不取决于工具。"加强科技伦理制度化建设，推动科技伦理全球治理，成为全社会的共同呼声。

因此，高校需要加强科研人员的道德教育和诚信意识培养。鼓励科研人员秉持科学精神，坚守学术道德，遵守法律法规，不滥用科技成果谋取私利或违反伦理原则。

三、立局：探索伦理教育之路，引导科技向善向上

高校学生是我国未来科技创新的主要力量，他们承担着促进科技发展、社会进步的历史使命。在我国，高校通常只重视对大学生专业知识的传授，以及对大学生基础技能的提高，而忽略了对大学生科技风险防范意识的培养，同时，学生自己也普遍地只重视专业技术知识的学习，而忽视了对科技哲学世界观的培养。[①] 目前，我国许多大学毕业生普遍存在着科技风险防范意识薄弱、科技道德和科技方法缺乏等问题，对大学生的科技风险防范意识教育也要加以强化。[②]

（一）高校伦理教育之本

科技是国家强盛之基。科技的迅速发展和广泛应用对社会产生了深远的影响。为了适应科技创新的发展需求，国家政策要确保科技发展与伦理原则相协调，避免科技滥用和伦理风险。党的十八大以来，习近平总书记一直高度重视科技强国，提出了一系列关于科技创新和科技强国建设的重要

---

① 周新成.论地方高校大学生科技风险防范意识的培养[J].韶关学院学报，2013，34(03)：186-189.
② 周新成.论欠发达地区农村公众科技风险防范意识的培养——以粤北地区为例[J].湘南学院学报，2015，36(01)：22-26.

思想和战略部署,推动我国科技事业的快速发展。习近平总书记指出:"科技是发展的利器,也可能成为风险的源头。"科技应用的快速发展带来了新的安全和风险挑战,例如信息安全、隐私保护、人工智能伦理等问题。国家政策需要关注科技安全和风险,保障公民的权益和社会的稳定。2022 年,中共中央办公厅、国务院办公厅印发《关于加强科技伦理治理的意见》,提出了伦理先行、依法依规、敏捷治理、立足国情、开放合作的科技伦理治理总体要求,并明确要求"压实创新主体科技伦理管理主体责任"。

作为人才培养和科学研究的主阵地,高等院校肩负着教育青年学生树立正确科技伦理意识、完善科技伦理人才培养机制、培养高素质与专业化科技伦理人才队伍的重要使命。实现高水平科技自立自强,我国亟须补齐科技伦理这一短板,增强"科技伦理竞争力"。其中关键的一环是加强科技伦理教育,实现科技共同体乃至更大范围社会面的科技伦理素养的本质提升。[①] 高校开展科技伦理教育可以加强对科技安全和风险管理的培训,提高科技从业者应对挑战的能力,防范和化解科技带来的潜在伦理风险。这就要求高校进一步提升师生科技伦理素养、规范科学研究和学术管理、推进科技伦理治理体系构建。由此,新时代高校更应该起到积极的模范带头作用,充分认识到开展科技伦理教育有助于增强学生的伦理责任感、促进学生的素质教育和培养学生的思维创新。科技伦理教育要求培养学生真正的科学精神,能够全面系统地把握科技的内在蕴涵及其与人类社会发展之间的密切关系,自觉将科技与整个人类的生存、发展和进步联系起来,自觉遵守科技活动中的相关道德标准和道德规范,正确地进行道德决策和道德判断等。无论是从增强学生伦理责任感的立场,还是从推动学生思维创新和促进学生素质教育的角度来说,新时代高校推进科技伦理教育迫在眉睫,具有非常重要的价值意义。

高校伦理教育的本质在于培养学生的伦理意识、伦理判断能力和伦理

---

① 方熹.高校科技伦理教育刍议[J].中国高校科技,2020,(04):71-74.

行为准则，使他们能够在从事科技研究和应用时遵守伦理规范，在面对伦理困境时能够做出正确的选择和决策。

首先，高校伦理教育应注重价值观的培养。学校应引导学生树立正确的价值观，包括尊重人的尊严和权利、追求公正和公平、关注社会责任等核心价值观。通过教育引导，学生能够认识到科技发展和应用中存在的伦理挑战，明确自己的伦理底线和义务，形成正确的价值取向。其次，高校伦理教育应强调伦理思维和判断能力的培养。学生需要学习伦理学的基本理论知识，了解伦理决策模型和伦理分析方法。通过案例分析和讨论，培养学生分析伦理问题的能力，培养他们审慎思考、权衡利益和价值观的能力，使他们在面对伦理冲突和抉择时做出理性和负责任的决策。此外，高校伦理教育还应注重实践和行为的引导。学生需要通过实践活动，了解科技发展对社会、环境和个人权益可能造成的影响，并探索如何减少负面影响、最大化正面效益。同时，学生还需要培养诚信意识、合作精神和社会责任感，明确自己作为科技从业者的职业道德和行为规范。最后，高校伦理教育需要注重持续性和全员参与。伦理教育不应仅在单一的课程中进行，而应贯穿于学生的整个学习过程中。除了专门的伦理课程，其他学科也应该融入伦理教育内容，使学生能够在具体的学科领域中理解和应用伦理原则。同时，教师和学校管理者也要起到示范作用，以身作则，为学生树立正确的伦理导向。

高校伦理教育的本质在于培养学生的伦理意识、伦理判断能力和伦理行为准则。通过价值观的培养、伦理思维和判断能力的培养、实践和行为的引导，以及持续性教育和全员参与，帮助学生在科技从业中遵守伦理原则，做出负责任的决策，推动科技的可持续发展和社会的良性进步。

（二）国外伦理教育之鉴

欧美国家较早在社会发展中遇到科技伦理难题，也较早开展科技伦理教育探索。高校科技伦理教育的核心是要把道德责任与科研人员的创新性和专业性相结合，而课程则是完成这一任务的有效载体，高层次的科技道德人才队伍则是有效保障。[①]

世界一流大学大多在本科阶段的通识教育,以及本科和研究生的专业教育中,把伦理教育作为课程设置的核心内容之一,开设伦理思辨类课程和科技伦理必修课、专业课,普遍开设"伦理通识＋专业学科＋应用伦理"的课程。课程主题多样,包括"科技伦理""工程伦理""医学伦理""生物伦理""信息伦理""计算机伦理""基因伦理"等,无论是自然科学、人文社科还是工程技术类专业,都会有相应的伦理课程。这种广泛融入教育体系的方式,因为教学目标单一明确、更有充足的教学时长保障,可以说是科技伦理教育一种比较理想的模式,保证所有的学生都能接受伦理教育,从而树立正确的价值观和道德观念。还有部分高校尝试在专业课程已有内容的基础上,增添伦理的维度,将伦理内容有机融入专业课程,使两者紧密结合。例如,在"导论"一课中增设有关伦理的内容,使之与随后专题课中的伦理内容相互呼应。此外,国外还出现了将科学、技术、政策、伦理等要素结合在一起的"混合课程",成为国外开展科技伦理教育的一类重要形式(STS 融合教育模式)。科技伦理教育的 STS 融合模式是国外高校较为普遍采用的一种方式,这类课程更多地依靠高校内的科学、技术与社会(STS)研究中心,特别是对于拥有 STS 教育与研究机构的高校而言。这是由于科技伦理本身的教育目标与 STS 的教育目标存在部分重合。[②] 以 Zeidler 等为代表的 STS 价值中心流派就曾指出,STS 教育应关注伦理问题,并且重视对学生道德的培养[③]。如哈佛大学肯尼迪学院的科学、技术与社会中心开设了"生命伦理、法律与生命科学""伦理、生物技术与人类未来"等课程,麻省理工学院科学、技术与社会中心开设了"生命科学与生物技术的社会研究"课程,伦敦大学学院也针对本科生开设有"科学与伦理"课程。

---

① 徐天戍,史玉民.高校科技伦理教育的国外借鉴与启思[J].长春大学学报,2021,31(04):51-55.

② 徐天戍,史玉民.高校科技伦理教育的国外借鉴与启思[J].长春大学学报,2021,31(04):51-55.

③ Zeidler D,Sadler T,Simmons M,etal. Beyond STS:A Research-based Framework for Sociosci-entific Issues Education[J]. Science Education,2005,89(3):357-377.

　　除了传统课堂教学，国外的伦理教育也强调实践教育。通过讲座、研讨会、社区活动等多种形式进行。学生可以参与讨论、辩论和交流，与专家学者进行互动，从不同的视角和观点中获取伦理知识和思维启发。这种伦理教育注重培养学生的实践能力和决策能力，他们通过案例分析、讨论和实践项目等方式，让学生亲身体验与伦理问题相关的情景，促使其思考并做出合适的决策，从而加强学生对伦理原则的理解和应用能力。

　　借助在线教育平台和先进技术的支持，国外伦理教育也已经开始在线上开展，并取得了积极的成果。许多国外大学和学术机构建立了在线伦理教育平台，提供开放式课程和资源。例如，哈佛大学的 EdX 平台和耶鲁大学的 Open Yale Courses 都提供了关于伦理学的免费在线课程。这些平台不仅为学生提供了学习材料和课程视频，还提供了在线讨论和互动社区，使之能够与教师和其他学生进行交流和合作。将这些案例的经验和教学方法结合到国内的伦理教育中，可以为我们提供更灵活、互动更多和实践性更强的教学方式，促进学生的伦理思考和能力发展。

　　在师资力量方面，世界一流高校中将科学与法律、哲学、社会学等结合的交叉学科机构为高校伦理教育输送了源源不断的人才。这些教师往往兼具自然科学与人文学科背景，他们对当代前沿科技中的伦理维度有着比较准确的认识和深入的理解，可以指导学生针对特定的情景进行思考式讨论，通过对科技伦理原则的探讨，提高学生在面临科技伦理选择时的能力。为了提高伦理教育的质量，国外政府和高校也十分注重教师的伦理教育专业发展。他们为教师提供专门的培训和资源支持，使教师具备丰富的伦理知识和教学技巧，能够有效引导学生进行伦理思考和讨论。

　　总的来说，国外伦理教育注重将伦理教育融入教育体系，强调实践教育和教师专业发展。顶尖高校中科技伦理教育的课程设置较为完善、课程种类多样、教学资源积累丰厚，并探索出多样化的教学模式，又有体系化的师资人才队伍加以保障，高校科技伦理教育体系相对完整。这些经验可以为我国高校伦理教育提供借鉴，帮助培养具有伦理意识、伦理判断能力和伦理行为准则的优秀科技人才。

（三）开展伦理教育之思

我国虽已在高校科技伦理课程建设与教学实践方面做出了一些有益探索，但远未形成适合国情和科技发展需要的科技伦理教育体系，仍存在课程设置零散、理论与实践脱节、教师专业素养不足等系列问题。

为了加快推进高校科技伦理教育，需要着重解决以下问题：一是高校中科技伦理教育课程设置零散，缺乏系统性。科技伦理教育往往只是作为某些专业的选修课程，缺乏系统性和普及性，无法涵盖各个学科领域。部分科技伦理教育课程的内容设计较为陈旧，没有及时跟上科技发展的最新趋势和伦理问题。科技伦理与其他学科之间的交叉融合不足，缺少科技、人文和社会科学等不同学科领域的互动和合作。二是理论与实践脱节。科技伦理教育过于侧重理论知识灌输，而较少强调实践操作和案例分析，导致学生难以将理论应用到实际情境中进行决策和问题解决。教师主导的教学方式较多，缺乏互动和参与，学生的主体性和创造性得不到充分发挥。过于注重知识传授，而忽视培养学生的批判思维和道德判断能力，缺乏启发式教学方法。三是教师专业素养不足。部分教师在科技伦理领域的专业素养较低，无法深入了解最新科技发展和相关伦理问题，影响教学质量。同时，缺乏系统的师资培训和发展机制，对教师开展科技伦理教育的培训和支持不够充分。

通过分析国外众多高校科技伦理教育的典型做法，不难发现科技伦理教育需要综合运用不同学科领域的知识和方法。高校注重培养学生的专业素养，使其具备扎实的科学技术基础和领域专业知识，同时，也要注重引入多样化的学科内容，如哲学、伦理学、社会科学等，以全面理解科技与伦理之间的关系。科技伦理教育强调科技与人文的交叉和融合。其次，高校应鼓励学生从人文角度审视科技发展，并了解科技背后的价值观和社会影响，通过引入人文学科的课程或跨学科研究项目，使学生思考科技的伦理问题，并将科技发展与人类社会发展相结合。高校在科技伦理教育中要注重线上与线下教学的融合。同时,线上教学平台为学生提供了更广泛的学习资源和交流机会,线下教学强调面对面的讨论、实践活动和案例分析,以促进学生之间的互动和合作,并培养他们的团队合作能力和解决问题的能力。最后,高校应强调将伦理理论与实践相结合,使学生能够将伦理原则应用于实际问题中。通过让学生参与真实情境的模拟、实地考察、项目研究和社区服务等实践活动,培养他们的实践能力和伦理责任感,同时,高校也应注重教授伦理理论知识,使学生能够理解不同伦理观点的基础和逻辑,加深对伦理问题的思考和理解。这种综合与多元的教学模式和方法能够更好地培养学生的科技伦理意识和能力,为其在科技领域的发展提供道德指导。

因此,伦理教育可辩证吸收国外相关教学经验与实践成果,根据国情进行多种教学模式的互补,发展"以学生为中心"的教学方法,改进当前科技伦理教育现状。

在课程设置上,要注重多样化和实践导向。高校不能仅盯着独立课程的开设,而要优化课程设置,建立全面覆盖的科技伦理教育体系,将科技伦理纳入各个学科的必修课程,并根据不同学科的特点进行内容设计;要尝试加大跨专业课程的融合力度、重视利用在线资源、创新融合中国特色的思政教育,综合采用并灵活进行不同模式之间的互补,打开科技伦理教育的新局面。高校在开展伦理教育过程中,可以(1)提供多样化的课程内容:将伦理教育纳入不同学科领域的课程中,如医学伦理、商业伦理、环境伦理等,以满足不同专业领域学生的需求。(2)进行跨学科教学:鼓励多个学科领域的教师合作开设跨学科的伦理课程,促进不同学科之间的交叉融合和思维碰撞。结合中国特色的思政课程体系,在以人格教育为基础的思政通识课程中融合科技伦理教育,在专业课程思政教学中兼顾伦理教育的维度。(3)以实践为导向:将实践与理论相结合,通过案例分析、实地考察等活动,使学生能够将伦理原理应用到实际情境中,加强实际操作和解决问题的能力。(4)线上线下相结合:在网易公开课、中国大学 MOOC 等在线开放课程平台提供线上教学资源,包括教学视频、课件、在线讨论论坛、网络研讨会等。利用在线讨论论坛、团队合作平台等工具,鼓励学生进行虚拟互动学习。充分利用线上教育资源和线下实践活动的结合,提高科技伦理教育的覆盖面和教学质量,同时满足学生的灵活学习和交流互动的需求。

在教学模式上,应鼓励多样化教学方式。我国高校科技伦理教育不能停留在对科技伦理知识的单向传授,而要重视学生的实践训练。国外高校伦理教育中,都清晰体现出伦理教学从"以教师为中心"向"以学生为中心"的转变。首先,教师在进行伦理教育时可以采用启发式教学方法,引导学生主动参与思考、讨论和问题解决。教师通过提出引导性问题,激发学生的思辨能力和创造性思维,培养他们的伦理道德判断能力。其次,要重视实践教学,将实践教学与理论知识相结合,提供案例分析、角色扮演、实地考察等实践活动。通过实际操作和情景模拟,使学生能够将伦理原则应用于实践中,培养他们的实际应用能力和伦理决策能力。最后,要进行角色转变。教师要充当学习的引导者和促进者,从传授知识者转变为学习的组织者和引导者。教师应创造积极的学习氛围,鼓励学生参与讨论、辩论和思想交流,采用小组讨论、互动式讲座、翻转课堂等方式,让学生能够积极参与,并提供反馈和评价。教师也应鼓励学生的自主学习、批判性思维和创新能力,为其提供指导和支持;同时鼓励学生进行小组合作学习和团队项目实践,促进学生之间的合作与交流,培养团队合作精神和解决问题的能力。

最后,在师资培养上,要重视教师的专业化发展。在高校设立专门的伦理教育教师职位,吸引有相关专业背景和教学经验的人才。这些专业化的教师可以提供更深入、专业的伦理教育课程和培训,推动伦理教育的深入发展。科技伦理师资队伍的建设需要一定周期,在加快落实队伍建设的同时,国内高校可以通过对科技类专业教师进行集中强化培训,帮助教师熟悉伦理教育理念和方法,提升教学技能和专业水平,提高科技伦理教育在专业课程教学中的融合力度与深度。此外,要促进跨学科合作,高校应鼓励不同学科的教师进行合作,共同参与伦理教育的研究,推动伦理教育与专业教育的有机结合。例如,与哲学、心理学、社会学、法学等学科进行交叉融合,开展共同研究和教学项目,促进跨学科的教师合作和专业交流。

通过借鉴国外伦理教育方法并进行改进,我国高校伦理教育可以更好地培养学生的道德素养和伦理思维能力,为社会发展和人才培养作出更大贡献。同时,随着社会的变化和科技的进步,我国高校伦理教育还需不断创新和完善,适应时代的需求和挑战。

第三节 规范与建构:数字技术教育应用协同引导

当今社会,数字技术正以前所未有的速度发展着,势头强劲,其发展以教育培养人才为基础和后续发展动力。技术作为一种工具,其初衷在于为人类服务,作为人类生活、工作、学习的"助手",将其成果应用于教育也已是大势所趋,成为现代教育的重要组成部分之一。然而,数字技术的不断繁荣进步、工具思维与教育理念的碰撞,极易导致技术的异化,带来伦理失范的种种问题,不可忽视。为了应对将数字技术应用于高等教育的各种风险与挑战,有效防范各类伦理失范事件,社会各界都应行动起来,规范并构建合理的应用规则,加强数字技术应用监管,提高伦理道德意识,形成共同引导,促进数字技术在高等教育中的合理应用。本节将从社会各界协同引导的角度入手,探索技术浪潮下应用伦理的规范与建构。

一、政府层面:推动协同治理,构建统一规则

构建统一的技术伦理规范是治理高校数字技术应用伦理失范问题的首要举措,可以帮助调整并约束各种不当行为,促进高校数字技术的合理应用,这不仅需要政府的政策推动,还需要各个职能部门的协同治理以及高校的积极配合。

然而,目前的规范体系依旧不够完善,因而政府需要制定更加明确化的法律法规。随着数字技术在人类社会中的应用越来越广泛,甚至成为不可或缺的重要组成部分,人类与数字技术应用的伦理界限却愈发模糊。我们

现在并不需要仅具有指导作用而缺乏实践意义的伦理规范,而是需要一种具有强制性与可操作性的、违反就会受到惩罚的行为制度。并且,泛化的、不具体的规则制度,不健全、不完善的体制机制,已经不能够适应发展应用的需求。

首先,政府需要出台更加明确的法律法规以界定数字技术应用的伦理界限,给出准确清晰的定义,严格指出什么样的行为是不符合技术伦理规范的,明确提出什么样的行为才是数字技术应用过程中允许并提倡的。其次,政府要明确数字技术应用过程中各个环节的责任归属,即在什么环节什么情况下应该由谁来承担可能出现的问题的责任,例如明确个人责任、企业责任、政府监管责任、学校教育责任、社会责任等多种主体责任和义务的具体范畴。最后,政府要制定严格统一的处罚条例,增强法律监管,让任何人都不能够存在侥幸心理,在无形中形成一种约束力。处罚条例应当在明确规定不同违法行为的基础上给出相应的处罚措施,列举典型的违法行为和对应的处罚标准,使人们能够清楚地知道哪些行为是违法的,以及违法行为可能面临的惩罚。并且针对不同的违法行为,处罚条例应设定多层次的惩罚措施。处罚条例要严格遵守法律原则,保证公正公平性,并采取有效措施确保处罚条例的强制执行。

只有国家政府对数字技术应用的伦理规范进行明确统一的规定,起到引导作用,社会各界才能更好地进行配合,共同构建数字技术应用的伦理规范。除此之外,教育部门、大数据中心以及网信办等政府相关部门也应当有所作为,响应国家政府的号召,协同构建数字技术教育应用的治理环境。

(一)教育部门:构建伦理准则

教育部门与高校数字技术应用的伦理规范息息相关,处于十分重要的地位,因而教育部门应当采取一系列的措施对数字技术应用过程中的伦理规范进行引导。

第一,教育部门可以制定明确的数字技术教育应用过程中的伦理准则,作为高校数字技术伦理规范的标准。教育部门可以与专家、学者和各位一线教育从业者一起制定明确的教育伦理准则，包括教师和学生应该具备的伦理素养、行为规范和职业道德要求。这些准则应当涵盖教育公平、尊重学生权利、保护学生隐私、传递正确知识等方面，以此来指导教师和学生的行为。第二，教育部门可以加强对高校的指导和检查，以确保他们能够遵守数字技术教育应用过程中的伦理规范。这包括定期的评估和审核，监督高校是否落实伦理准则，是否采取措施纠正违规行为，并建立举报和投诉机制以及相应的处理程序等等。第三，教育部门可以与高校建立合作，设计和推广数字技术教育应用伦理相关的课程，包括课程内容和教材的编写、教育方法和活动的设计等等。这些课程应该强调数字技术的使用规范，伦理原则和人文价值观培养，帮助学生理解和掌握正确的数字技术应用过程中的伦理行为准则，培养他们的道德判断能力和责任感。第四，教育部门可以加强教师数字技术应用过程的考核和评价机制，建立完善的教师伦理考核和评价体系，对教师的伦理素养和职业道德进行评估。这种体系可以包括定期的教师绩效评估、同行评议、学生评价等多个评价指标，以确保教师践行数字技术应用过程中的伦理规范，并对表现突出的教师进行表彰和奖励。第五，教育部门可以加强数字技术教育应用相关的伦理研究与交流，以推动数字技术教育应用的伦理研究的发展，并加强学术界与相关研究机构的合作与交流。通过支持相关的研究项目、组织学术研讨会和国际交流活动，促进数字技术教育应用中伦理理论的深化和实践经验的分享，推动技术应用伦理规范的不断发展和完善。

（二）大数据中心：数据风险监管

大数据中心也可以与政府、高校形成合作，协同制定并完善数字技术应用过程中的伦理规范，以保证高校教师、学生在数字技术应用过程中的个人信息安全，并保障合法权益。

第一，建立合作机制。大数据中心与政府、高校合作机制的建立是有效进行数字技术应用过程中伦理风险规避的基础。通过跨部门、跨界合作，吸收各方的专业知识和经验，共同参与制定数字技术应用的伦理规范，从而确保伦理规范的全面性和科学性。第二，大数据中心可以联合政府、高校多组织专家论坛和研讨会，邀请相关领域的专家、学者和从业人员，就数字技术应用的伦理问题展开深入探讨和交流，集思广益，形成共识，为伦理规范的制定提供科学依据和建议。第三，大数据中心可以提供数字技术应用过程的相关伦理研究与咨询服务，为政府和高校提供专业的意见和建议，协助政府制定和完善数字技术应用的伦理规范。并且可以通过开展案例分析、风险评估等工作，帮助各方识别潜在的伦理问题和风险，提供相应的解决方案。第四，大数据中心可以协同政府共同建立监管和评估机制，对高校数字技术应用的伦理规范进行监督和评估，通过定期检查、审查和监测，确保规范的有效实施，并及时发现和处理不当的数据处理行为，保障高校教师、老师数字技术应用过程中的个人信息安全和权益。第五，大数据中心也要建立监管和评估机制，定期地对高校数字技术应用的过程进行检查、审查和监测，确保规范的有效实施，并及时发现和处理不当的数据处理行为，保障公民个人信息安全和权益。

(三) 网信办：形成社会监督

中华人民共和国国家互联网信息办公室（简称网信办）作为监管和管理互联网信息传播、维护网络安全和促进互联网健康发展的重要部门，对于规范高校数字技术应用过程中的规范也十分重要。

第一，网信办可以发布指导文件，明确高校数字技术应用的伦理规范要求，并提供操作指南和实施建议。这些文件可以包括伦理原则、数据隐私保护、信息安全管理等内容，旨在为高校提供方向和参考，促进伦理规范的建立和落实。第二，网信办可以组织培训和教育活动，针对高校相关人员和从业人员进行培训，提高其对数字技术应用伦理的认识和理解。培训的相关内容可以包括伦理概念、相关法律法规、伦理决策模型等，帮助他们正确处理伦理问题和风险。第三，网信办可以建立举报投诉机制，鼓励社会各界监督高校数字技术应用的伦理规范。公众或者高校相关人员可以通过举报和投诉渠道，向网信办反映不当的数字技术应用行为，网信办应当及时处理并给予相应的处罚或引导。除此之外,网信办要与高校展开相关的合作,共同推动数字技术应用的伦理规范的建立。通过组织研讨会、专家咨询等方式,促进各方的沟通与交流,形成合力,共同制定和实施伦理规范,营造良好的数字技术应用的社会氛围,从而促进技术的发展与应用。

二、高校层面:明确人员分工,加强技术监管

在政府与社会的协同治理下构建统一的技术伦理规则是高校实现数字技术合理应用的最基本保障,而高校层面的内部体系如何分工、高校如何配合政府实现技术伦理规范的落地才是得以实现的关键。

从高校的角度剖析,实现数字技术合理利用主要立足于三个层面,分别为高校德育环境建设、教学过程监管以及技术支撑。高校管理者要明确不同管理层次的责任分工,强调其技术决策的伦理品性,加强对高校数字技术的监管,使得高校中的各种技术决策和技术活动均符合伦理道德规范和伦理责任制度,从而为教师、学生合理地应用数字技术营造一个良好的教育生态环境。

(一)面向德育环境:推进数字技术伦理道德建设

数字技术教育应用中的伦理道德规范存在于价值观中,以价值观为基础,与价值观同行[①]。倘若一切教育活动在使用数字技术的过程中没有顾及伦理道德规范,没有明确地体现价值观,那必然是不可取的。因而,加强高校伦理道德建设至关重要,且具有一定的必要性,高校要面向德育环境,积极推进数字技术伦理道德建设。其面向对象不仅应该包括高校各层管理者、教师以及学生等个体层面的伦理道德教育,还应该包括高校数字技术教育应用环境的伦理道德建设。

首先,就个体层面而言,数字技术教育应用伦理的相关课程建设具有一

---

① 陈炜,李强.教育中的技术伦理审思:历史、问题与对策[J].南通大学学报(社会科学版),2021,37(04):117-125.

定的必要性。高校需要将数字技术伦理的相关内容纳入管理人员、教师培训的内容体系以及学生的课程体系之中，加强数字技术伦理道德教育。通过系统的学习使得高校管理者能够提高数字素养，能够从伦理角度考虑数字技术的相关决策，从而更好地对数字技术进行监管，营造良好的教育生态环境。同时，这也使得教师和学生能够提高教育教学数字技术应用过程中的伦理意识及技能水平，从本质上防止数字技术教育应用中的伦理失范现象。长期以来，从个体层面而言，高校人员总体的技术伦理水平将会取得大幅的提升，从而预防数字技术可能对高等教育带来的种种风险。

其次，就教育生态环境而言，数字技术教育应用伦理必须融入高校各个方面。第一，建立明确的伦理道德规范和制度，包括学术诚信准则、严禁侵犯他人的知识产权或其他合法权益等等，以此引导高校教育工作者以及学生正确地、合乎伦理道德地使用数字技术。第二，加强伦理审查的评价监督机制，在进行数字技术应用、创新、研究和项目实施等活动时，对可能涉及伦理风险的部分加强评估和监督，确保其遵循伦理规范。第三，要加强对数据隐私的保护，数字技术涉及大量个人敏感数据的处理，要提醒学生遵守隐私权和数据安全原则，培养他们对个人信息保护和数据安全的责任感。第四，高校可以开设数字技术应用道德伦理规范的相关课程、讲座，鼓励在校师生积极参与并学习，从而营造良好的技术应用的伦理环境。此外，高校还可以通过设立数字伦理咨询部门、促进跨学科合作、推动国际交流、增加实践环节等诸多途径来推进高校数字技术教育应用中的伦理道德建设。

(二)基于教学过程:加强技术应用过程评价监管

教学过程是教育中最重要的部分之一，是实现教育目标、传授知识技能的核心环节，也是数字技术教育应用的主阵地，因而对教育过程中技术伦理的评价、监管十分重要，教学评价是实现的主要方式之一。教学评价具有诊断、导向、激励、调节等功能，如果将数字技术应用伦理纳入教学评价的范畴，可以对教师的数字技术应用活动进行伦理评判。伦理评判不仅可以诊断教学技术应用是否符合伦理，而且可以引导、激励教师合理地应用教学技术,还能够帮助教师调节自己的教学技术应用行为[①]。不仅如此,将数字技术教育应用的伦理问题作为教学评价的重要环节之一,也可以进一步引起专家学者以及高校教师、学生的重视。因而,作为一名高校教学工作管理者,需要推进教学过程技术伦理评价的加入,加强过程评价监管机制,从而引导合乎伦理的数字技术教育应用行为。

首先,要将数字技术教育应用的伦理性作为教学评价的指标之一,建立技术应用的伦理评价标准。这样可以在一定程度上保证教学过程中数字技术应用的合法性、合规性以及师生个人隐私等数据安全。同时,通过伦理评价标准,还能够规范教师和学生在数字技术应用中的行为准则,引导他们正确使用技术,避免滥用等不当行为。这对于提升教育质量、维护公正性和信誉度,以及激发师生的社会责任感,都具有积极意义。因此,建立数字技术教育应用的伦理评价标准是非常必要的,可以为教育体系提供更安全、可靠、负责任的数字化学习环境,并推动教育的可持续发展。在这个过程中,仅仅依靠教学工作管理者是无法实现的,还需要各种专家学者等相关人员一起参与进来,依据教育技术伦理规范和数字技术在教学中呈现的功能,为数字技术应用过程中的不同责任主体建立伦理评价细则,将其作为教学活动中评价数字技术应用情况的依据。

其次,要实施有效的数字技术教育应用伦理评价,将建立的评价标准切实地应用于实践。只有落地的举措才能够真正发挥作用,更好地促进数字技术教育应用的健康发展,保障学生的全面成长。因而,高校可以为教师提供培训,制定明确的指导性文件,说明教师在数字技术背景下应具备的职业素养,对新教学评价体系的内容进行详细解读,包括技术应用原则、伦理评价标准及其解释等等,并注意文件和标准的可操作性与准确性,为教师提供切实可靠的指引。高校还可以为学校师生提供示范和交流的平台,组织数字教学观摩活动,让教师们可以观察到其他同行的教学评价实践,并进行交

① 蒋立兵.现代教学技术应用的伦理诉求及理性回归[J].中国教育学刊,2016,(10):84-89.

流和讨论。

除此之外,包含伦理评判的新的教学评价体系并不是一朝一夕就能够构建的,还需要在后期的教学实践之中不断调整和完善评价指标和流程。通过建立高校与教师之间良好的沟通渠道,定期收集教师们对新评价体系的反馈和意见,并根据教师的实际需求和实践经验,及时进行改进和优化,以确保评价体系的可行性和有效性。

(三)立足技术支撑:提高准入门槛保障后续维护

除了面向基于伦理道德的德育环境管理,积极推进数字技术伦理道德建设,并基于教学过程加强数字技术应用过程中的评价监管,高校还需要直接对技术及设备的引进进行监管,采取相应措施,这包括对进入教学场域的所有数字技术进行有效筛选,并在后期对设备进行维护,以保障技术的可持续性应用。

技术进入教学场域若是缺乏遴选和监管机制,最直接的后果就是效果低下,或不适合教学需求的技术设备和软件被引入教学中,从而影响教学质量,使得学生学习效果不佳。这不仅在很大程度上造成了资金浪费和资源浪费,还可能会损害学生的合法权益。在缺乏筛选和监管的情况下,也可能存在不符合教育伦理和教育法规的技术应用,极有可能损害学生的隐私权,无法保证安全性和健康发展,给学生带来负面影响,从而造成严重的数字技术伦理失范现象。

由此可见提高技术准入门槛至关重要,高校亟须对进入教学场域的一切数字技术进行遴选监管,确保技术在教学场域的有效应用。关键是要建立健全的监管机制和遴选机制,包括制定技术应用的指导方针、评估标准和安全规范等,加强技术进入教学场域的审查和评估,为教育技术的合理、安全和有效应用做好基础的保障工作。

除此之外,高校中的相关负责人还需要做好后期对技术或设备的维护工作。例如,制定合理的维护计划,并进行定期的检查、更新升级、保养以及技术检测与评估,若设备出现故障或异常,能够及时地进行排查和修复等等。除此之外，高校还可以对相关的专业人员进行培训并提供技术支持，从而有效保证技术设备的质量，促进后期技术的发展、设备的正常运行和可持续发展。技术的安全性也可以在很大程度上防止数字技术应用失范的现象。

三、个体层面：提高伦理意识，规范应用技能

（一）教师层面：辩证看待技术伦理属性

在如今数字技术高速发展的时代，教育更是成为促进社会进步和培养人才的关键环节。而教师作为教育的主要实施者和推动者，其技术伦理意识和教学应用技能的水平直接关系到教育教学质量的高低，并在一定程度上会对学习者产生潜移默化的影响。因此，提高教师数字技术应用中的过程中的伦理意识，形成规范的教学伦理素养，强化数字技术教学应用技能，对于教师个人发展、学校教育改革和培养学生良好品德均具有重要意义。在这过程中，高校、政府等外部的促进作用固然关键，但教师基于个体层面所做出的努力也同样至关重要。

在伦理意识层面，教师数字技术伦理意识的培养是规范伦理行为的重要思想基础。首先，教师深刻理解教育与技术的本质问题，全面把握教育与技术的关系是具备并提高数字技术伦理意识的前提[①]。技术改变了教师教学的方式，也改变了学习者的学习环境，但却并不会从根本上改变教育[②]。数字技术与教育之间应始终保持一种适度的平衡，在教育教学过程中不论是过度地依赖技术，抑或在技术使用过程中缺乏了道德伦理层面上的考虑，都会打破这种平衡。因而教师需要深刻理解教育与技术的本质问题，全面把握教育与技术的关系，明确技术对教育教学过程的辅助作用，才能更好地理解数字技术伦理的内涵，才能提高教育教学过程中的数字伦理意识，并应

---

① 陈晓慧，卢佳，赫鹏.信息技术教学应用的伦理失范及其治理[J].开放教育研究，2019，25(03)：53-59.

② 陈晓珊.人工智能时代重新反思教育的本质[J].现代教育技术，2018，28(01)：31-37.

用于实践,为学生起到良好的导向作用。

其次,教师责任意识的培养是提高数字技术伦理意识的基础。教师可以通过以下方法来培养自己的责任意识。其一,教师需要明确自己的职业使命,了解自己的职责和目标,遵守教师职业道德和相关法律法规,努力培养学生全面发展,以此激发自己的责任意识;其二,教师应当以高标准严格要求自己,并对自己的教学实践和职业表现进行定期地反思和评估,思考自己在教学过程中的强项和改进空间,不断追求专业知识,提高教学能力和责任感;其三,教师应该时刻关注学生的整体成长和发展,与学生和家长建立良好的沟通和合作关系,以学生为中心,对学生的学习成果和学业规划承担起应有的责任……并且,由于数字技术对学生的影响多以潜在或滞后的形式出现,应进一步强化教师对该影响所应肩负的责任。在责任的表现形式上,不应局限于职业角色的基本要求,应立足于有助于学生实现全面与可持续发展的宏大视野,强化责任意识与人文关怀[①]。

教师还应当认识到技术在教育中的双重属性,明确技术应用可能会对学生造成的潜在不良影响,加强对数字技术教学应用行为与其结果之间因果联系的认知。近年来,教育数字化成为热点话题,也是教育领域变革的主要方向,然而现代教学技术的应用并产生的不一定全是积极价值,数字技术教学应用的过程中也会存在诸多风险,尤其是对于学生主体而言。如果教师不能意识到数字技术教学应用过程中存在产生负面价值的可能,就无法及时有效地规避这些风险,因而教师认识技术在教育应用过程中的双重属性是教师提高技术伦理意识的关键。马克思辩证唯物主义技术观主张辩证地看待技术的价值,认为技术是一把"双刃剑",既可造福人类又可危害人类。这种技术观为我们认识教学技术、驾驭教学技术提供了科学的哲学立场。因此,教师在数字技术应用的过程中,既要相信技术的确能够优化教学,也要实时关注可能会出现的负面问题;既要认识到技术能够促进学生的

---

① 蒋立兵.现代教学技术应用的伦理诉求及理性回归[J].中国教育学刊,2016,(10):84-89.

发展,也要把握技术带来的风险。

在伦理实践层面,仅仅具有伦理意识而未能付诸实践就犹如"纸上谈兵",毫无实践意义。因而,在合乎道德伦理规范的情况下,强化高校教师数字技术教学应用能力是数字技术能够在教育领域获得合理应用的有力保障。

第一,高校教师要学会正确合理地使用数字技术工具和平台。数字技术在教育领域广泛应用的同时也带来了诸多问题,极易产生伦理失范现象。数字技术教学应用的正向价值在于促进学生知识习得与智慧培养[①],在使用工具和平台时也应符合该价值导向,强调数字技术教学应用的行为标准,进一步强化技术应用实践的伦理关怀。因而,教师将数字技术应用于教学过程时,应紧紧围绕教学目标,灵活地使用相关数字技术教学工具,强化对学生的关注,提升数字技术教学应用的感知行为控制能力。教师在教学过程中还可以构建技术支持的教与学共同体,促进师生间的相互交流,强化学生的主动学习能力以及责任意识。并且,教师还可以利用智能技术创设新型的教学情境,帮助学生构建深层的知识体系,强化体系建构的效果与效益。除此之外,教师还要积极借鉴他人技术应用的有益经验,并进行个性化改造,提升自己数字技术教学应用的水平。数字技术只是辅助教学的工具性手段,人才是教育的主体,教师才是教育教学过程的主导者,教师只有能够正确合理地使用数字技术工具与平台,才能避免落入技术本位的教学陷阱之中。

第二,高校教师在应用数字技术的过程中要特别注意保护学生权益,赋予学生人文关怀。在数字化时代,学生的个人信息和隐私面临泄露和滥用的风险大大增加,现实中,大量师生的个人信息遭到泄露的案例层出不穷。教师在教育教学过程中所使用的数字技术也许会涉及诸多学生信息,包括个人身份、成绩、行为等,因而要格外注重对学生隐私信息的妥善保管和处

---

① 卢佳,陈晓慧,杨鑫等.智能技术教学应用伦理风险及其消解[J].中国电化教育,2023,(02):103-110.

理,确保学生信息的保密性,遵循相关的隐私保护法规,不滥用学生信息,以免损害学生权益和信任。此外,教师需要维护教学活动过程中的公平和平等,秉持公正原则,为所有学生提供公平的学习机会和资源,努力消除数字技术应用所带来的教育资源分配不均、信息获取不对等等数字鸿沟问题。高校教师还要有意识地对学生起到正确的引导作用,并有意识地指导学生使用数字技术,避免过度依赖,注意安全防范,从而培养学生的批判思维和信息素养,提高学生在数字化时代中的自主学习能力。

第三,教师也要具备自主学习的意识,不断提高自己的数字信息伦理修养以及自身的业务水平。作为高校教师,除了具备专业知识、教学知识、数字信息处理能力,还要具备较强的伦理意识和较高的道德品质,在不断地通过专业学习提高业务水平,并熟练使用各项数字技术的同时,还要提升自己的数字技术伦理素养。在不断的自主学习中,教师可以使自己的伦理意识愈发敏锐,对各种数字技术在应用过程中可能出现的潜在风险更加了解,甚至开始具备"预知"的能力,从而最大程度上地避免或减少教学过程中负面效应以及伦理失范现象的发生。除此之外,教师还可以在自主学习的过程中进一步熟练自己应用数字技术的本领,明确伦理责任等相关问题。

(二)学生层面:谨慎面对技术伦理风险

在数字技术快速发展的时代,高校大学生面临着日益复杂的伦理困境。一方面,数字技术为他们提供了前所未有的便利和创新的机遇,使得信息获取、交流和学习变得更加高效。然而与此同时,高校的学生们也面临着隐私泄露、信息安全风险、知识产权侵犯等一系列数字伦理挑战。因而,大学生要从自身出发采取一定的措施加以防范,提高数字技术应用的伦理素养,防止此类事情的发生。

大学生是具有丰富知识的高素质人才,对社会进步起到关键的作用,因而其具备数字技术伦理意识以及良好的数字技术应用能力无论是对其自身而言,还是对于社会发展而言,都具有十分重大的意义。

其一,大学生要建立正确的技术价值观和行为准则。正确的价值观和行为准则是学生在数字技术教育应用过程中严守伦理规范的基础和心理防线。在数字时代,学生逐步认识到数字技术不仅是一种工具,还有可能涉及隐私、安全、知识产权等伦理问题。而在价值观和行为准则的指引下,学生更容易在问题中逐渐树立起尊重他人隐私和知识产权的意识,避免侵犯他人的权益,遵守数字技术应用伦理规范等等。这些正确价值观和行为准则的形成对学生良好的社会责任感的培养和技术伦理规范的形成具有重要意义。高校学生可以通过以下途径树立正确的价值观和行为准则:第一,培养良好的道德观,确立个人的道德底线,即使是在数字领域中也坚决不参与不道德抑或违法的行为,对自己、他人及社会负责;第二,要深入了解数字技术,努力学习了解数字技术的基本原理、工作方式和影响,建立信息安全意识,远离网络欺凌和垃圾信息,积极提升自己的数字素养,包括信息搜索和筛选的能力、网络安全的意识、数据分析和批判性思维等;第三,高校学生在进行科研任务的同时,要维持科技创新和社会责任的平衡,也就是说在追求科技创新的同时,也要考虑其对个人、社会和环境的影响,关注科技的社会伦理问题,积极参与讨论和推动可持续发展的数字技术应用,倡导数字的包容性和平等,关注弱势群体的数字权益,通过技术促进社会公正。

其二,大学生应格外注重个人隐私问题,加强对个人信息安全和隐私的保护。随着社交媒体的普及和大数据的应用,个人信息的泄露和滥用问题日益严重,高校学生在数字空间中的信息有被滥用或侵犯的风险。大学生们相较于中学时期,有了更多接触数字技术的时间和机会,三年疫情又使得在线学习成为一种大趋势。因而,大学生们在使用各种在线平台时需要更加谨慎,提高警惕意识,注意保护自己的隐私权,避免被不法分子利用。与此同时,大学生要多加了解常见的网络攻击手段并学会采取相关的防范措施,这样能够更好地进行个人信息安全和隐私防范。

其三,大学生应加强知识产权意识,严守学术诚信。数字技术的迅猛发展也对知识产权和学术诚信发起了挑战,网络上的盗版和剽窃行为屡禁不止。对于高校的学生来说,科研任务加重,如何正确引用文献、尊重他人的知识成果成为必须面对的伦理问题。大学生在明确掌握学术规范和道德准则的同时,更要遵守学术诚信原则,尊重他人的作品和研究成果,严守伦理道德底线,绝不能因为技术的便捷而出现失格的行为。

此外,信息传播的快速和广泛也使得高校大学生需要在网络言论和互动中保持良好的伦理素养。藏匿在网络、屏幕的背后并不是能够随意攻击、诋毁他人或散播虚假、不实言论的机会和理由,网络也并非法外之地,所有人都需要对自己的一切言行承担责任。作为一名大学生,更是要严守自己的底线,保持自己的初心,具有明辨是非的能力,遵守技术伦理道德规范,不发布虚假信息、不参与网络暴力行为,并积极参与有益的讨论,尊重他人的观点和权益。

在数字技术下,机遇与挑战并存,高校大学生不仅要关注自身技术应用的伦理问题,同时也要积极参与推动数字技术下伦理规范的形成和发展,为社会发展作出贡献。对社会而言,高校学生具备数字技术伦理意识更是对社会发展有着积极影响,数字技术的快速发展给社会带来了巨大的变革,但也伴随着伦理问题的出现。高校学生作为社会的新生力量,最终更是会流入社会,而只有其具备正确的数字技术伦理意识,才能够以正确的价值观和行为准则引领社会进步。例如,他们能够在网络传播中强化信息真实性和公正性,遏制谣言和虚假信息的传播,还能积极参与数字技术伦理的研究和探讨,促进该领域的规范建设和发展,从而有助于建立一个道德、健康、繁荣的数字社会。因而,大学生要关注科技进步与人类的发展之间的平衡,思考数字技术背后的伦理道德考量,并通过多种方式促进数字伦理意识的提高,提升自身的伦理素养。

四、家庭层面:增进家校联动,强化伦理教育

学生是教育的主体,同样也是道德伦理教育的主体,数字技术的飞速发展及广泛应用必然会给学生的健康成长带来一定的影响,尤其是在技术应用伦理失范现象频发的情况之下,因而强化学生数字技术伦理道德教育、提

高技术伦理意识十分重要。而学生技术伦理教育的提高既要依靠学生的自我意识和学校的引导，还需要家庭潜移默化的影响，家校联动，构筑良好伦理环境，引导学生形成规范技术伦理素养。

（一）家庭塑造技术伦理道德榜样

强化学生的技术伦理教育对于他们在数字时代的成长和社会责任感的培养至关重要，这不仅要依靠学校的教育、规范，还要靠家庭中潜移默化的影响。

家庭是孩子最早接触到的社会单位，尽管大学生已经开始逐步走向外面的社会，但是家庭仍是他们最紧密的联系，家庭在培养大学生数字技术伦理意识和规范中仍然发挥着至关重要的作用。若是家庭能够传递出正面的价值观和道德观念，则可以帮助大学生树立正确的伦理意识，从而帮助理解数字技术应用的道德及法律底线。

在家庭教育中家庭成员自身的榜样示范是极其重要的因素，以家人为榜样来塑造自我的伦理观念是人们常见的行为。因而作为家长，以身作则践行技术伦理行为规范是必要的。其一，在家庭生活中，各家庭成员都应当适度地使用平板、手机等电子产品，注重自己在数字技术使用上的责任感和合理性，为孩子做好表率，用自己的行为去培养孩子们正确的数字技术伦理观念。在这个过程中，可以通过设定明确的使用规则来进行限制，如使用时间设置等等，从而避免家庭成员沉迷于数字产品中。其二，家长可以和孩子一起积极参与数字技术相关的公益活动，例如参与网络素养教育的志愿工作等等，家庭成员之间共享经验与成果，从而让孩子意识到数字世界中也存在着巨大的影响力以及个人所要承担的责任。其三，要对孩子的数字技术应用行为进行疏导，帮助孩子树立正确的技术观，养成良好的技术使用习惯，培养数字技术伦理素养，形成批判思维。家长可以通过鼓励孩子们主动获取并分析各种权威的学术资源，了解数字技术的发展趋势、价值观和伦理观念，鼓励他们运用批判性思维，评估数字科技所带来的利益和风险，以及其对社会、个人以及全球可持续发展的影响。除此之外，家长还可以对孩子进行数字技术使用的指导,提醒孩子注意个人隐私和数据安全的保护,讨论技术伦理相关的问题和身边的案例,通过分享现实生活中的数字技术伦理问题案例,让大学生们更加深入地理解数字技术带来的伦理挑战和影响。

家庭通过潜移默化的方式来强化大学生的数字技术伦理素养,培养他们成为具备良好伦理意识的数字时代的积极参与者和负责任的创新者。家庭影响是长期的、渗透性的,它不仅在培养孩子们的伦理素养方面起到重要作用,而且为他们的未来发展奠定了坚实的基础。因此,我们更应该重视家庭的作用,积极引导和支持家庭在大学生数字技术伦理教育中发挥更大的力量。只有通过全社会的共同努力,我们才能塑造一个具备良好伦理意识的数字时代,实现人与技术的和谐共存。

(二)家校双向联动推动一体化应用引导

学校和家庭对于强化大学生技术伦理教育、提升数字技术伦理素养都发挥着巨大的作用。家庭和学校是大学生成长的两个主要环境,在大学生的日常生活中扮演着不同的角色,家庭是学生的情感支持者和指导者,而学校是学术教育和社交培养的重要场所。通过家校联动,可以将家庭和学校的引导融合为一体,形成双向的沟通与交流,使学生在家庭和学校两个环境下得到一致的数字技术伦理引导,更有利于增强其理解和应用能力,形成正确的行为习惯和价值观,减少不良行为的发生。

首先,学校要连接家庭共同开展数字技术应用的伦理道德教育,建立家校沟通桥梁。家庭教育是育人的重要方式,尤其是在规范学生的技术使用方面,家长负有不可推卸的引导责任。尽管大学时家校联系并不如中小学时期那么密切,但学校依旧可以通过群聊、微信公众号、学校官网等途径与家长之间形成一种无形的对话,率先提高家长的技术伦理意识,引起家长对技术伦理问题的高度重视,激发家长开展数字技术应用中的道德教育。同时,这一系列举措也可以更好地让家长了解学校对数字技术伦理教育的相关计划和措施,以便更好地配合学校的工作。在此基础上,学校和家庭可以共同制定数字技术使用的伦理准则和规范,明确学生在使用数字技术时的责任和义务。这些准则和规范可以包括隐私保护、信息真实性、合理使用社交媒体等方面的内容。制定共同的伦理准则和规范可以形成较为完善统一的标准，使得学生无论是在学校还是在家里，都能够具有约束感，从而更好地遵守技术伦理规范，久而久之，获得内化，从而提升自身的技术伦理素养。

其次，学校可以多开展相关的数字技术伦理教育活动，开发家校合作项目。学校可以开发一些数字技术伦理素养培训项目和实践活动，包括邀请专家举办专题讲座、研讨会，组织学生参与伦理案例分析和辩论等等，并邀请有兴趣、有时间的家长前来参与，共同探讨数字技术应用的伦理问题以及孩子数字伦理素养的培养。在这个过程中，家长的数字技术素养和伦理意识也能得到一定程度上的提升，不仅使得家长可以更好地教育孩子，也更有利于家长成为孩子数字技术使用中的良好榜样。除此之外，还需要注意学生在数字技术使用过程中的心理健康，实现数字技术教育应用和伦理关怀共生共荣。

家校联动，双管齐下，正确认识家庭和学校在教育中的作用，共同构建一个良好的技术使用的道德伦理环境，更有利于强化学生数字技术使用的伦理道德教育，提高技术伦理意识。为学生提供全面的伦理教育和引导，培养他们的责任意识、道德判断力和批判思维，使他们能够在数字时代成为伦理意识高度发达的积极参与者。

| 第五章 |

创新应用：在供与需中探索
高等教育变革路径

党的二十大报告首次将教育、科技、人才一体化部署，深刻揭示了三者的内在统一性。作为"数字中国"战略的重要组成部分，推进高等教育数字化是实施"三位一体"集中部署的重要先手棋。数字技术在赋能高等教育变革的同时，高等教育的发展也推动着数字技术持续迭代更新，二者在双向互动中逐渐深度融合，在供需匹配中逐渐实现人机融合的应然状态。

第一节　关键技术：高等教育数字应用中的主要技术

数字技术是由多种现代信息技术集聚而成的复合型技术矩阵，应用场景是基于数字技术互相作用、互相支撑的综合效果呈现，其中人工智能、大数据、自然语言处理是数字应用的关键核心技术，结合高等教育的特殊性需求，AR/VR 技术、知识图谱等是在教育应用场景中使用较多的数字技术，本节将介绍几类主要数字技术的发展历程、特点及应用趋势。

一、人工智能

（一）人工智能概述

现代人工智能的起源可以追溯到诺伯特·维纳（Norbert Wiener）的著

作《控制论》，该书为人工智能学科和自我调节机制的创建提供了理论基础。人工智能总体经历了三次发展浪潮，1956 年，在美国达特茅斯大学举行的学术研讨会上，麦卡锡正式提出"Artificial Intelligence"概念，标志着人工智能学科的诞生，掀起了人工智能的第一次发展浪潮。20 世纪 60 年代，部分学者认为人工智能应该在大量知识储备和指导下实现，由此催生出"专家系统"，人工智能迎来了第二次发展浪潮。2006 年，由辛顿提出的"深度学习"算法，极大地增强了算力，提升了算法性能，推动人工智能进入第三次发展浪潮。近几年，人工智能与传统产业、公共服务和社会治理深度融合，相关应用迅速发展和推广，呈现深度学习、跨界融合、人机协同、群智开放、自主操控等新特征[①]，由此，人工智能也由传统型逐步发展为新一代人工智能。与传统的人工智能概念相比，当前新一代人工智能具有五个显著特点：大数据智能、跨媒体智能、人机混合增强智能、群体智能和自主无人系统[②]，新一代人工智能将全面赋能教育领域，并进一步形成"AI＋"高等教育优势。

（二）人工智能技术特点

第一，工具属性。人工智能被作为人类使用的工具而发明、创造出来，所以工具属性是其最基本的第一属性。新一代人工智能已成为推动第四次工业革命的通用技术，通用技术是全面影响经济社会的具有基础性和通用性特征的技术[③]，换言之，也就是维持经济社会各产业运转不可或缺的基础工具，既具备内涵式发展特征，也具备外溢性特征。一方面，人工智能理论和技术本身不断实现创新突破，从符号主义学派的"专家系统"到连结主义运动开始，在心理学及神经科学的发展推动下，出现类神经网络的算法，进一步催生出深度学习算法，深度学习算法相较于传统的信息分析手段，可以

---

① 李彦宏.推动新一代人工智能健康发展[J].智慧中国,2019,(08):41-42.
② 张志华,季凯,赵波.人工智能促进公共卫生安全风险治理:何以可能,何以可为——以新冠肺炎重大疫情为例[J].江海学刊,2020,(03):13-18+254.
③ 郭凯明.人工智能发展、产业结构转型升级与劳动收入份额变动[J].管理世界,2019,35(07):60-77+202-203.

高速处理海量数据,并通过强大的运算能力,挖掘出数据背后的潜在规律。另一方面,人工智能与新兴领域交叉融合、协同发展,作为处理数据信息的工具,依靠互联网、大数据和云计算等技术,具有溢出带动性很强的"头雁"效应。人工智能理论和技术的创新突破带动相关领域的发展,如深度学习算法基于大量数据的学习、分析和处理,促进了数字化信息的发展;人工智能的数据传输需要 5G 作支撑,又推动了 5G 技术的应用等。第二,产业属性。人工智能具备内生产业属性,其自身工具属性发展的同时,也会通过技术显现而形成人工智能新兴产业链。人工智能产业链可分为三个层次:基础层、技术层和应用层。其一,基础层对应产业链上游,为产业整体提供算力,包含芯片、传感器等硬件产业和云计算等软件产业;其二,技术层对应产业链中游,发挥承上启下作用,为基础层提供需求,为应用层提供技术支持和服务。技术层又细分为感知层、认知层和平台层[①],感知层产业主要是目前技术成熟的图像识别领域和语音语言识别领域,认知层产业主要包括语义识别和智能客服领域,平台层产业以综合应用平台的形式提供深度学习、远程运维等支撑服务,对接应用层产业;其三,应用层对应产业链下游,是技术应用在具体场景的产业,通过产品终端为用户提供智能化服务。此外,人工智能的产业属性还体现在与传统产业的融合,赋能传统产业转型升级,产生协同效应和集聚效应,尤其集中体现在互联网产业、传统电子产业和装备制造业三大领域[②]。

(三)人工智能在教育领域的应用趋势

20 世纪 20 年代美国俄亥俄州心理学教授西德尼·普雷西(Sidney Pressey)设计的一系列机器,为学生提供可选择的学习,出现了"机器学习"

---

① 周勇.天津市人工智能产业发展对策研究[J].产业创新研究,2019,(05):8-10.

② 季凯,张志华,赵波.人工智能促进常态化疫情防控的实践逻辑与实施路径[J].软件导刊,2021,20(08):38-43.

这一理念,隐含的教育理念则是为学生提供个性化培养①。这与人工智能发展的本质不谋而合,人工智能发展的本质是追求人机协同,也就是在不同应用场景下,能够自主配合要素变化,协助人的工作,重新拉回"以人为本"的组织模式,构建以人的需求为中心的生产模式。人工智能教育能够根据每位学生的才能和需求打造个性化的教育模式,使学生能达到最佳的受教育程度,从而实现教育目的,即培养人类美德与维持良好社会治安,而非满足纯粹的功利性教育要求。有学者将人类的教育革命分为四个阶段:即以在家庭、团体和部落中向他人学习为特征的有组织学习和必要的教育构成了第一次教育革命,以制度化教育为特征的学校和大学的到来构成了第二次教育革命,以印刷与世俗化为主要内容的大众化教育构成了第三次教育革命,以人工智能、增强现实和虚拟现实等为主要内容的个性化教育构成了第四次教育革命②。技术的进步促进了教育变革,前三次教育革命虽然在一定程度上提升了学习质量、减轻了教师的负担,但并没有改变教育的基本模式,在人工智能的应用场景下,教育的生态逐渐被解构和重新建构,在记忆知识、应用知识、将知识转化与理解、自我评估和诊断、反思与自主学习的发展等教育步骤中,IBM 基金会推出了"教师顾问"项目,佐治亚理工学院发布了"吉尔·沃森"人工智能系统,智能语音龙头企业科大讯飞推出了阿尔法蛋系列智能机器人,国内推出了松鼠 AI 1 对 1 等,人工智能为教育带来了诸多益处。但社会也普遍认为人工智能将给教育带来一定风险,如人工智能教育的伦理问题等。

二、大数据

(一)大数据概述

大数据(Big Data),或称巨量资料,最早出现于 19 世纪中期,是对数据

---

① 张志华,季凯.应用伦理学视阈下人工智能教育的反思与应对[J].南京邮电大学学报(社会科学版),2021,23(05):1-10.

② 安东尼·塞尔登,奥拉迪梅吉.第四次教育革命:人工智能如何改变教育[M].吕晓志,译.北京:机械工业出版社,2019.1-9.

规模的直观表述。这个阶段的大数据研究更多地倾向于信息本身承载容量的巨大。从表层含义来理解大数据显然不够充分，立足于现代科技的蓬勃发展，大数据被赋予了更多内涵。1980 年，阿尔文·托夫勒未来学著作《第三次浪潮》认为数字技术和生物技术将成为人类第三次浪潮文明的核心驱动力。世界著名咨询公司麦肯锡在《大数据：创新、竞争和生产力的下一个前沿》报告中提到，大数据是在信息的有效获取、管理、清洗等方面远超出主流工具能力范畴的数据集。Informatica 中国区首席产品顾问但彬认为，大数据的复杂程度使得以往数据处理的合理成本和有效时间无法得到保障。维克托迈尔·舍恩伯格从大数据的功能属性出发，认为大数据技术是挖掘复杂信息背后隐藏的更高价值内容的手段。越来越多的机构和学者试图将大数据与海量数据划清界限，大数据由一个单纯庞大的信息名词转化为借助新处理模式获得更强决策能力的多样化电子数据资产和动态技术行为，它冲破了传统认知计算和存储领域的瓶颈，为经济社会各行业搭建了崭新的基础架构，一个以数据为核心的多元生态系统逐渐形成。

（二）大数据技术特点

在数据驱动时代，了解大数据技术的特点是优化数据处理流程的前提。其一，数据体量大。互联网的普及和传感器的接入，全球融合的加速和跨境业务的升级，社交媒体的兴起和移动应用的推广，决策需求的凸显和存储成本的下降，每一个环节都分布着大量散乱无章的数据足迹，在这些因素的共同作用下，大数据涉及规模空前庞大。其次，数据处理速度快。市场扩容和用户需求对数据处理提出新的要求。相较于传统方式，大数据不再遵循"先存储后读取"的批量处理操作，先进的分布式算法将爆炸式数据引流到多个节点进行实时处理，对第一时间接收到的数据快速响应，同时完成智能追踪监控，避免数据滞后和失效。其三，数据多样性。每项数据都有特定的生成方式和呈现形式，其来源复杂、类型丰富、格式不定、质量参差，更隐藏着不同的语言体系和文化背景、难以理解的时序变化和空间效应。依托可扩展的高度自适应学习模型，大数据技术实现对多源异构数据的深层解析、有效应对和合理分析。其四，数据价值密度低。海量数据及信息过载导致数以亿计的观测样本中，冗余、失真、缺值、无意义内容占据多位，预期价值全覆盖不具备达成条件。在此基础上，特定数据的严重稀释，加深了各节点之间关联趋势和反馈模式的探寻难度。数据过时及质量下降也在一定程度上干扰了洞见效率。如何通过强大的机器算法迅速完成数据的释放、过滤和净化，是大数据时代亟待解决的重大难题。其五，数据真实性。信赖数据是人类进步过程中思维分析、辅助决策的基础，而数字化红利的核心在于数据结果的准确性和可信度。大数据是对客观世界和宏观规律的量化描述，是人类活动和行为的真实反映。数据处理流程中同步检查机制为数据质量优化提供了保障，高效率低延迟输出最大限度地激活数据要素潜能。各个领域的广泛应用也进一步验证了大数据技术产生的积极结果。

（三）大数据在教育领域的应用趋势

教育领域的第四次变革正以人工智能为基点展开，大数据扮演着人工智能的主要技术角色，是助力我国教育数字化的重要引擎。丰富的教育基础数据及伴生数据作为战略资源，在驱动教育数字化转型中全场景赋能，重新定义了知识时代师生教与学的应然范式。工业化时代的传统教育在人才产出时，为符合批量经济的标准化要求，即一致的教材、机械的思维、固定的作息，有目的性地培养了一批服从岗位秩序的合格技术工人。立足于适应性教学角度，大数据提供了另外一种可行方案。基于数据的可量化和可视化属性，大数据动态跟踪学生学习能力、需求特点和学习状况的多方位历程轨迹，及时有效进行数据整合和测试，挖掘总结教育数据中的认知规律和行为模式，精准刻画学生成长画像并提供个性化教学支持。教育场景设计、教育管理决策、教育反馈干预等环节在数据支撑下从理念、经验演进为一门行为科学，正式迈入实证范畴。奥斯汀佩伊州立大学（Austin Peay State University，APSU）采用的"学位罗盘"个性化课程推荐系统是基于学情分析实现个性化教育的成功案例①,通过成绩匹配实现选课制度优化,达成帮助多元学生群体提升学业成绩的目标;上海东华大学将 10 多个学院的数百个实验室系统连接,一键获取了实验数据与分析报告。立足于分布式学习角度,大数据时代的教育资源获取变得轻易且多源,去中心化趋势打破了知识传播的物理时空壁垒,以连接主义为理论基础的人工智能终端创造了稳定的网络学习环境,"人人皆学、时时能学、处处可学"成为可能。美国在线学习平台 Coursera 是 MOOC 三大巨头之一,其注册用户涉及全球 100 个国家、1.24 亿学员,优质资源共享、经验交流互动基本满足了知识的远程输送,促进了教育均衡发展;麻省理工学院开设的在线学习项目 MITx 于 2012 年上线,百天内吸引世界各地 15.5 万名学生注册,近两万人获得合格证书,远超传统课堂教学影响力。此外,当学习成为自组织动作,教师角色定位将面临不可预测的重新洗牌,如何提高教师数字素养的议题应纳入思考。

三、自然语言处理

(一)自然语言处理概述

人工智能时代,语义技术的进展决定了所有软件系统的上限。现代意义上的人工智能技术研究发端于自然语言处理(Natural Language processing,NLP)。作为一门融合了计算机科学、语言学、数学的交叉科学,自然语言处理技术试图解码人机交互的理论困境和路径暗箱。换言之,该技术旨在帮助计算机实现自然语言的接收、理解、转化和输出,实现机器对文本的语义分析、分类、标注、命名实体识别、机器翻译、情感分析、自动摘要、语音识别等多种功能,其本质是将人类的"认知架构"赋予机器。自然语言处理的兴起可以追溯到 20 世纪 50 年代,信息论创始人克劳德·艾尔伍德·香农以"信息熵"为基础构建了通信系统的基本模型,他认为数字编码可以量化任何信息,包括类文化知识,现代信息论的思想雏形逐渐形成。英国著名

---

① 张燕南.大数据的教育领域应用之研究[D].华东师范大学,2016.

数学家、密码学家艾伦·麦席森·图灵受到香农"人造思维机器"的启发提出图灵测试，用以评估机器是否具备人类级别的语言理解、推理计划、知识表示、情感交互等技能，标志着人工智能发展的开端。发展初期的自然语言处理受规则驱动，因缺乏行之有效的语义模型和语言生成手段，研究者聚焦语言学结构特征，结合专家经验和少量标注样本训练传统机器完成某种分类任务。21 世纪，伴随着互联网爆炸式发展和 GPU 算力的进一步提高，自然语言处理借助神经网络的强大拟合能力，真正跨入深度学习时代。2022年，OpenAI 发布 ChatGPT（Chat Generative Pre-trained Transformer）生成式聊天机器人，在零样本场景中实施"大规模语料库预训练＋微调"策略，最大程度理解人类意图，成为现阶段最强大的语言模型之一。机器的迁移学习使大规模预训练语言模型（PLM）具有较强的泛化能力，适应了全球多语言背景和图像、语音等跨模态需求，确立了自然语言处理技术在当代智能信息领域的重要地位。

（二）自然语言处理技术特点

自然语言处理分为两个重叠的子领域：自然语言理解（Natural Language Understanding，NLU）和自然语言生成（Natural Language Generation，NLG），两者相辅相成。**自然语言理解**是自然语言在机器内部的映射，是计算机在人性化交互过程中意图识别、价值摘要、结构解析、情感分析等系统的必备模块。在文本信息处理过程中发挥首要作用。NLU 不再局限于传统指令菜单，人类与机器之间不同语言体系的自动转化创建了友好直观的交流界面，上下文衔接的推敲能力大幅提高了智能问答、个性化推荐的应用效果，一定程度上抢夺了人工智能行业专业技术人才的行动特权。然而，语言是人类认知客观世界的符号化表达，也是思维外显的标志性载体，其形式与语义之间的对应关系并非一对一的存在，且常规用语习惯中大量非理性连带要素的隐藏和缺失也导致了歧义性、抽象性、组合性等现实问题。囿于机器学习的技术短板，当前的自然语言理解模型无法完美复刻人类归纳、演绎、溯因的逻辑推理动作，系统捕捉自然语言的词句引申隐喻、逻辑因果关系、跨域文化常识等成为自然语言理解环节主要的困难和障碍。因此，歧义消解、新词发现、省略恢复、解释性陈述是自然语言处理未来研究的重点方向。语言生成是在语言理解发展到一定阶段的必然趋势，**自然语言生成**是 NLU 的反向逆处理，能令计算机获得与人一样表达和写作的能力。与后者相比，NLG 目前的研究成果相对较少。语言生成的本质实际上是连贯地推导下一个单词来传达信息，但完美预测下文的模型并不存在，自然语言生成的发展只能无限逼近这一愿景。究其原因，自然语言生成依赖于大规模数据库或语料集，但该参考域并不具备实时网络检索功能，单机脱网的静态运行范式无法保障生成内容的多样性和创新性。不同的预训练模型虽能针对特定任务输出流畅文本，数据质量参差及投喂语料单一将引起模型的过度拟合，自然语言处理技术的迁移能力和泛化能力不足，模型鲁棒性有待进一步加强。

（三）自然语言处理在教育领域的应用趋势

近年来，随着计算机的计算性能大幅提升，以及各类大规模语料库、新词嵌入方法、超越词袋模型等技术不断丰富，自然语言处理技术在教育领域取得了较大的突破，越来越多基于自然语言处理技术设计的智能工具或系统被应用于教育教学中，有效地推进了教育数字化转型。从已有的研究或应用成果来看，当前在教育领域的应用主要体现在四个方面。一是基于情感分析或情绪分析的教育应用。运用自然语言理解对文本进行挖掘，通过对文本情感色彩的分析，发现潜在问题或隐性逻辑。在教育教学中可以作为一种辅助评价工具，应用于课程评价、教学评价、学生评价等环节，通过对评价文本内容的抓取与分析，生成具有情感倾向性的评价结果，用以辅助判断整体性评价结果。二是基于文本分类的教育应用。文本分类是指对不同来源的各类文本资料进行标签化管理，既可以包括类型属性等基础性分类，也能够实现对文本内容难度、关联等内涵要素的分类。在教育中可以对学习者指定的文本资料进行分析、分类，从而为学习者提供辅助性学习建议。百度推出的 EasyDL 可以提供一站式的智能标注服务，阿里云推出的智能文本分类服务可以对文本进行自动分类。三是基于问答与对话系统的教育应用。类似于专家系统，通过自然语言处理实现对用户问题的语义理解，并根据语义生成相应的执行指令，检索最优答案后，最终生成问题的答案反馈给用户。这在教育中可以作为提供智能问答的聊天机器人，支持学生获得个性化学习指导。当前，高校对于聊天机器人的应用还处于起步和观望阶段，许多高校将其应用于学校管理领域，用于解答师生常规性问题。四是基于机器翻译系统的教育应用。机器翻译是指将一种语言通过自然语言处理技术转换为另外一种语言，可以是不同国家语言之间，也可以是语音和文字等不同文本类型之间。在教学中主要应用于语言类课程的学习、理解和写作等，典型产品如百度翻译、谷歌翻译等在线翻译工具能够实时翻译各类语言文本，科大讯飞推出的讯飞翻译机能够将语音转换为文字类型，批改网可以实现对语言质量的评价。

四、AR/VR 技术

（一）AR/VR 技术概述

人类对超现实的追求有着一条漫长的技术成长曲线。1935 年，美国科幻文学作品描绘了一副超现实的"虚拟眼镜"，为使用者提供包括视觉、嗅觉、触觉在内的全方位一体化体验，推动了虚拟现实的概念萌芽。二十世纪五六十年代，电影制作人 Morton Heilig 发明了摩托车仿真模拟器 Sensorama Stimulator，该项专利的问世标志着虚拟现实概念的落地。1984 年，第一个商业化虚拟现实的硬件产品 Eyephone 发布，推动了该领域技术积累的历史进程。随着计算能力的快速提升及移动通信的迭代升级，"全真互联网"打破了连接的物理形态，信息接触、人机交互的模式发生了更丰富立体的变化，在网、用网的技术信息密度和用户体验维度发生质的飞跃。当前，"三维信息"是技术革新的底层逻辑，AR（Augmented Reality）和 VR（Virtual Reality）是两种不同类型的感知扩展技术，是"信息三维化"的重要技术载体。AR 被称为增强现实技术，以裸眼现实环境为支撑，用户在此基础上增加或移除虚拟数字物体或画面,通过模拟叠加听觉、视觉、触觉、嗅觉等多组合感官刺激,将虚拟信息映射到物理世界,实现两者的"无缝"集成。与 AR 不同,VR 被称为虚拟现实技术,所搭建的异度空间是完全隔绝现实的存在。用户在穿戴设备的引导下沉浸式进入封闭、仿真的纯虚拟数字界面,视觉的深化摆脱了传统屏幕浏览的游离性,配合其他感知的增强体验,人脑意识得以控制万物。

(二) AR/VR 技术特点

一是虚实结合。AR 和 VR 是跨学科交叉的产物,涉及计算机科学、仿生学、人工智能、生物医学、心理学等多学科领域,在应用呈现层面,AR 是将虚拟信息带入真实世界,而 VR 是将人类认知带入虚拟世界。不论是虚实联动,还是内容创生,该技术以革命性的先进特征与传统过往形成鲜明对比。二是实时交互。人机和谐的关键在于人与计算机之间的双向信息交换的顺利程度。用户操纵多种传感设备输入信息,计算机根据指令做出自然反馈,推动场景中各类符号和动作按物理规律进行运动。为凸显以人为中心的全程适用性,用户的实时输入与系统的及时响应至关重要。高速计算预测和并行处理加快了同步渲染,数据流得到进一步优化,缩短虚拟与现实信息更新的延滞。基于此,系统能根据不同环境的变化调整虚拟链接和数据集成,人机契合效果突出。三是多维沉浸。虚拟现实或者增强现实的沉浸体验不能简单归类为受外在技术刺激的多感官切入,而需综合考虑人与技术在身体知觉场域中的相互作用,如情感、心理和认知的多模态复杂交织。从最基础的层面来看,人和所处环境耦合的具身性关联及可供性关联是塑造第一层感知沉浸的两个核心要素。可供性指虚拟环境为用户的各种行为和实践活动提供了类同自然生活状态的可能,具身性指前反思的身体图式在技术的动态追踪和正向反馈中可以将虚拟对象整合进自身的知觉场域,产生置身其中的存在感。其次,与传统精神畅游的方式不同,虚拟现实或增强现实的沉浸体验将用户锁定在一个有限的结构化发生域内,以身体为锚点的空间表达方式打破了"上帝审视",用户不再充当旁观者角色,而是选定不同身份主动参与叙事建构，多方位、立体化挖掘事件细节和信息，从而获得强烈的沉浸感受。四是自主构想。虚拟现实技术在回溯历史事物和创造全新场景方面具有巨大潜力。系统赋予使用者超越现实时空限制的能力，通过提取数据记忆重温已发生的过去，包括故事倒叙回忆、地理位置穿梭等。另外，虚拟现实技术具有广阔的想象空间，用户在沉浸体验中吸收知识、发散思维、创新概念，不断拓宽认知范畴，个性化还原意识领域内未面世的各类形象、活动。

（三）AR/VR 技术在教育领域的应用趋势

人类文明的演进带动技术革命向教育领域逐步渗透，推动业态更高层次升级。随着教育数字化转型的深入推进，传统多媒体技术之于未来教育的个性化、全球化、智能化需求稍显不足。VR 和 AR 在沉浸体验、实践模拟、深度理解等方面展现出颠覆性优势，打开了教育范式跃迁的新视角，成为支撑我国教育可持续和高质量发展的可行路径。立体化教材是最易实现的技术手段，AR 卡牌和 AR 书籍将平面图片变得生动起来，提高阅读专注度和吸收率，成为面向儿童早教市场的销冠产品；科明数码等科创公司联合出版社推出的 AR 教材具有"三维可视化"特性，较之传统教材更直观形象。情境营造体现了虚拟现实技术和增强现实技术赋能的基础成效，以美国为例，为提升学生在课堂的存在感及对环境的感知度，美国高通公司为高等教育开设了多门类校园 VR 课程；SeekXR 推出的教育平台 Seek Education 聚焦 K-12 教育开设了主题学科 AR 模型；我国教育科技公司飞象星球以优质 VR 教学资源为核心，发布了在线虚拟课堂、智慧校园等五款智能教育产品，已与包括北京、上海等地 572 所学校持续合作。在虚拟场景中进行技能训练可以降低实操的成本及风险，如通过 AR 或 VR 技术模拟军事作战、飞机驾驶、汽车维修等真实流程，帮助员工更好地掌握复杂技能及安全规范，实现专业理论与实践水平协同共进的教学目标。实验教学是 AR/VR 技术落地极具意义的价值体现，科罗拉多州立大学搭建了解剖课程 VR 实验室，完全的情境再现与反复多次的操作机会弥补了该学科教学资源的不足，缩短了相关人员的学习曲线。虚拟仿真技术以其巨大潜力重构了数字时代的教育生态,但数据监控导致的隐私风险及设备长期穿戴引发的健康影响是未来亟待解决的重要命题。

第二节 实践场景:教管融合智慧教学解决方案

党的二十大报告明确提出要"推进教育数字化",这是基于当前教育发展状况对未来教育发展做出的重大研判、重大决策。围绕推进教育数字化,党和国家出台了一系列支持政策,《教育信息化 2.0 行动计划》提出,"推动人工智能在教学、管理等方面的全流程应用,利用智能技术加快推动人才培养模式、教学方法改革。"《新时代高教 40 条》提出,"以学生发展为中心,通过教学改革促进学习革命,大力推进智慧教室建设。"2022 年 12 月,教育部研究制定《教师数字素养》教育行业标准,对教育数字化战略中教师的职业能力提出了明确要求。为深入贯彻落实党和国家关于教育长期发展理念规划,特别是习近平总书记系列重要讲话精神,方案聚焦本科教育,推动现代信息技术与教育教学的深度融合,进一步强化人才培养中心地位,以提升质量为核心,坚持立德树人为根本任务,通过数字技术推动课堂教学革命,以教学改革促进学习革命。

一、实践方案概述

(一)实践方案简介

教管融合智慧教学解决方案是由江苏博子岛智能产业技术研究院有限公司(以下简称"博研院")开发,按照"教管融合"建设理念,以各类教育信息化软硬件应用为基础,基于物联管控,创新教学模式,融合前沿智能应用,实现完善教学工具、升级教学空间、集中数字化管理,连接老师与学生、线上与线下、课前与课后。一是创新教学模式与教学空间,构建线上线下教学环境,实现师生与教学环境的自然交互,提升课堂教学质量。二是以强大的视频能力为核心，打造课程资源平台，人工智能技术辅助智能学情分析与教情反馈。三是统一物联管控，运用物联设备实现智能连接，建立泛在智能感知管控，服务物联网校园建设。四是数据统一汇聚，包括物联数据、教学数据、督导数据、教务数据等，全数据打通，为辅助决策构建数据基础。

（二）方案解决的痛点

随着社会的不断发展和进步，高等教育在推动人才培养和国家发展中扮演着愈发重要的角色。然而，当前大学教育也面临着一系列行业痛点，例如教育管理不完善、教学质量有待提升以及教学手段与技术应用不足等问题。为解决这些挑战，必须紧密关注教育行业的脉络，积极探索创新之路，助力高等教育体系持续发展。大学教育主要的痛点：一是教育管理和教学研究需更专注人才培养。一些管理人员未充分投入人才培养过程管理，部分教师偏向科研而忽视教学研究。因此需要加强教师培训，提高管理者对人才培养的重视，促进教学与科研的有机融合，确保教学质量。二是教学理念与教学手段需创新。部分教师教学理念落后，对现代教学方法和信息技术利用不足。因此需要鼓励教师接受新理念，推广翻转课堂、慕课等创新教学方式，增加课堂互动，培养学生学习兴趣和自主学习能力。三是优化教学资源配置与智慧校园建设。大学教学资源分布不均，部分学校缺乏智慧校园建设。因此需要优化资源配置，加强教学点建设，推进智慧校园建设，实现信息技术与教育教学深度融合，提升教学效果和管理效率。

二、智慧教学功能介绍

（一）整体组成方案

随着教育信息化的进一步推进，同时受到国内外先进教学模式的影响以及实现高等教育高质量发展的需求推动，改变教室环境、教学方式、教学应用、教学管理，实现智慧课堂显得尤为重要。智慧教室建设是学校

信息化建设的进一步延伸,如图 5.1 所示,智慧教室项目应从以下几个方面着手:

图 5.1　智慧教室整体组成方案

1. 教学管理全程化。通过前端教室智慧教学应用系统进行在线巡课、听课、督导、课程录播、课堂直播、课中互动教学、课后点播、远程监管等,通过信息中心智慧综合管理平台进行全程教学应用管理,实现教室实时视频语音互动、教室运行维护管理、远程监控教室设备状态、远程排除故障等,提高教室设备使用效率。

2. 教室类型多样化。根据不同院系学科的师生、不同课程的教学等特点,建设与实际需求相适应的教学环境,形成模式化教学环境,如"智慧型教法训练室、探究型智慧教室、全媒体智慧教室应用、小班教学智慧型教室、小班教学智慧云教室",按照不同的教学对象和教学内容配置不同的先进媒体设备,实现不同功能。

3. 教学模式个性化。构建以智慧教室为中心的智慧课堂,突破场所的限制,用统一的教学平台贯穿课前、课中、课后和线上与线下学习,使学员学习不受时间和地点限制,利用翻转课堂、混合式教学等多种教学模式,融合优质的教学资源,实现学员自主学习和个性化教学。

4. 学情分析可视化。通过人工智能、物联网、大数据等技术分析系统采集数据，对教室师生在课堂上的行为进行智能分析，课堂互动教学数据生成课堂教学效果分析报告，以客观、科学的数据，为教学质量的分析提供数据支撑，为教学管理、教学评估提供依据。

（二）智慧教室功能介绍

研讨型智慧教室可以实现分组教学、讨论、翻转课堂等新模式教学，如图 5.2 所示。从教学系统、硬件设备、桌椅布局等方面综合考虑，利用多个显示屏组成的视觉展示系统，可为教室内各个学习小组提供教师授课同步显示，组内无线投屏分享、优秀作品展示等显示模式。能够记录研讨过程是研讨型智慧教室的核心所在，以往传统的跟踪策略无法甄别谁在发言、何时记录、个体识别等问题，因此很难解决智慧型教室的跟踪拍摄问题。智慧型教室专有的记录方式利用"寻声辨境"跟踪技术，依据研讨型教室的授课特点，依靠智能化的感知设备，自主洞察课堂环境及课堂氛围的变化，针对组内研讨、组外互动、师生互动作出针对性的跟拍策略，最终形成结果和过程相结合的课堂视频记录机制。

图 5.2　研讨型智慧教室

通过课堂互动教学软件,实现多种混合式探究型教学、个性化教学、小组讨论教学等。教室内其他设备及软件包括:安装纳米黑板或者一体机显示系统,进行教室教学内容显示;讨论小组显示器、无线投屏设备、HDMI视频矩阵设备等,用于各个学习小组同屏学习或组内分享;分组式互动桌椅,营造分组互动学习氛围;教室音频扩音系统,实现老师无需手持任何设备即时扩音;教室前后端增加安装高清摄像机,实现教室安防监控、教学观摩、教学督导、学生行为分析等功能,可通过智慧管理平台随时查看教室教学情况;教室门外电子班牌系统部署实现教室内课表查询、图像显示,师生签到、巡课等功能;教室内所有硬件设备、系统统一集中管控,实现高效运维,并融合IP广播、语音通话等实用功能;同时根据实际需求部署环境控制系统,实现教室空调、灯光等环境设备的智能控制。通过多功能教学系统,与教室内设备进行统一连接,实现教师课程内容资源录制、全场景硬视频采集、课堂内外互动教学等,激发学生自主学习热情,提升教师对学生学习情况的掌握度,最终全面提高教学质量。

三、智慧教学系统介绍

(一)智能显示系统

智慧黑板将先进的纳米触摸技术、智能化办公教学软件、多媒体网络通信技术、高清平板显示技术等多项技术融合于一体,整合了普通黑板、教学触摸机、电子白板、电脑等设备,将传统黑板与教学触摸机提升为功能全面的人机交互设备,通过此方案,用户可进行普通黑板书写、电子白板书写、批注、绘画、课件演示、多媒体娱乐以及电脑操作,直接打开设备即可轻松演绎精彩的互动课堂,具体如图5.3所示。

智慧黑板正面显示为一个由三块拼接而成的平面普通黑板,可以在上面用各种水笔书写,又可以根据需要采用粉笔书写。当打开电源时,中间一块显示出液晶画面,可以进行触摸互动,而关掉时,显示画面隐形,具有普通黑板的表象,可以在上面进行书写。

图 5.3　智慧黑板

智能电子黑板＝触摸互动＋粉笔书写

模块化设计＝电子白板＋投影＋普通黑板书写＋PC 电脑＋触摸互动

图像显示能力＝色彩艳丽＋对比度高＋亮度高(透光率高)＋高清分辨率

（二）智能录播系统

智慧课堂系统依托录播主机在教室中布置智慧课堂,智慧课堂经过人性化设计,大部分功能都可以通过一键式操作完成,简化了操作流程,降低了教师使用难度,增强了系统的易用性和稳定性。

1. 智能导播系统。智能导播系统包括远程控制功能,通过浏览器输入IP 地址,对导播进行远程控制管理,可远程控制录制教室的视频画面、VGA画面以及录播状态。此系统还包括自动切换功能,与图像定位结合自动切换教师视频、学生视频和教学设备屏幕视频。根据教学活动正确切换教师和学生的特写、全景画面,当教师触碰教学设备时,画面自动切换到教学设备屏幕显示的画面。智能导播系统还具备自动生成文字索引功能,可采集教学计算机屏幕,能够根据教师的文档内容自动生成文字索引,可以便捷选择需要观看的章节,具体如图 5.4 所示。

图5.4 智能录播系统

2.图像定位跟踪系统。图像定位跟踪系统采用图像识别跟踪技术,识别率较高,且跟踪过程柔和稳定,安装配置简单便捷。系统采用无人值守的操作模式,整个跟踪过程无需人为干预,极大减少了利用传统录制系统需要人为对教师进行专门摄像的要求,从而减轻了工作量,减小了人力投入。上课时只需按照通常的上课模式进行正常教学活动即可,无需佩戴使用任何设备来完成跟踪拍摄。系统具有出众的跟踪性能,无论是教师在上课时快速走动或是板书、学生起立和坐下等,系统均能准确无误地采用不同策略自动变焦跟踪拍摄,在跟踪拍摄效果上,整个跟踪过程连续、稳定、平滑,画面输出非常稳定。图像定位系统分为教师跟踪和学生定位两个模块,两个模块分别使用不同算法来实现图像识别处理。教师跟踪模块采用常规图像分析算法,自动计算教师在讲台上的位置,对教师进行特写或全景的跟踪拍摄[1]。当教师进行板书时,对教师板书进行跟踪拍摄,消除教师不适应感,使

----

[1] 精品未来教室信息化建设设计方案[EB/OL].(2019-08-07)[2023-08-20].https://www.doc88.com/p-9466174334648.html.

其更加专注于教学活动，具体如5.5所示。

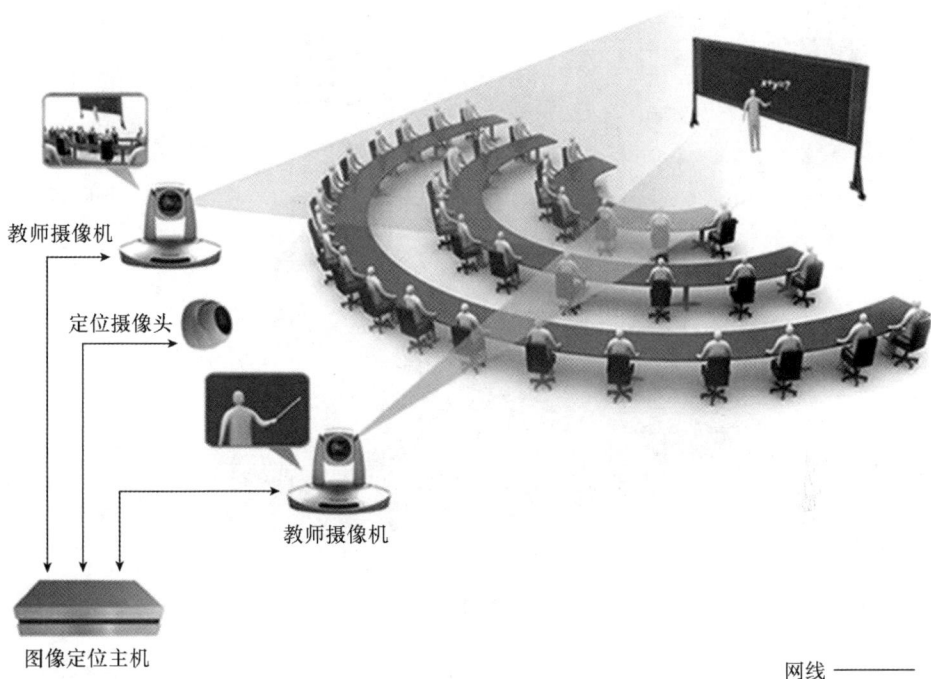

图 5.5　教师跟踪系统

　　学生定位模块采用全新的俯视定位算法，通过人体面部特征识别有效区域内的学生，无论正面和侧面都会被准确识别，并能够通过后台查看到多人识别效果。系统能够自动识别站立学生所处的位置，通知学生摄像机进行定位，以特写或全景的方式进行拍摄。系统还能够快速设定有效区域，抗干扰能力强，完美而有效地排除在学生区域的频繁走动、影响学生定位的站立动作、窗帘和光线等定位干扰，具体如图5.6所示。

　　3. 可编程智能控制系统。智能管控通过多功能控制屏实现中央控制功能，对教室内的多媒体设备与软件系统进行统一控制管理。一键式对教室的管理进行相应的控制操作，替代传统的多媒体网络教室繁杂的操控界面及设备堆叠。教师在教室内通过多功能教学控制屏可对教室的教学使用环境进行快速切换，主要分为普通模式、录播模式、专递模式：普通模式是将教

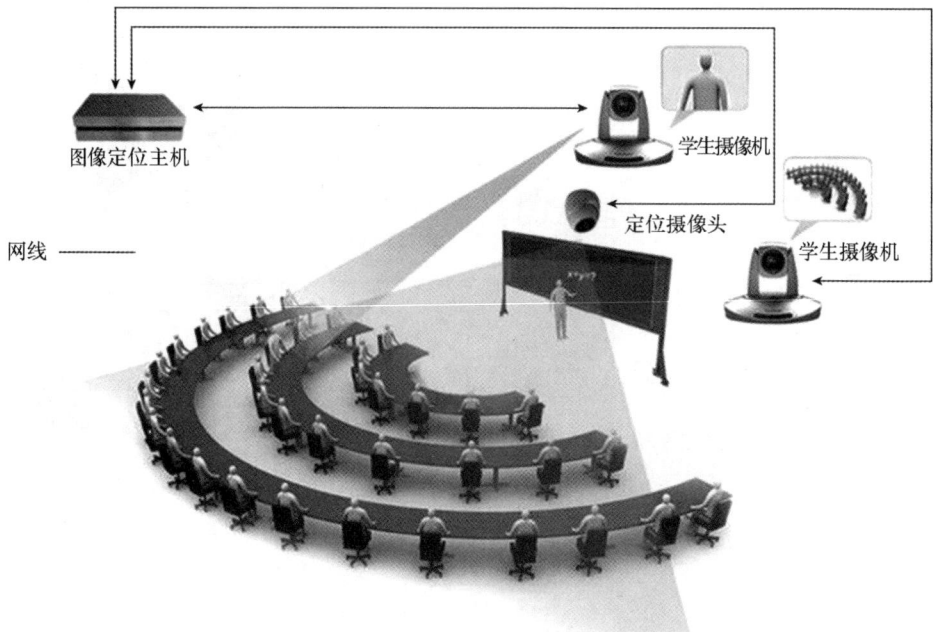

图 5.6　学生定位系统

室布置为智能化多媒体教室,用于传统授课。系统设置传统授课的设备使用规则,使用模式一键式切换,控制教室内的可控设备开启或关闭。录播模式是将教室布置为全自动录播教室,用于优质资源录制。此模式可自动切换不同的教学画面,根据不同类型的课程定义不同的导播策略规则,满足不同录播教学环境的需求。专递模式是将教室布置为远程交互专递教室,用于跨时空教学,实现不同区域同上一堂课,通过一键切换教室的使用性质,进入专递模式后,教室内的所有显示设备、音频设备都将发生相应的变化。

4. 视音频采集系统。视频采集端适应多种应用环境,音频系统主要由吊麦或者全向拾音器、无线麦、数字音频处理器、音箱共同组成。针对教室建设进行布置,吊麦或者全向拾音器设备用来采集老师和学生声音,可将教室内声音进行有效拾取,推送到多功能教学终端进行音频处理、声音录制,并且实现本地扩音及远程互动扩音。在录播教室的建设中,音频系统的声音混音、回声抑制、背景降噪等音频处理由数字音频处理器与多功能教学终端配合完成，方便专业的电教老师操作系统。

（三）精准考勤系统

智能考勤及学情分析系统基于国内领先的"人工智能技术"，与学校教务系统对接，获取学生相关信息作为考勤数据支撑。通过人工智能人脸检测算法，装在教室内的摄像机能够识别出教室内的学生人脸并进行识别比对，进而实现人脸识别考勤功能。此系统可以同时对多间教室内学生人数进行考勤，确保能够真实、准确地对整体授课质量和听讲质量进行评估，并保存相关分析数据，在智慧教育云平台中以图表的形式呈现，方便各级教学管理者进行查阅。

（四）无线投屏系统

无线投屏系统可以实现课堂多屏联动，在教学主屏中可以实时监看小组屏幕，放大某一小组屏至全屏状态观看，在全屏状态下，教学主屏可以直接遥控小组屏，包括小组屏本地文件的打开、展示与操作等，具体如图 5.7 所示。

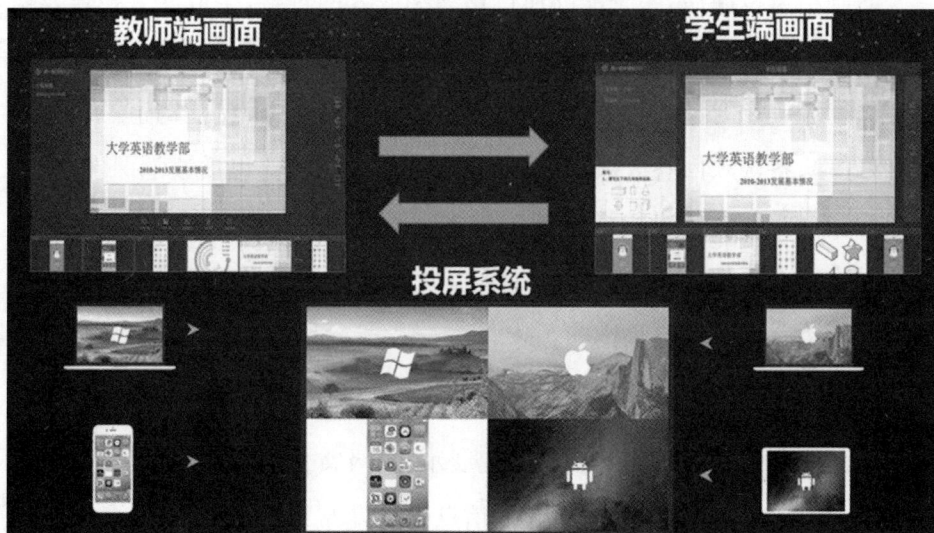

图 5.7　无线投屏系统

（五）教学互动系统

教学互动系统可实现线上与线下全面打通，辅助课堂教学。为保证教学时效性，所有功能应用均在同一界面显示。系统支持课堂提问功能，教师可通过提问功能，实时掌握学生课堂学习效果，调整课堂教学方式方法。系统支持课堂讨论功能，师生通过讨论功能实现课堂教学交流。学生可留言与教师进行实时互动、弹幕互动、语音留言互动、文字留言互动以及拍照互动。教师可与学生开启语音连麦功能，实时与学生沟通解决各种问题，了解学生学习情况。课堂互动教学通过课堂测验功能可实时下发试题，学生可进行课堂答题，实时反馈答题情况。课堂测验无需教师提前录入题目，教师直接将题干信息粘贴在 PPT 中或者口述，可以极大地减轻教师备课工作量。下发试题时，系统自动截取当前屏幕上的试题发送给学生，学生可以放大查看，也同时支持学生在 PC 端和移动端回答测验试题。课堂测验支持选择题、判断题、问答题三种题型，其中选择题可根据教师答案选择而分为单选和多选。

教师结束授课后，系统能够通过移动端或者网页端，生成课堂报告发给教师和学生。教师可查看任一活动的详细参与情况，如：学生数据，包括学生成绩得分、成绩排名、答题用时等信息；随堂小测数据，包括每道习题正确率、答题率、各选项回答人数、易错点等信息；其他数据，包括教学课件详情、试卷数据、弹幕详情、投稿详情等信息。在线上教学系统学生端，学生可在手机端查看上课老师发布的教学课件，也可以查看自己在课堂上标记"不懂"或"收藏"的课件、投稿内容等。

（六）智慧电子班牌系统

智慧电子班牌系统包括校园文化展示、班级文化展示、校园资讯展示以及教师/学生风采展示。通过多媒体信息管理发布系统，对所有设备统一进行内容发布，也可根据班级特色设定独有的发布形式和发布内容。发布的内容包括课程电子课表功能，显示学生/老师的姓名、照片、班级、通知留言等；师生考勤管理功能，辅助教学教务管理，如考勤签到、考勤查询、移动端请假、请假管理等，考勤报表可以根据校方的考勤规则设定考勤开始和结束的时间，在屏幕中显示相关提示；巡课监管管理功能，终端可对接学校监控系统，调取与视频监控系统连接的摄像机实时画面，有权限的管理人员可以刷卡选择对应的教室所在楼宇、房间号和摄像头，并通过终端查看教室上课画面和学生听课状态，实现随时巡课功能。

（七）智能中央控制系统

多媒体中央控制系统分为本地桌面控制器和网络中央控制器（网络中控），本地教师通过桌面控制器发送控制指令给网络中控，由网络中控内置的中央控制器实现对连接的多媒体设备进行控制，最终实现对所有多媒体教室的集中控制、远程状态监测、远程协助、远程接管等管理功能，具体如图5.8 所示。本地控制是指，中央控制系统由中央控制主机、控制面板组成。各部分之间用通信电缆相连，构成一个控制系统。其中控制面板是本地指令发送中心，中央控制主机则是指令接收和执行机构。教师通过桌面控制器控制中央控制器从而实现对多媒体外设的控制，实现"所见即所控"。网络控制是指，采用先进的网络技术，配合控制教室端管理平台，运用 TCP/IP 协议实现网络控制，实现系统控制的灵活性和多样性。多媒体网络中央控制系统软件，是网络控制指令的发起者，主控室管理主机发出的指令封装成标准 TCP/IP 协议包，通过校园网传送到相应控制节点（教室端的中央控制器），从而控制连接到中央控制器的多媒体外设。系统基于校园网实现控制，控制节点收到 TCP/IP 协议控制指令后，中央控制器执行相关指令控制相应的设备，通过该控制软件可实现远程开关/唤醒网络中控器、远程控制影音设备，实现"远在千里，控在指间"[1]。

（八）智慧教学可视化信息管理中心

智慧教学可视化信息管理中心通过平台服务器实现前端教室统一管

---

[1] 林先津. 基于网络环境下多媒体教室建设的研究与实践[J]. 中国现代教育装备，2008，(06)：44 - 46.

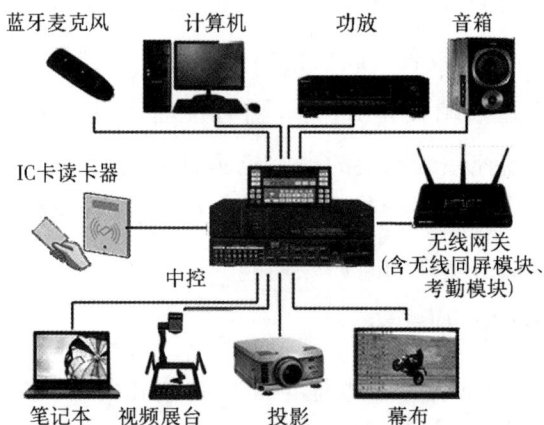

图 5.8　网络中控控制结构图

理,包括校内网络小规模直播、点播、互动、资源管理、数据存储等功能。综合管理平台汇集了资源快捷导航、搜索、登录信息、最新录播、精品课程、直播课堂、最新排行等栏目,用户通过首页可以快速浏览不同分类下的信息。直播课堂模块支持各类直播功能,录制课堂模块支持录播课堂中公开视频功能模块等。此外,还包括资源展示模块、专递课堂模块、移动应用模块、个人中心模块、在线巡视系统、在线编辑系统、学情分析系统、数据推送维护、云端服务系统、大数据统计模块等可供选择。

四、实践方案应用价值

教管融合智慧教学解决方案目前已在国内部分高校应用,在高等教育数字化转型中发挥显著作用,充分体现了方案的应用价值。

教学管理应用标准化。项目将实现教学方式转变,包括教学应用、教学管理、课程体系设计、课程教学手段与方法、课程数量与规模、课程教学内容应用、课程师资结构、课程考核方式等方面。

教学质量保障创新化。项目辅助学校不断优化教学工作,完善教学质量监控和评价体系,健全教学管理制度,逐步形成了教学质量检查、信息收集整理、信息反馈这一完整、实时的开放式系统,真正做到"监而有控",且监控制度和措施覆盖教学各个方面和环节。方案建立了完备的教学质量保障体系，从过程管理为主、目标管理为辅转变为目标管理为主、过程管理为辅，逐步扩大学院在教学运行中的自主权，进一步固化校、院、系、班四级教学督导体系，完善学生全方位评教制度，有效改进和提高教师教学水平。

教学方式方法新型化。实现课内课外、线上线下相结合，课堂数据和学习数据自动采集，形成从环境、资源到应用的一体化系统，促进从以教为主到以学为主，课堂为主到课内外结合，结果评价为主到结果和过程评价结合。

信息技术教学融合化。以信息技术与教育教学的深度融合为核心理念，以建设、应用和共享优质数字教育资源为目标，通过优化顶层设计、明确建设标准、细化建设任务、集中建设基础设施、提升运维管理能力等方法，实现信息化水平的整体提升。

第三节　发展路径：供需匹配视域下高等教育变革的逻辑与策略

高等教育数字化转型是实现高等教育高质量发展的必然要求。高等教育在经济社会发展过程中扮演着重要角色，对于不同社会主体，抑或是对于社会发展方方面面的不同需求而言，高等教育既需要考量在供给侧中的支撑作用，又需要发挥在需求侧中的保障作用。当数字技术重塑供需匹配关系后，亟需探究高等教育变革的逻辑框架和实践策略。

一、数字技术赋能高等教育变革的逻辑框架

（一）数字技术与高等教育变革双向驱动

社会的跨越式发展都伴随着技术革命，人类历史上公认的三次工业革命对教育发展影响巨大，工业革命通过对社会生产力、生产关系的改造，间

接促进了教育变革,尤其是在高等教育领域,高等教育相较于其他教育阶段,其职能与技术变革、社会发展更为密切相关,国内关于高等教育本质的讨论出现了上层建筑论、生产力论等诸多观点。回溯数字技术与高等教育变革的发展脉络,第一次工业革命,蒸汽技术推动人类社会从农业文明进入工业文明,为了满足规模化工业生产的需求,开始出现了班级制授课,高等教育的课程中也出现了自然科学、数学、商科等应用型知识课程。第二次工业革命,电力技术的发明展现出科学技术的强大生产力,高等教育领域出现了研究型大学,技术与高等教育变革的关联不断加强。第三次工业革命也叫数位化革命,以原子能、电子计算机、空间技术和生物工程的发明和应用为主要标志,信息技术的发展推动人类社会进入信息时代,逐步改变了传统教育形态,教育从规模化走向生态化、分散化、网络化、生命化的个性化教育,高等教育与经济社会发展的关系更为密切。以人工智能为代表的数字技术则被部分学者认为是第四次工业革命的关键技术,世界各国都在抢占数字技术赋能教育变革的制高点。2019 年 5 月,联合国教科文组织发布了《北京共识——人工智能与教育》,这是首个为利用人工智能技术实现 2030 年教育议程提供指导和建议的重要文件,形成了国际社会对智能时代教育发展的共同愿景。国外一些发达国家较早开始重视人工智能教育并逐步完善。例如,2019 年 6 月,美国白宫科技政策办公室(OSTP)发布了更新版的《2019 年国家人工智能研发战略规划》(The National Artificial Intelligence Research and Development Strategic Plan：2019 Update)。2021 年,欧盟发布了《人工智能时代的人类与社会》报告,该报告全面探讨了人工智能在教育等领域产生的长期影响,认为人工智能可以为教育提供很多契机和变革,重点建议运用人工智能工具来进行个性化学习。国内也十分重视数字技术赋能高等教育变革,党的二十大报告明确提出要推进教育数字化,国家层面先后出台了一系列政策文件支持人工智能教育发展,企业、高校等也积极探索高等教育数字化的实践应用场景以及产品。

（二）数据资本成为数字技术赋能高等教育变革的关键要素

数据已成为数字时代的新型生产要素。党的十九届四中全会正式确立了数据作为与劳动、资本、土地、技术等并列的生产要素的地位。数字技术的发展使得数据贯穿于社会生产的过程中，数据的生产要素属性已经被广泛认可。从概念逻辑视角看，数据是驱动数字时代社会变革的基础，二进制的数字技术是网络技术和智能技术发展的基础，数字技术则可以看作是数字化、网络化和智能化的基础技术支撑。数据总量丰富，但具有生产价值的数据相对稀缺且独特，虽然不具备实体形态，但对实体生产要素的生产效率和生产能力产生影响，属于虚拟生产要素。数据具有资本的"先积累再使用"的特性，拥有者存储、积累到一定水平后将数据用于生产，且随着外在环境的影响，数据的价值会发生变化。马克思指出："把剩余价值当作资本使用，或者说，把剩余价值再转化为资本，叫作资本积累。"按照马克思主义政治经济学的观点，资本可以带来剩余价值。保罗・萨缪尔森（Paul A. Samuelson）和威廉・诺德豪斯（William D.Nordhaus）撰写的《经济学》中将资本定义为："资本是指生产出来的生产要素，是耐用品，在进一步生产中资本又可以被作为生产性投入。"按照此观点，资本的重要特征是其既是一种投入，又是一种产出。格里高利・曼昆（Gregory Mankiw）撰写的《宏观经济学》中将资本简单定义为工人使用的工具集合。无论是基于哪种定义，将数据生产要素视为资本都是合理的。根据第一种定义解释，数字经济时代，数据商品的堆积是社会财富的重要表现，数据资本所有者不仅占据着数据商品的剩余价值，而且将剩余价值用于扩大再生产，数据资本具有了自我增值的能力。根据第二种定义解释，数据资本是数智化时代社会生产出来的一种新型生产要素，同时也是数字经济中产品生产的原材料。根据第三种定义解释，数据存储、分析、开放、共享和流通的过程均由劳动力或者类人的人工智能劳动力操作完成，数据资本是有价值的数据生产要素，可以看作数据处理过程中反复使用的"工具"。因此，可将数据资本解释为在数字经济发展中，以人工智能等现代信息技术为基础性技术和工具，生产出数据为主要形式的商品,并将数据作为生产要素持续创造经济价值。数字时代,信息空间的概念伴随技术的迭代更新而不断地修正和完善,泛在化、智能化成为其典型特征。"三元空间"之间存在着互动关系,信息空间日益成为现实社会和物理世界的中介系统,以数据的形态内嵌于其他两个空间之中,数据成为"三元空间"之间互动的基本要素,数据资本则成为实现"三元空间"之间社会生产和再生产过程中资本转换的基本形态。因此,当社会空间形态从"二元空间"迈向"三元空间",对高等教育变革的讨论背景也需要关注信息空间对现实社会和物理世界的影响,换言之,即高等教育在现实社会和物理世界中的形态,如何通过信息空间中数据资本的转换,实现高等教育场域多元形态下的价值一致性。

(三) 供需匹配视域下数字技术赋能高等教育变革的理论模型

高等教育变革的供给侧和需求侧是相对而言的概念,从供给侧的角度看,数字技术为高等教育变革提供技术支撑,多元主体的需求为高等教育变革提供理念支撑,高等教育通过变革提升科技创新能力,进而为技术创新提供智力支撑;从需求侧看,高等教育变革产生的成效及风险会直接作用于经济社会发展,成为数字技术发展的根本驱动力。高等教育变革既包含高等教育全要素的内涵变革,也包含高等教育全流程的形态变革。内涵变革围绕高等教育的人才培养理念变革这一核心要素产生,探讨人才培养理念是什么,是高等教育的本质问题,高等教育的本质有上层建筑说、生产力说、部分上层建筑部分生产力说、特殊范畴说等诸多解释,既对应了高等教育在社会发展中的职能定位,也展示出高等教育的特殊性、复杂性,涉及政府、社会、高校、个体等多元主体,不同主体需求也存在异同,取决于高等教育服务对象的不同,服务于政治、经济、生产力、文化、人的发展等。因此,内涵变革中多元主体需求是高等教育变革的导向,直接作用于人才培养变革,人才培养理念从标准化转向个性化,人才培养内涵从传统素养转向数字素养,人才培养定位从人文教育转向新人文教育。形态变革则是在数字技术与数据共同发挥作用下,构建高等教育数字化转型的软硬件数字环境,驱动高等教育的课程、教学、评价等领域发生变革。高等教育课程变革主要体现在课程理念由社会建构转向社会实在，课程内容由罐装化转向智慧化，课程形式由线上线下转向虚实融合；高等教育教学变革主要体现在教学空间由二元空间转向三元空间，教学方式由均衡化转向精细化，学习方式由传统学习转向融合性学习；高等教育评价变革主要体现在教育评价由功利导向转向育人导向，教学评价由信息化转向智能化，学习评价由规模化转向精准化。高等教育变革所产生的成效及风险均会通过社会发展间接影响高等教育数字化转型进程，从而改变多元主体需求，优化数字技术。当高等教育变革中供需匹配后，内涵与形态变革以要素互动的形式趋于平衡，实现人机融合的状态，即数字技术赋能高等教育变革的应然之态。

二、数字技术赋能高等教育变革的困境分析

通过对教育主管部门、相关企业、高校管理人员、科研人员及师生开展深度访谈，系统整理分析访谈资料，运用扎根理论等质性研究方法，提炼分析数字技术赋能高等教育变革中各要素、各流程在发展中的现状及其存在的主要问题。

（一）多元主体需求维度

多元主体需求是高等教育变革的导向。高等教育变革中的主体是指参与并影响变革的单位、群体或个人，从其所属维度来看，可分为政府层面、社会层面、高校层面以及个体层面。

1. 政府层面。政府是教育政策的制定者，从宏观层面调控教育发展的整体战略，虽然国家已经出台了一系列政策支持高等教育数字化转型，但从实际效果看，还存在以下几个问题。一是高等教育数字化转型政策布局相对分散。无论是构建高质量发展格局，还是一直以来以经济建设为中心的战略，教育都在其中发挥了关键性作用。实体经济和数字经济双轨发展，这是把握新一轮科技革命和产业变革新机遇的战略选择，同时也是应对国际国内复杂形势的重要举措。由此，党的二十大报告首次提出教育、人才、科

技三大战略一体化,其中,教育是培养人才、推进科技创新的基础一环。然而,高等教育变革是一项系统性工程,既需要人的转变,也需要环境的改变,当前的政策体系侧重于从宏观角度制定计划,配合计划的指导性、体系性政策稍显不足。并且,由于高等教育变革的理论性研究不够,国内外对高等教育的未来样态的构想并不清晰,侧重于数字化典型应用场景、产品等,不足以推动高等教育全流程、全要素变革,亟须在扎实研究基础上,擘画中国高等教育变革的整体性方案,避免资源分散导致后期影响高等教育全面数字化转型进程。二是后疫情时代遗留的风险有待消解。疫情防控期间,从国家到地方,教育领域出现了诸多颇有成效的数字化应用,线上教学逐渐走向常态化,极大地推进了教育数字化转型进程。疫情防控期间的教育政策更为关注全局性调整,随着疫情防控政策的调整,教育领域数字鸿沟可能会进一步加剧。疫情加速了全球教育数字化转型,我国在疫情防控期间也出台了大量教育政策,上线了多个教育平台,随着我国疫情防控政策的调整,区域间的不平衡逐渐加剧,相对发达地区的教育资源更为充沛,疫情防控期间政策支持下教育方式更为先进,而相对欠发达地区失去了强有力的政策支持,此消彼长之下,可能出现强者愈强的现象,教育基础设施也在一定程度上限制了优质教育资源共享①。

2. 社会层面。一是劳动力市场面临冲击。随着高等教育数字化转型,劳动力市场对新的技能和能力的需求也在发生变化,传统教育提供的技能可能不再完全适应数字化时代的需求,劳动力市场可能需要更多具备数字技术、在线学习和数字管理能力的人才。高等教育数字化转型需要时间和资源,而劳动力市场的需求可能会更快地变化,转型初期可能会出现劳动力供求不匹配的情况,一方面有新需求的职位无法找到合适人才,另一方面可能会出现原有岗位的人员过剩。此外,高等教育数字化转型也意味着许多现有劳动力需要进行技能培训和继续教育,以适应新的工作要求,这可能需

---

① 季凯,张志华.高等教育数字化转型的逻辑框架与优化策略[J].江苏高教,2023,(10):39-46.

要企业和政府共同投入更多资源来进行人员培训，以确保劳动力市场的稳定和人才的可持续发展。二是产学研合作机制需要完善。当前的人工智能教育的应用产品是以企业开发为主，虽然是以盈利为主要目的，但应用产品最终仍是回归教育，因此，企业在研发过程中迫切需要高校参与合作。同样，高校也希望在确保安全可靠的前提下，与高新技术企业合作实现教育设想。三是需要进一步加大投入。高等教育数字化转型需要先进的技术研发，将传统教育内容转换为数字化形式，并确保在线教学质量与传统课堂教学相媲美，这是一个关键挑战。企业需要投入大量时间和资源来开发高质量的在线教育内容，并确保教学效果和学习成果的评估质量以及受到社会认可，由于投入大、收益慢，这些投入可能会对中小型企业产生影响。总体来说，高等教育数字化转型虽然带来了许多机遇，但也面临着各种挑战。企业需要在应对这些困难的同时，制定明确的战略规划，合理分配资源，并不断优化和改进数字化教育模式，以提高教育质量和学习体验。

　　3. 高校层面。一是高等教育的差异化需求限制了人工智能教育的应用实践。高等教育相较于其他教育阶段具有明显差异，不同高校间在层次、学科、定位等方面也存在差异，同样专业的不同高校人才培养方案各具特色。因此，人工智能教育应用难以大规模推行，市场对高等教育领域的人工智能应用实践也缺乏信心，推动力不足，目前高等教育数字化转型更多在管理层面初见成效，尚未触及高等教育的深层次内涵发展。二是高校对于数字化转型的投入普遍不足。实施数字化转型需要大量的技术基础设施和投入，高校需要建设数字化网络环境、购买教学设备、建设智慧平台等。同时，数字化转型涉及各种教学工具和软件的应用，这也需要相应的技术投入。高校对人工智能的投入短期无法看到效果，需要长期投入。三是教育质量提升及其相应的认可问题。高校需要开发新的教学内容、教学形式，并确保其质量和有效性。运用各种数字化手段提高教学效率的同时，也需要关注教学质量情况，以及数字化手段产生的负面影响，例如，在线教学可能会面临学术诚信和考试监控的难题，当前高校较难采取相应的技术手段和策略来确保学术诚信和考试的公平性。另外,在线学习配套的学习成果认定体系也亟待建立,确保在线学习的学习成果能够得到公正认可。

4.个体层面。一是师生对于高等教育数字化转型的适应问题。数字化转型要求教师掌握新的教学技术和工具,并能有效地将其应用于教学实践中。传统教学模式和数字化教学模式之间存在差异,许多教师需要进行教学方法和理念的转变,从而逐步适应和掌握数字化教学。学生也需要适应在线学习的学习方式和节奏。与传统课堂不同,在线学习更加自主和弹性,学生需要更好地管理自己的学习进度和时间。对于一些传统教育背景下的教师和学生来说,这可能是一个挑战。二是传统教育模式无法满足多维能力需求。高等教育数字化转型是应对现代社会多变需求的一种尝试,传统教育模式通常采用刚性的教学结构和课程设置,按照固定的学科领域和知识体系进行教学。这种模式可能忽视了培养学生全面发展的需求,无法满足社会对跨学科、综合性能力的迫切需求。集体授课的方式在教学过程中往往没有充分考虑学生的个体差异和兴趣爱好,限制了学生个性化发展和多维能力的培养。此外,由于高校在本科阶段重视理论知识的传授,但在实践和应用方面存在欠缺,现代社会对于学生实践操作和解决实际问题的能力有着越来越高的需求。三是学生个性化发展需求与现有资源条件不匹配。一方面,现有的学科专业设置较为固定,学生的个性化发展需求可能无法得到充分满足,缺乏选择的合理渠道。另一方面,自适应学习配套的技术和环境要求较高,尚未形成规模化应用。当前满足学生个性化发展的自适应学习多以线上自主学习为主,虽然有较多的线上资源提供给学生,但一些学生可能对个性化发展需求没有明确的认识,或者并不重视个性化发展,反之可能更关注取得好成绩和就业前景,而忽视个性化发展对于未来职业和人生的重要性。此外,线上学习资源良莠不齐,对学生对于学习资源的选择造成困难。

(二)技术要素维度

技术要素是高等教育变革的动力。高等教育变革中的技术要素是指影响变革的手段、工具，主要由 AI 等数字技术和数据构成。

1. 数字技术。一是数字技术发展水平尚无法完全满足高等教育变革需求。数字技术发展非常迅速，新的技术和工具层出不穷。然而，这也导致了高等教育数字化转型中的技术短板。许多高校可能还在使用较为传统的数字技术，而没有及时跟进最新的科技进展。例如，人工智能、虚拟现实、增强现实等前沿技术在教育领域有着广阔的应用前景，但由于技术更新速度快，很多高校尚未完全融入这些新技术，数字技术要在正确的教育思想、教育理念、教育规律下发挥技术所应该发挥的作用，不断推动技术走向成熟。二是高等教育变革趋势与技术迭代更新存在脱节现象。一方面，高等教育作为传统的学术体系，一直以来都有一定的保守性和惯性。在数字化转型过程中，一些高校可能对新的技术和教学模式持保留态度，更习惯于传统的教学方式。由于教师和学生可能对数字技术的了解和应用不够熟悉，以及可能缺乏相关的培训和支持，导致高等教育机构对数字化转型的接受程度较低。另一方面，高等教育数字化转型涉及从教学到管理和服务的全方位改变。然而，教学和管理往往是相互关联的，但在实际操作中，可能存在不协调的情况。教学层面可能希望采用最新的数字技术和教学模式，以提高教学效果和学生体验，而管理层面可能需要考虑成本和资源的平衡，从而导致数字化转型的推进受到限制。

2. 教育数据。一是高等教育数字化转型中数据孤岛现象较为普遍。高校往往采用多个不同的信息系统和教学平台，这些系统之间没有有效地进行数据交换和共享，每个系统独立运作，导致数据孤岛的出现。例如，学生信息、教师信息、教学资源、学生成绩等数据可能分别存储在不同的系统中，而学校之间或学科之间可能无法实现数据的无缝连接与共享，使得数据的整合和分析变得困难。同时，由于历史原因、不同部门或学科的管理方式等，导致数据采集和处理的标准和格式存在差异。例如，不同学院对于学生的信息采集可能存在不同的字段要求，不同教师对于教学成绩的记录方式可能也有所不同。这种数据标准和格式的不一致导致了数据的碎片化和孤立化,使得数据之间难以进行有效的比较和分析。二是教育部门及高校对教育数据的重视程度和建设力度不足。受到传统观念和管理体制的影响,教育部门和高校长期以来在数据管理和利用方面相对保守,更加注重传统的教学方式和学科知识的传授,而对于教育数据的收集、整合和应用可能没有充分认识到其重要性。另外,数字化转型需要大量的技术基础设施和投入,由于教育部门和高校的资金有限,很多学校难以承担这些大规模的技术投入。同时,教育部门和高校在技术人才的引进和培养方面也面临一定的困难,技术资源和人才缺乏可能影响了对教育数据的建设和利用。部分高校即使建设了学校层面的数据中心,但受限于数据量小而杂、计算模型缺乏、算力不足等因素,并没有真正发挥应有作用,进入了发展尴尬期。

（三）风险维度

风险决定了高等教育变革的限度。高等教育变革中的风险是指制约变革的负面因素,主要由技术安全问题、伦理问题构成,技术安全问题是指智能技术的可靠性、安全性,伦理问题是对人工智能教育引发的现实问题的反思。

数据安全和隐私风险。随着高等教育数字化转型的推进,大量学生和教师的个人信息以及学习数据被存储和交换在各类信息系统中,这就带来了数据安全和隐私的风险。首先,数字化转型涉及大量敏感信息,如学生的身份信息、成绩记录、学习轨迹等,如果这些数据遭到黑客攻击或泄露,将可能导致学生个人隐私暴露,造成重大损失。此外,由于高校信息系统的复杂性和脆弱性,可能会存在安全漏洞,使得黑客有机可乘。一旦黑客入侵,可能会篡改或破坏学生和教师的数据,给教育教学秩序带来混乱。其次,数字化转型涉及多个不同的信息系统和平台,这些系统之间的数据交换和共享存在风险。如果数据传输和共享过程中缺乏有效的加密和身份认证措施,数据可能被未经授权的人员访问和使用,造成数据泄露。

三、数字技术赋能高等教育变革的优化策略

（一）构建特色鲜明的理论研究体系，解决"变革原理"问题

1. 构建布局合理的学科体系。高等教育数字化转型具有跨学科的属性，构建科学合理的学科体系是推动高等教育变革的关键步骤，其中人工智能教育是主要学科发展方向。首先，需要系统规划人工智能教育的学科布局。要着重加强计算机科学、教育学、脑科学、心理学、认知科学等基础理论研究，推动人工智能教育基础理论的创新，以实现从弱人工智能阶段向强人工智能和超人工智能阶段的跃迁。另外，还应重视前沿理论学科和应用学科的布局，将类脑科学、机器学习、自适应学习等前沿方向纳入学科设置。同时，也应致力于推动新人文学科的发展，加强对数字化时代社会面临的新矛盾和新问题的研究。其次，需要推进人工智能教育的学科建制。为此，应推动人工智能教育研究单位由数量规模发展向内涵质量提升转变，着重挖掘人工智能教育的内涵，充分发掘其跨学科特点。在学科建设上，应加快论证人工智能一级学科的设立，使其与计算机科学、教育技术学等方向形成明确的区分。最后，需要完善人工智能教育学科的人才培养体系。结合学校特色和社会需求，分层分类研究制定人工智能教育学的知识体系、课程体系、教学方式和培养目标，以确保人才培养与实际需求相适应。

2. 构建经世致用的学术体系。学术体系是一个国家和民族文化底蕴、思想创造和价值追求的代表，其核心是理论和方法、学理和实践的统一，包含理论知识体系和研究方法体系。首先，加强高等教育数字化转型的理论知识研究，涵盖概念、思想、理论、观点、学说、知识、原理等方面。结合高等教育数字化转型的新技术和新特点，以及教育学的基本原理，不断更新理论知识体系。深入探讨高等教育学、应用伦理学、人工智能教育基础理论等内容，以更好地适应技术的迭代更新。其次，加强研究方法的探索创新。研究方法体系强调解题思路、策略、技术、程序、工具等方面。要积极引入和借鉴国内外前沿的研究方法，结合中国教育的实际需求，创造出具有中国特色的

教育解题方法。最后，构建高等教育数字化转型的学术共同体。我们要加强人工智能教育学术平台的建设，创建一个汇聚政府、高校、科研院所和高新技术企业的高端智库，通过学术共同体的合作和交流，更好地促进高等教育数字化转型。

3. 构建融通中外的话语体系。话语体系是一个国家和民族内在思想的外在表达，通过特定符号和言语来传达价值观念和行为规范，引导人们的思维方式和实践行为。首先，保持理论立场的稳固。高等教育数字化转型的理论研究应以马克思主义为核心，融合中国特色哲学社会科学，兼收并蓄传统文化和西方理论，形成中国特色的高等教育数字化转型理论体系。其次，坚持将立德树人作为教育的根本任务。理论研究应该始终将立德树人作为基准，将教育的价值观和品质培养置于首要位置。最后，促进人的全面发展是教育的本质。高等教育数字化转型理论研究的核心是教育本身，高等教育数字化转型应以培养人的全面发展为目标，需要重视高等教育学的学科自觉性和立场，不被技术主义的话语所左右，而是向本质主义话语过渡。总的来说，高等教育数字化转型的话语体系应该秉承理论稳固、立德树人、促进人的全面发展的原则。

（二）构建多跨协同的组织管理体系，解决"谁来变革"问题

1. 构建政府主导的制度体系。政府主导的制度体系是指为实现特定历史时期的路线和任务而制定的行动依据和基本准则。首先，要高度重视教育数字化转型在整体教育工作中的重要地位，应当将人工智能教育的推进放在高等教育转型升级的核心位置，采取试点先行的方式，政府层面可以成立教育数字化转型工作领导小组，由教育部门主要负责同志担任组长，相关领导担任副组长，下设办公室，并将其设在教育信息化相关处室。同时，在各高校内部也可以参照类似的组织机构设置，以协调和推动教育数字化转型相关政策的实施。其次，注重政策功能的全面应用。合理运用需求型政策工具，以拉动社会对人工智能教育的需求，可以通过政府采购、购置补贴等方式，吸引更多优质高新企业参与数字化应用研发。同时，对激励政策进

行改善,除了传统的人才引进、知识产权等激励政策,还应在投资补贴、税收优惠等方面进行探索。最后,推动解决数字鸿沟问题。在制定教育政策时,应更加关注欠发达地区的教育情况,特别是在教育新基建、数字素养等方面加强支持。针对不同地区和不同需求,采取分层分类的政策措施。要密切关注政策带来的差距扩大的问题,在政策实施前要进行科学评估和智能辅助,过程中注重动态调整,以确保政策的有效实施和公平。

2. 构建社会主导的协同体系。社会主导的协同体系是指社会组织、企业与政府、高校、科研院所等之间建立高效协同创新的合作机制。首先,要加强企业与高校的人才培养合作。企业直接与市场和生产相关联,而高校则负责输送人才、知识和技术到市场中。部分高校已经开始探索与企业合作培养定制化人才,但仍然需要进一步规范化、扩大化这种合作模式。企业应主动对接高校,探索一种可复制、可推广的人才培养模式。其次,加强企业与政府、高校的供需对接。政府在政策制定方面起到供给的作用,因此,应畅通企业与政府之间的沟通机制,探索开放企业渠道的政府内参。高校在技术供给和产品需求方面发挥重要作用,企业聚集了顶尖的产品研发人员,但仍然缺乏基础理论的研究。因此,需要加强高校与企业在技术方面的合作,打通高校院所和企业科技成果转移转化通道,特别关注科技成果转化的"最后一公里"问题,促进原始创新和科研成果的落地转化。最后,企业要树立高度的责任感。产学研项目通常需要较大的投入,盈利水平较低且周期较长。因此,需要引导企业树立高度的责任感,积极参与国家关于人工智能教育产业的发展战略。

3. 构建高校主导的生态体系。高校主导的生态体系是指高校在推动高等教育数字化转型过程中,为其提供外部的软、硬件环境。首先,应着重完善基础设施层,在基础设施、网络通信、云计算等方面,需要加快物联网感知设备在教学和管理过程中的应用,以实现全流程数据的采集和汇聚。全面布局校园 5G 网络,以保障云平台的数据传输,以满足存储和算力的需求。其次,需要加强支撑融合层的融合性。支撑融合层主要由数据中台和业务中台组成,数据中台为业务中台提供服务支撑,而业务中台则是数据分类管理的支持系统。在构建生态体系时,必须对二者之间的对应关系进行梳理和优化,以提高服务和响应的效率,这将有助于高校更好地整合和运用数据资源。最后,需要优化场景应用层。场景应用层是融合所有业务的智慧平台,从界面设计到服务内容都应以用户需求为导向。在优化这一层时,特别要关注老年群体、特殊人群的服务通道设置,以增强场景的数字包容性,使得高等教育在更广泛的受众中发挥积极作用。

4. 构建个体主导的意识体系。个体主导的意识体系是指高等教育中的学生、教师、管理者、研发人员等相关人员对于数字化转型的认知程度和接受态度。首先,需要加快全体教育管理者、师生等相关人员的数字素养提升。在已有文件的基础上进一步完善教育系统的相关指导文件,重点聚焦于数字学习、教育数字化转型等领域,为数字素养提升提供明确的指导。通过针对性的培训和教育,全面提高教育工作者与学生的数字素养水平,以适应数字化转型的要求。其次,应探索建设教育工作者数字素养与技能提升的示范基地和平台。这样的基地和平台可为教育工作者提供公益性培训,涵盖教育数字化转型的指导思想、发展规划、主要目标与任务、特色亮点等内容。同时,鼓励企业、平台和个人提供多样化的数字培训资源,整合各方的数字培训资源,为教育工作者提供更全面、多样的数字化学习机会。最后,需加强宣传与舆论引导。通过面向学生、教师的普及教育,营造个体自主学习的良好氛围,可借助宣传月、先进评选、比赛等形式,提高个体对于数字化转型的认知和参与意愿。

(三)构建系统推进的技术创新体系,解决"怎么变革"问题

1. 构建以人为本的环境体系。以人为本的支撑体系是指在高等教育数字化转型的技术创新过程中,为其提供健康可持续发展的保障环境。首先,要进一步凸显人工智能教育中人的核心地位。人工智能教育的服务对象是人类,人对技术的掌控与利用是人工智能与高等教育相互融合与促进的前提。因此,各类人工智能教育产品的设计理念必须以安全可靠作为最高优

先级，确保其满足人类需求与利益，避免不当使用或滥用人工智能技术所带来的潜在风险。其次，要进一步加强高等教育数字化转型中的人机协同。明确教师仍然是实施教学活动的主导者，需要具备使用智能技术辅助教育的意识和能力，积极拥抱数字技术，逐步由传统经验教学转变为智慧教学，从被动适应转向主动变革。最后，需要重点关注和解决高等教育数字化转型中的伦理问题。可运用应用伦理学作为解决人工智能教育伦理问题的原理支撑，应用伦理学是解决人类面临科技、经济与社会发展引发的生存困境的一种方法。相较于传统伦理学，应用伦理学更适用于解决高等教育数字化转型中突出的现实矛盾。此外，还需加强对学生、教育工作者和研发人员的伦理教育，提高伦理意识与素养，使其在实践中能够坚守伦理底线。

2. **构建分层分类的人才体系**。分层分类的人才体系是指为培养高等教育数字化转型的科学家、研发人员和技术人员而设立的多层次、多领域的人才培养体系。人才是科技创新的核心要素，首先，应注重人才队伍的梯队建设。各类高校应根据自身特色和优势充分发挥人才培养的作用。例如，位于科技创新前沿的高校应重点关注基础理论研究能力、工程实践能力、创新能力和科学家精神的培养，通过实施本硕博贯通式培养模式，提升人才培养的系统性，致力于培养拔尖人才。其次，需重视高端人才的引进和复合型人才的培养。鼓励企业和高校引进海内外优秀科研人员，为其提供全方位的个性化引进和支持措施。同时，强化理论与实践均衡发展的人才培养模式，鼓励学生深入科研和生产一线进行实践，培养创新能力和解决实际问题的能力。最后，优化人才评价体系。这需要深入调研我国高等教育数字化转型的人才队伍现状，全面了解人才队伍建设存在的盲点和误区，结合现实情况制定相应的实施路径。在评价指标的设置上，应突出原创导向、需求导向和市场导向。最后要实行差异化考核，对不同类别的人才采取分类考核对象、突出关键指标和及时评价反馈的方式。

3. **构建共享共治的数据体系**。共享共治的数据体系是高等教育数字化转型过程中建立的一系列机制，旨在促进教育领域数据的开放流通，赋能高等教育变革。该体系涵盖数据资源体系、协同治理体系和安全监管体系三个主要组成部分。首先，需完善教育数据资源体系，充分挖掘数据的价值资源。建立教育数据资源的总体要求标准、数据共享标准、业务管理标准和技术应用标准等，以规范业务流程。同时，正确认知数据资源的价值特征，并完善教育领域数据资源的体系性立法，采取规范和法治化的方式推动高等教育数字化转型。其次，需强化协同治理体系，实现基于数据的协同合作。强调多方治理主体全程参与治理活动，推动教育部门、高校和企业之间的数据共享与治理，共同享有治理权力并承担治理责任，致力于解决单一组织难以解决的问题。最后，需健全安全监管体系，建立有效的数据安全监管机制。在政府主导下引入第三方机构，对教育部门、高校和企业教育数据的安全问题进行监管。重点审查教育数据资源管理流程、开放内容、应用场景以及教育数据服务和使用的合法合规性，以确保教育数据的安全和合法使用，为高等教育数字化转型提供有力保障。

| 第六章 |

走向未来:在变与不变中透析高等教育本质

　　高等教育数字化转型是高等教育高质量发展的重要引擎和创新路径，也是实现高等教育强国建设的必然选择。当前，我国高等教育已进入普及化阶段，由高等教育大国迈向高等教育强国。党的二十大报告明确提出"推进教育数字化，建设全民终身学习的学习型社会、学习型大国"[①]。正如前文所述，数字技术驱动高等教育发展之变具体体现在：人才培养理念之变、课程形态之变、教育方法之变、教育评价方式之变和教育治理之变。但在数字化转型过程中，高等教育发展的根本任务、育人本质、办学使命、教师主导角色、学生主体地位等方面始终保持不变。"教育数字化转型的成功标志是人机融合，学生和教师都得到更好的发展"[②]，转型的最终目的是促进人的自由全面发展。当前，数字化、智能化推动着我国高等教育高质量发展，改革成效显著，但在部分学校也存在过度依赖技术的现象，过度重视技术、硬件和时效性，忽视了学生、内容和建设的长效性。因此，面对数字技术的冲击，我

[①]　习近平.高举中国特色社会主义伟大旗帜 为全面建设社会主义现代化国家而团结奋斗——在中国共产党第二十次全国代表大会上的报告[R].(2022 - 10 - 25)[2023 - 07 - 20].http://www.moe.gov.cn/jyb_xwfb/xw_zt/moe_357/jjyzt_2022/2022_zt17/bg/bg_bgzy/202210/t20221028_672948.html.

[②]　袁振国.教育数字化转型:转什么,怎么转[J].华东师范大学学报(教育科学版),2023,41(03):1 - 11.

们不仅需要积极应对,同时,还需要透过纷繁复杂的高等教育现象,正确把握好数字时代高等教育的"变"与"不变",正确处理好"变"与"不变"、守正与创新的关系,在"变"与"不变"中明晰高等教育本质。换句话说,在"变"与"不变"中明晰高等教育的内涵特质、任务使命和发展之路。也就是说,需要弄清楚高等教育究竟是什么,高等教育究竟为了什么,高等教育究竟如何发展,这不仅是高等教育本质的具体表现,也是推动高等教育数字化转型必须弄清的基源问题。走向未来,在"变"与"不变"之中,我们需要把握好、坚守住中国高等教育的根与魂,肩负高等教育立德树人的根本任务和科教兴国的时代使命,坚持守正创新,扎实走好中国特色的数字技术驱动高等教育高质量发展之路。只有这样,才能在世界重要人才中心和创新高地建设和强国建设过程中贡献高等教育的重要支撑力量。

第一节 把握内涵本质:高等教育内涵特质的再审视

数字技术不仅赋能高等教育,更是对高等教育的变革和重塑。高等教育数字化转型,为什么转,转什么,如何转,前文对这些问题的回答,归根到底可以溯源至对高等教育是什么的追问。高等教育究竟是什么? 这是高等教育的基本理论问题,也是数字化时代高等教育变革亟需弄清楚的问题。"高等教育是历史发展到一定阶段的产物,也是社会发展对教育发展要求的产物。"[①]高等教育和教育有着共同的本质属性和规律,但由于其所处阶段属于高层次教育,高等教育又有着其自身的特点。在《高等教育理念》一书中,英国高等教育学家罗纳德·巴尼特明确指出不应将高等教育仅仅作为教育概念的一个子集,也不应认为我们的教育思考自动包括了高等教育,更不要把高等教育等同于任何院校形态。[②] 综前文所述,数字技术驱动高等教育发

---

① 潘懋元.新编高等教育学[M].北京:北京师范大学,2012:5.
② [英]罗纳德·巴尼特.高等教育理念[M].北京:北京大学出版社,2013:3.

展在人才培养理念、课程形态、教育方法、教育评价方式、教育治理方式等方面发生变化。人才培养理念转向规模化教育和个性化培养有机结合、课程形态由"罐装化"走向"智能生成"、教育方法由"集中化大班授课"转向"个性化精准指导"、教育评价由结果导向的"单一"评价向过程导向的"多维"评价转变,教育治理从静态监管到动态治理转变。在上述转变过程中,如何坚守高等教育根与魂,如何防范风险,很好地回答这些问题离不开准确把握高等教育的内涵特质,这是把握好高等教育根与魂的前提和基础,是深入研究数字化时代高等教育本质的出发点,影响着数字化时代高等教育高质量发展目标的实现,也是准确把握数字化时代高等教育根本任务、核心使命和发展模式的关键所在。

一、何谓高等教育:高等教育的内涵透析

当前,"推进教育数字化"是党和国家的重要战略性目标。高等教育数字化转型已经成为全党全社会的普遍共识,是普及化阶段高等教育高质量发展教育强国建设的重要支撑。在高等教育数字化转型的过程中,对高等教育内涵的审视变得格外重要。到底什么是"高等教育"? 这是高等教育本质的核心问题,但对这一核心问题的答案仍众说纷纭。"对于这一问题,理论家们历来见仁见智,从未有过一致观点。"[①]学者们从不同的视角对高等教育的内涵进行解释,这为进一步剖析高等教育的本质和特殊性奠定了基础。我们认为,欲弄清楚高等教育到底是什么,需要明晰三对关系:即高等教育与教育的关系、高等教育与其他社会活动的关系、高等教育与人的关系。

(一) 高等教育是高层次的教育

高等教育是学校教育的最高形式,是高层次的教育,与教育有着相同的本质属性和规律,但同时也有其自身的特点。从高等教育发展的历程来看,高等教育是教育的一个高层次阶段。在中国,高等教育萌芽于春秋战国。

---

① 贾永堂.高等教育本质的历史考察[J].辽宁高等教育研究,1995,(02):36-39.

中国殷周时期的"右学""辟雍""泮宫"等,这些古代教育机构都是在当时社会传授最高级学问和学问研讨的地方。稷下学宫是战国时期的唯一一所较为正规化的官办高等学府,是一所容纳不同学派,提倡百家争鸣,培养封建官僚的政治大学。在稷下学宫,知识分子待遇优厚,地位较高,"不治而议论",为政策制定者提供决策建议,同时,为增长见闻,稷下学宫的师生还可以自由流动,来去自由。稷下学宫较为完整的体制、组织和规章制度对后世我国教育产生了深远的影响。[①] 到了汉代,公元前 124 年,太学建立,至此我国封建官立大学制度建立,已经形成了一些大学教育制度、形式与方法等,如考试制度、大班上课、师法家法、学术称谓等。公元 178 年,鸿都门学创立,开启了唐代专科学校先声,这是世界第一所文学、艺术专科学校,推动了文学和艺术的发展。隋朝创立了科举制,唐代进一步完善了科举制度,高等教育机构规模已经较之前有了一定的扩大,出现了国子学、太学、四门学等。同时,唐代不仅有律学、书学等文科专科学校,还兴起了医学、算学和天文历学等自然科学专科学校,重视科学技术和科学技术教育。除此之外,唐代还出现了职业性教育,在司天台、太仆寺、太仆署等部门招收学生开展职业教育。宋代书院教育盛行,是我国高等教育从萌芽发展到颇具雏形的标志之一。这一时期,中国高等教育"开始走向定型,成为一个专门的、独立的学术与教学机构"[②]。我国近代大学教育正式出现的标志则是京师大学堂的建立。伴随着《大学令》《大学规程》的颁行、《修正大学令》《国立大学条例》的颁布,我国近代高等教育制度逐渐定型。辛亥革命后,京师大学堂改名为北京大学。之后,蔡元培为将北京大学办成培养高级人才的场所,对北京大学开展了一系列卓有成效的改革。继北京大学改革后,南开大学也进行了改革,我国逐渐出现多所知名高等学校。这一时期,我国高等学校的数量有所增加,同时,质量也得以提高,近代大学的体制逐渐完善。[③]

---

① 张慧明.中外高等教育史[M].长沙:湖南大学出版社,1998:38-40.

② 胡建华,陈列,周川,龚放.高等教育学新论[M].南京:江苏教育出版社,2005:50.

③ 张慧明.中外高等教育史[M].长沙:湖南大学出版社,1998:83-106.

在国外，无论是古巴比伦的"寺庙学校"，还是古埃及的"寺庙学校"，抑或是古印度的那的亚、萨罗蒂等学校教育中心和苏格拉底的修辞学校、柏拉图的"阿加德米"学园、亚里士多德的"吕克昂"学校等，这些机构无不是学习和讨论高深知识的地方，是优秀人才的聚集地。中世纪，欧洲在专业教育的基础上建立了专业高等教育。医学方面，萨勒诺（Salerno）医学校是医学专业人才培养、医学教学和研究的中心。[①] 法学方面，意大利的博洛尼亚大学、帕多瓦、佩鲁贾和锡耶纳等法律学院，还有法国的蒙彼利埃法学院、奥尔良的法学院、图卢兹的法学院等成为当时社会法学教育和法学专业高层次人才培养的地方。在神学方面，巴黎大学、牛津大学和剑桥大学是当时社会授予神学位的地方，除此之外，还有意大利、德国以及法国等地的托钵修会的"学馆"也传授神学。[②] 资产阶级工业革命时期，欧洲出现了中等教育制度，并且建立了与高等教育之间的固定衔接关系，高等教育成为教育中的名副其实的最高层次。二战后，高等教育层次更加多样化、形式更加复杂化，高等教育的内涵泛指中等教育后广泛存在的各种高等教育形式，出现了"中等后教育"（Post-second Education）和"第三级教育"（Tertiary Education）等新概念。[③] 从这些概念中更能清晰地看到高等教育与教育的关系，即高等教育属于教育的最高层次。

纵览高等教育发展史，不难看出，高等教育作为学校教育的最高形式，与教育有着共同的本质属性和规律。正如我国学者所说："高等教育是建立在普通教育（或基础教育）基础上的专业性教育。"[④]因此，作为教育的一个阶段的高等教育虽与教育有着相同的本质属性和规律，但是，作为高层次的教育与基础教育在对象和任务又有不同，有着高等教育本身的特点。建立于

① Kristeller,O.P.The Curriculum of Italian Universities from the Middle Ages to the Renaissance [C].Proceedings of the PMR Conference,1984(9):3.

② 希尔德·德·里德-西蒙斯.中世纪大学[M].张斌贤,程玉红,和震等,译.保定:河北大学出版社, 2008:396-493.

③ 胡建华,陈列,周川,龚放.高等教育学新论[M].南京:江苏教育出版社,2005:50.

④ 潘懋元.新编高等教育学[M].北京:北京师范大学,2012:5.

工业时代的以课堂、教室、教材、考试为中心,主要传授知识的标准化规模化的人才培养体系,难以培养大批创新型人才,难以满足数字经济时代高质量发展的需要。在新一轮科技革命和产业变革中,高等教育数字化是顺应时代发展和应对国际激烈竞争的必然选择和迫切需要,对象和根本任务的特殊性是高等教育数字化转型必须考虑的因素。因为,大学生是"网络原住民",也是"数字时代的弄潮儿"。在高等教育数字化转型过程中,必须依据高等教育对象和根本任务的特点,通过更加灵活的学习活动形式、更加创新的教育模式、更加包容公平的数字教育,真正实现面向每个人、适合每个人的高等教育,最终促进人的发展。

(二)高等教育与其他社会活动的交互影响

"当前,高等教育的主要矛盾表现为社会发展和人民群众日益增长的对优质高等教育的迫切需要与高等教育发展不平衡不充分之间的矛盾。"[①]高等教育的发展深受社会其他领域活动的影响,但同时还有自身的内在逻辑和运动规律。"高等教育是人类社会的一种教育活动形式。它的发生发展,自始至终受着其他各种活动因素的制约,并在这些因素的交互活动中演进着。"[②]纵览高等教育发展历程,高等教育发展无不深受地理因素、社会生产力发展和经济水平、政治因素、宗教因素、文化因素、科技因素等多种因素的影响。正是在这些因素的交互作用下,高等教育兴起、发展和变革。大学和其他社会活动之间是相互影响和相互作用的。1972年,联合国教科文组织国际教育发展委员会在《学会生存》中明确指出:"教育体系受内部和外部两方面的压力。内部压力来自体系内部的失灵与矛盾。然而经验表明,内部压力和紧张状态本身还不足以引起教育结构上的变化,我们不能再继续沿着过去走过的那条老路上前进。这是因为,外部压力在我们这个时代特别

---

① 吴岩.深入实施教育数字化战略行动以教育数字化支撑引领中国教育现代化[J].中国高等教育,2023,(02):5-10.

② 胡建华,陈列,周川,龚放.高等教育学新论[M].南京:江苏教育出版社,2005:63.

坚强有力，未来行动的方向主要将从外在因素中推演出来。"①这一论断明确指出了外部因素与高等教育之间的关系，高等教育发展深受外部因素的影响。但是，外部因素对高等教育体系的影响有多大，需要合理把握好"尺度"问题，这对推动我国高等教育理论和实践的创新具有重大的现实意义。② 正如我国学者所说，高等教育是人类历史长河中的一个动态概念。高等教育"一方面是在与社会其他各种活动交互作用中运转着的，另一方面，又有其自身的内部运动逻辑。"③高等教育是教育系统中的重要组成部分，是学校教育系统中最高层次的教育，因此，高等教育活动要遵循教育内在的逻辑和规律。从世界高等教育发展历史来看，人才培养、高深学问、办学经费和社会需求分别是高等教育根本职能、核心产品、第一资源和生命之源。四个关键因素"成为高等教育嬗变的'四维'逻辑起点，决定大学改革与发展的基本骨架，其他要素可由此派生而来。……也可以将此作为高等教育绝对性规律用来指导高等教育实践。"④不难看出，高等教育既有自己的独立系统，又与其他关联因素"互成系统"。也就是说，高等教育是在一张复杂的关系网络中被内外部因素共同推动着发展，"高等教育在关系中诞生、存续和发展，又在关系中反作用于一切作用于它的事物。"⑤

在数字时代，数字经济已然成为各国经济和社会发展的重要引擎，对人才培养的需求已不同，更加需要人才具有批判性思考、协作沟通、问题解决和人机互动等能力。高等教育既在数字技术和数字经济的推动下发生重要变革和重塑，同时，又是数字时代经济社会可持续发展的重要力量和重要支撑。正因为高等教育与经济社会的双向支撑关系，回应和引领数字时代经

① 联合国教科文组织.学会生存——教育世界的今天和明天[M].华东师范大学比较教育研究所，译.北京：教育科学出版社，1996.

② 潘艺林.外力影响高等教育的尺度[J].教育发展研究，2009，(19)：9－11＋16.

③ 胡建华，陈列，周川，龚放.高等教育学新论[M].南京：江苏教育出版社，2005：63.

④ 付八军，马陆亭.大学嬗变中的不变——世界高等教育规律探寻的"四维"逻辑起点[J].高等教育研究，2020，41(04)：103－109.

⑤ 李枭鹰.高等教育内外部关系规律的元研究[J].中国高教研究，2016，(11)：12－17.

济社会发展的需要是当前高等教育发展的重要任务。同时,回到高等教育系统内部,我国高等教育已迈入普及化阶段,高等教育对象、层类和服务领域都已发生了变化,高等教育需要提供更加个性化的教育、更加现代化的教育模式和治理模式以满足超大规模学生群体多样化的学习需求。因此,数字时代,面对高等教育内外系统的新变化,利用数字技术驱动高等教育发展,重塑高等教育理念,变革高等教育范式,推动高等教育数字化转型实践,以数字技术推动高等教育高质量发展,这是数字时代和普及化阶段高等教育发展的趋势和必然选择。因为,高等教育数字化"事关新一轮国际高等教育竞争中,能否下好先手棋、抢占制高点、享有话语权、拥有影响力,事关在中国高等教育能否真正适应普及化阶段质量多样化、学习终身化、培养个性化、治理现代化的需求。"[①]同时,这也清晰地呈现出无论数字技术如何冲击和变革高等教育,但它无法改变高等教育内外部关系。

(三) 高等教育的根本职能和法定任务是人才培养

人才培养是高等教育之本,是高等教育的根本职能。由于高等教育在社会、政治、经济、科学和文化方面均发挥很多作用,因此,其他学科对高等教育的概念、性质、价值、任务等研究也较多。不同学科对高等教育概念的界定不同,但是,无论从哪个角度来界定高等教育,高等教育的最高价值追求和逻辑旨归都没有改变。从大学发展的历程来看,大学诞生的原因就是为了培养人才。博洛尼亚大学兴起的主要原因是封地竞争事件以及君权和教皇之间的国际竞争,迫切需要大批精通罗马法或民法的专业人才。1100年后,越来越多的学生为担任神学家来到巴黎学习逻辑和辩证法,随着师生数量的不断增加,成立了行会,后来有了巴黎大学。欧洲最早大学之一的萨莱诺大学是欧洲最著名的医学中心之一,为当时社会培养了大批医学专业人才。这一时期,大学的职能主要是教学,传授知识是大学与其他社会机构

---

① 吴岩.深入实施教育数字化战略行动以教育数字化支撑引领中国教育现代化[J].中国高等教育,2023,(02):5-10.

不同的主要标志。正如纽曼（John Henry Newman）在《大学的理想》序言中所说："大学就是传授普遍知识的场所。"①洪堡（Wilhelm von Humboldt）提出了大学的科学研究职能。洪堡认为大学的主要任务是从事科学研究，追求真理。至此，科学研究作为大学的第二职能才取得合法地位。② 洪堡认为教师传授的知识必须建立在创造性活动和科学研究的基础之上，并且，只有通过"纯粹科学"的学习和研究，才能形成学生良好的思维品格，最终培养出真正的科学人才。20世纪初，威斯康星大学校长查尔斯·范海斯在教学、科研两大职能之外，提出了大学还具有第三职能——通过培养人才和输送知识服务于社会——社会服务职能。③ 之后，有学者提出了高等教育的第四职能：文化传承……也有学者基于高等教育的总体特征和自由扩展的思考，提出高等教育是学生自我塑造的过程，应该重视学生的反思能动性。④ 但不管大学演绎出多少职能，人才培养都是其根本职能和价值追求。

人才培养是高等教育的法定任务，是高等教育的逻辑旨归。1998年，中华人民共和国第九届全国人民代表大会常务委员会第四次会议通过了《中华人民共和国高等教育法》，1999年1月1日开始实施。在第一章总则第四条明确规定："高等教育必须贯彻国家的教育方针，为社会主义现代化建设服务，与生产劳动相结合，使受教育者成为德、智、体等方面全面发展的社会主义事业的建设者和接班人。"第五条明确规定："高等教育的任务是培养具有创新精神和实践能力的高级专门人才，发展科学技术文化，促进社会主义现代化建设。"2015年，国家新修订了《中华人民共和国高等教育法》，修订后的版本在第一章总则的第四条明确规定：高等教育必须贯彻国家的教育方针，为社会主义现代化建设服务、为人民服务，与生产劳动和社会实践相结合，使受教育者成为德、智、体、美等方面全面发展的社会主义建设者和接班

① 王晓华.纽曼的大学目的论与功能论[J].清华大学教育研究，2000,(01):44-49.
② 王建华.重温"教学与科研相统一"[J].教育学报，2015,11(03):77-86.
③ 陈学飞.美国、德国、法国、日本当代高等教育思想研究[M].上海：上海教育出版社，1998:45.
④ [英]西蒙·马金森.作为学生自我塑造的高等教育[J].教育研究，2020,(01):86-97.

人。在第五条进一步规定了:高等教育的任务是培养具有社会责任感、创新精神和实践能力的高级专门人才,发展科学技术文化,促进社会主义现代化建设。① 与1998年版相比较,第四条基本方针部分增加了"为人民服务""和社会实践"相结合以及受教育者素质方面增加了"美",在第五条高等教育人才培养目标中增加了具有"社会责任感",并将其处于创新精神和实践能力之前,更加突出立德树人的重要性。

习近平总书记在北京大学师生座谈会上指出:"大学是立德树人、培养人才的地方,是青年人学习知识、增长才干、放飞梦想的地方。""要把立德树人内化到大学建设和管理各领域、各方面、各环节,做到以树人为核心,以立德为根本。"②"数智化时代,立德树人被赋予时代要义,我们要确保立德树人工作不因教育变革缺位、不为技术发展让位。如若抛开育人效果谈技术变革,逻辑上存在'重术'而'轻道'的弊端,必然会导致,'没有灵魂的卓越。'"③换句话说,无论数字化时代高等教育如何改变,其人才培养的根本使命和责任始终不变,立德树人的根本任务不变。

二、何以为"高":高等教育特殊性的再认识

数字化时代,高等教育发展与研究,必须抓住高等教育因何为"高"这一本质特点,必须清楚高等教育的特殊性。无论高等教育数字化如何转,如何变,变的只是高等教育获取高深知识的路径、高级专门人才培养理念和方式、高等教育治理方式等,而高等教育的根与魂未变。准确理解高等教育的根与魂离不开高等教育何以为"高"的特殊性,这是高等教育本质所在,更是高等教育数字化转型的特殊性所在。我们认为高等教育何以为"高",其特殊性源于三个方面:高深知识、高级专门人才培养和独特的高等教育组织。

---

① 中华人民共和国高等教育法.中国人大网.(2019-01-07)[2023-08-03].http://www.npc.gov.cn/npc/c30834/201901/9df07167324c4a34bf6c44700fafa753.shtml.

② 习近平.在北京大学师生座谈会上的讲话[N].人民日报,2018-05-03.

③ 张志华,孙嘉宝,季凯."变"与"不变":高等教育数智化转型的趋向、风险与路径[J].高校教育管理,2022,16(06):23-31+58.

（一）高深知识：高等教育特殊性的基源

传递高深的知识、剖析现有知识进而构建未来的知识体系是高等教育机构存在和发展的原因之一。如果没有一群人聚集于高等教育机构内，传递、分析、批判和构建高深知识，那么人类的智慧和发明将会干涸。[①] 换句话说，高深知识是高等教育机构诞生和发展、高等教育活动展开的前提条件。"一所大学的各个组成部分，都有一个共同的目的，此目的可能而且应该就是为追求真理而追求真理。"[②]因此，大学之所以为大学，是因为它是"真正的学术中心"和"创造性思想的家园"，"是那些寻求建立理性思考的基本原理的地方"[③]。美国著名高等教育评价家和改革者亚伯拉罕·弗莱克斯纳（Abraham Flexner）指出，尽管由于民族传统、经济文化等差异，各国高等教育发展除了拥有一些共性，也呈现本国的一些特点，但其高等教育学者和科学家都应关注四大任务："知识和思想的保存；知识和思想的解释；寻求真理；训练青年学人成为将来继起的工作者。"[④]如果说没有高深知识，高等教育机构的人才培养、知识传授、教学还有科学研究都无法开展。换句话说，高深知识是高等教育活动的前提条件。同时，如果某地高深知识活动较为频繁，会促进高等教育机构的产生、发展和变革，例如古希腊的吕克昂、中世纪大学和现代大学的兴起，我国稷下学宫的建立、宋代书院的形成和发展，其前提条件均是当时较为频繁的高深知识活动。高深知识是高等教育机构生存之本，高等教育机构为高深知识生产、传播、创造提供土壤和环境，两者相互联系，相互依存。

高深知识是高等教育之所以"高等"的前提和支撑。早在1917年，蔡元培在北京大学开学典礼上就明确宣告："大学者，研究高深学问者也。"[⑤]"大

① Ashby, E. Any Person, Any Study[M]. New York：McGraw-Hill, 1971.
② Hutchins, M. R. The Higher Learning in America[M]. Transaction Publishers, 1995：95.
③ Hutchins, M. R. No Friendly Voice[M]. Greenwood：Greenwood Press, 1936：27.
④ 贺国庆，王保星，朱文富等.外国高等教育史[M].北京：人民教育出版社，2010：375.
⑤ 唐振常.蔡元培传[M].上海：上海人民出版社，1985：123.

学生应以研究学术为天职,不当以大学为升官发财之阶梯。""大学为纯粹研究学问之机关,不可视为养成资格之所,亦不可视为贩卖知识之所,学者当有研究学问之兴趣,尤当养成学问家之人格。"①这是蔡元培期望学生在大学学习和研究高深学问,也是他改革北京大学的目标。1929 年,在《教育的目的》(*The Aims of Education and Other Essays*)一书中,英国著名数学家、哲学家和教育理论家怀特海(Alfred North Whitehead)明确指出:"大学存在的理由是,它把年轻人和老年人团结在一起,充满想象地思考学术问题,把知识和生活热情联系起来。大学传授知识,但它是以充满想象的方式传授知识。至少,这是大学应为社会履行的职能。在这方面无法做到的大学,没有存在下去的理由"②。在怀特海这里,知识——以充满想象的方式传授知识,这是大学之所以为大学的根本原因,大学存在的主要理由就是以充满想象的方式传授知识。伯顿·克拉克(Burton Clark)则更是直接指出高深学问在高等教育发展历史中的重要地位,认为"知识材料,尤其是高深的知识材料,处于任何高等教育系统的目的和实质的核心。"③事实上,高等教育机构兴起之初,传授高深知识就是其主要任务。随着高等教育职能的演变,无论是柏林大学的教学科研并重理念,还是威斯康星大学的服务社会理念,均是从高深知识为基础延伸而来。高等教育的每一次变革无不和高深知识活动密切相关,高深知识的频繁活动推动着高等教育的发展和变革。同时,高等教育机构资源的获得以及服务国家和社会,无论采取哪种途径和方式,其均是以高深知识为基础和前提。没有了高深知识,高等教育机构无法生存,高等教育的特殊性也就没有了,高等教育就丧失了立足和发展的根基。正如布鲁贝克所说:高等教育关注的是高深学问,高等教育研究要关注和研究高深学问。④

---

① 张慧明.中外高等教育史[M].长沙:湖南大学出版社,1998:101.
② 艾尔弗雷德·诺思·怀特海.教育的目的[M].张佳楠,译.北京:教育科学出版社,2020:118.
③ 伯顿·R·克拉克.高等教育系统———学术组织的跨国研究[M].王承绪等,译.杭州:杭州大学出版社,1994:13.
④ 布鲁贝克.高等教育哲学[M].郑继伟,译.杭州:浙江教育出版社,1987:2.

（二）培养高级专门人才：高等教育特殊性的显著表现

培养高级专门人才是高等教育与中等教育、基础教育不同的直接表现。高等教育机构从兴起之初，培养高级专门人才就是其主要的任务。稷下学宫培养的是能够为政策制定者建言献策、担当智囊团的高级专门人才；中世纪大学培养的人才是"既能胜任专门化的职业工作，又是社会有用的成员"①。由于经济社会文化的繁荣，对高级专门人才的需求增加，推动了大学的兴起和发展。同时，大批高级专门人才又能推动经济社会文化政治的发展。例如，南北战争结束后的美国进入了工业化、城市化历史时期，由农业国向工业强国转变，迫切需要大批具有实用性知识和技能的人才，因此，美国兴起了以赠地学院运动为标志的实用性高等教育，高等教育人才培养主要为了适应社会发展，在课程设置、教学等方面开展了一系列改革。如康奈尔大学将职业教育与培训作为本科生课程设置的基础，这一改革"使得学院课程彻底摆脱了古典主义的控制与束缚，朝着符合职业主义者愿望的方向发展。"②威斯康星大学理念则强调"大学必须凭借其在人文学科、自然学科、社会学科及实用艺术方面所推行的富有成效的教学及培训活动，把大批具有献身精神及创业热情，且致力于社会发展与进步事业的优秀公民输送到社会中去。"③赠地学院运动带动了美国高等教育课程设置和教学内容的变革，高等教育与美国当时社会经济和生活之间的关系加强，培养了大批农业、工艺学科以及与之相关的应用科学的高级专门人才，满足了工业化、城市化时期美国社会对各级各类高级专门人才的需求，同时，也进一步推动了美国社会经济文化的发展。

《中华人民共和国高等教育法》明确指出高等教育的任务是培养具有社

---

① Cobban，B. A. The Medieval Universities：The Development and Organization［M］. London：Methuen &Co Ltd，1975：234.

② Rudolph F.Curriculum：A History of the American Undergraduate Course of Study Since 1636［M］.San Francisco：Jossey-Bass Publisher，1978：128.

③ 贺国庆，王保星，朱文富等.外国高等教育史［M］.北京：人民教育出版社，2010：235.

会责任感、创新精神和实践能力的高级专门人才。高等教育的目标和任务是培养社会需要的各方面高级专门人才。这类高级专门人才具有如下特点：其一，在年龄上，高等教育包括专科教育、本科教育和研究生教育，招生对象主要是18岁以上的青年，与中等教育、初等教育的学生年龄不同，他/她们的身心发展特点与基础教育阶段教育的学生不同，世界观和价值观正在形成或业已形成，具有更加独立的学习和研究能力。其二，在专业方面，高等教育培养的是高层次的专门人才，接受的是高级的专业教育，与传授基础文化科学知识的普通教育和培养中级专门人才的中等专业教育均不同。正如我国学者所说，"上述高等教育的两个基本特点，是高等教育区别于普通教育之所在，是高等教育最本质、最根本的特征，高等教育几乎所有的特殊问题都是由这两个特点直接或间接派生的。"①其三，在培养方式上，高等教育人才培养的方式与普通教育人才培养方式不同，更加注重创新、科学研究，引导学生探索未知的领域。2022年教育部、财政部、国家发展改革委颁布的《关于深入推进世界一流大学和一流学科建设的若干意见》明确指出"双一流"建设要牢固确立人才培养的中心地位，"以促进学生身心健康全面发展为中心，以'兴趣＋能力＋使命'为培养路径……强化高校、科研院所和行业企业协同育人，支持和鼓励联合开展研究生培养，深化产教融合，建设国家产教融合人才培养基地，示范构建育人模式，全面提升创新型、应用型、复合型人才培养能力②。"其四，在"人""才"程度上，高等教育培养的高级专门人才具备了更高的品德素质、掌握了高深的知识和较高的专门化技能，具有深厚的家国情怀、较高的创新能力、实践能力。他们在专业领域和社会发展中或是中坚力量和主力军，或是社会发展和专业发展的领军人物和带头人，或是从事理论研究的学术人才，或是偏向于新知识实用人才等等。总

---

① 潘懋元.新编高等教育学[M].北京：北京师范大学，2012：5-6.

② 教育部、财政部、国家发展改革委.关于深入推进世界一流大学和一流学科建设的若干意见[EB/OL].(2022-01-29)[2023-08-04].http://www.moe.gov.cn/srcsite/A22/s7065/202202/t20220211_598706.html.

之，高等教育培养的人才之所以"高"是因为"高等教育是学校教育系统中的最高层次，它的任务，不只是为培养合格的社会主义社会的公民，提高全民族的一般文化素质，而是为国民经济和社会各部门培养专门人才，直接输送到社会主义现代化建设的各个领域从事专门性的工作，并起着骨干作用。在专业的要求上，高于初级或中级的技工学校、职业学校和中等专科学校。"①

（三）高等教育组织的独特性：高等教育特殊性的重要表现

高等教育组织作为特殊的教育场所，尤其大学，作为一种特殊类型的学校，不只是传授知识的地方，更重要的是教师引导学生参与科学研究，在此基础上，让学生学会思考，形成创新思维和学科思维。高等学校不仅仅深受使命推动，同时还深受国家政府干预和市场的影响，在三重驱动下推动高等教育的发展。纽曼指出大学依据制定正确适合的标准对学生进行训练，启发学生的思想和品格，最终帮助学生达到所制定的标准，为其从事的工作和职业带来能量和魅力。② 因此，高等教育组织不同于其他社会组织，有其本身独特的地方，由学者和学生组成，是共同致力于探寻真理的共同体。与其他社会组织相比，大学权力较为复杂，权力结构在内外部各种因素和各种权力的影响和博弈下形成。由于其特殊的组织结构，其治理方式也与社会其他组织结构治理方式不同，应避免出现权力失衡、权力异化、职责范围交叉等现象。《中华人民共和国高等教育法》在第四章"高等学校的组织和活动"一章中，对高等教育组织和活动进行了明确的规定，体现了高等教育机构中的事务性部门和学术性部门的特点。在第三十二条、三十三、三十四和三十五条中，明确规定"高等学校根据社会需求、办学条件和国家核定的办学规模，制定招生方案，自主调节系科招生比例。高等学校依法自主设置和调整学科、专业。高等学校根据教学需要，自主制定教学计划、选编教

---

① 潘懋元.新编高等教育学[M].北京：北京师范大学，2012：56.

② Newman,H.J.The Idea of a University[M].New Haven：Yale University Press,1996：109-119.

材、组织实施教学活动。高等学校根据自身条件，自主开展科学研究、技术开发和社会服务。"①不难看出，国家逐渐扩大高校办学自主权，给予大学相应的治理权。高等教育组织的特殊性要求独特的高等教育治理理念。高等教育组织不同于其他社会组织，不能按照企业、行政等部门的治理方式来治理，否则，将会导致治理的低效或者无效。因此，大学治理的有效方式应处理好集权与分权、学术权力与行政权力、内部权力与外部权力的关系，实现集权与分权的制衡、学术权力与行政权力关系的科学化、正常化和规范化，以及内外部权力的互相制衡和互相补充，唯有如此，方能推动大学的善治。②

卡尔·雅斯贝尔斯在《什么是教育》第十八章大学的观念一部分中曾明确指出作为特殊学校的大学之特殊所在。"学生在大学里应该学会对自己负责，批判性地追随他的教授。他应该享有学习的自由。教授的职责则是通过学科传授真理。他拥有教学的自由……大学的生命在于人与人之间的关系，在于传授传递给学生合乎其自身境遇的思想以唤醒他们的自我意识。大学生总是潜心寻觅这种理念，他们做好了接受它的准备，但当他们无法从教授那里得到任何有益的启示时，便会无所适从。然后，他们必须自己寻找理念的光亮。"③在大学里，正是通过教师和学生的交往和互动，知识得以教授、传播和创造。师生的交往和互动是大学区别于其他社会组织的关键特点。高等教育组织的独特性决定了高等教育治理的特殊性。高等教育治理的特殊性就在于高等教育治理主体和治理客体统一的过程、教师和学生的活动与知识运动统一的过程、精神性和物质性统一的过程、整体要求和灵活自由统一的过程、明晰性与模糊性统一的过程。也正是基于此，"科学合理设计大学组织结构，直接关系到学术权力与行政权力的协调，关系到大学能

---

① 中华人民共和国高等教育法.中国人大网.(2019－01－07)[2023－08－03].http://www.npc.gov.cn/npc/c30834/201901/9df07167324c4a34bf6c44700fafa753.shtml.

② 胡建华,王建华,何其芳.大学内部治理[M].南京:南京师范大学出版社,2020:196－199.

③ [德]卡尔·雅斯贝尔斯.什么是教育[M].童可依,译.北京:生活·读书·新知三联书店,2022:144.

否按照教育规律和人才成长规律高效运行，是中国特色现代大学制度建设的关键环节之一。"[①]高等教育组织是探索真理、探索高深知识的学术组织，因此，必须协调好学术组织和管理组织的关系，避免学术组织科层化带来的负面影响，平衡好行政权力与学术权力之间的关系，坚持学术自由，形成良好的学术生态文化。

不难看出，不论高等教育形态如何改变，而高深知识、高级专门人才培养和高等教育组织特性依旧是高等教育之所以"高"的具体表现。迈入数字化时代，知识的形态和传播方式呈现"网络化"，知识的表征和呈现方式呈现"可视化"，知识习得与内化方式呈现"具身化"。伴随着数字技术对知识形态、传播方式、呈现方式等的影响，学校课程也从"栖居纸本"向"悠游网络"嬗变，课程生产从"他者裁定"向"赋权增能"变迁。[②] 那么，在高等教育数字化转型过程中，不仅要生产、关注、传播和研究高深知识，同时还要实现高深知识的有序组织，加深高深知识的研究和挖掘，提升高深知识获取、研究、传播、转换的效能。要想在数字技术、数字产业、数字经济、数字教育等竞争中取得胜利，离不开高级专门人才的培养，尤其是培养数字人才，提升全民数字素养。当前，数字技术和数字经济的快速发展，我国对数字人才的需求不断增加，亟须培养大批数字人才，加快提升全民数字素养。无论是高深知识的探讨还是高级专门人才的培养，都离不开高等教育组织机构的保障和服务。正是基于高等教育组织的独特性，高等教育治理数字化也有其本身的独特性，既要关注工具的价值性，又要关注人的主体性，提升高等教育数字治理的价值性、多元性、整体性和可持续性，确保高等教育治理效率的提高，实现数字善治。

---

① 钟秉林.大学的走向[M].北京：商务印书馆，2015：201.
② 余宏亮.数字时代的知识变革与课程更新[J].《课程·教材·教法》，2017，37(02)：16-23+60.

第二节　赓续初心使命:高等教育的使命任务

面向未来,在数字技术驱动高等教育发展之变与不变中,我们需要把握好中国高等教育的本与源、坚守住中国高等教育的根与魂,赓续中国高等教育的初心和使命,积极识变应变求变,不断推动中国高等教育高质量发展。那么,高等教育的初心和使命究竟是什么,也即高等教育究竟为了什么? 这是明确数字化时代高等教育改革目的的前提。改革不是目的,只是手段,高等教育改革是为了推进高等教育更好实现其目的。高等教育使命任务是高等教育改革的依据,是根据国家、社会和人发展之需要,借助一定的中介作用预先设想了高等教育实践的目标和结果,它贯穿于高等教育实践和高等教育改革的始终,为高等教育实践活动和改革指明了方向。如果不清楚高等教育为了什么,数字技术驱动高等教育发展和改革就会漫无目的、盲目进行,高等教育发展就不会往好的方向发展,或者处于表面上忙乎乎的、轰轰烈烈、健步如飞,但成效甚微,甚或陷入危险和歧途的境地。正如恩格斯所说:"在社会历史领域内进行活动的,全是有意识、经过思虑或凭激情行动的、追求某种目的的人,任何事情的发生都不是没有自觉的意图、没有预期的目的的。"①

一、立德树人:高等教育的根本任务

习近平总书记多次强调立德树人是教育的根本任务。党的二十大报告明确指出:"培养什么人、怎样培养人、为谁培养人是教育的根本问题。育人的根本在于立德。全面贯彻党的教育方针,落实立德树人根本任务,培养德智体美劳全面发展的社会主义建设者和接班人。"②高等教育作为教育的最

---

① 《马克思恩格斯选集》第 4 卷,北京:人民出版社,1972:243.

② 习近平.高举中国特色社会主义伟大旗帜 为全面建设社会主义现代化国家而团结奋斗——在中国共产党第二十次全国代表大会上的报告[R].(2022 - 10 - 25)[2023 - 08 - 06].http://www.moe.gov.cn/jyb_xwfb/xw_zt/moe_357/jjyzt_2022/2022_zt17/bg/bg_bgzy/202210/t20221028_672948.html.

高层次,培养人才是其最初始、最基本和最重要的功能和目的。当前,高等教育的教学、科研、服务社会和管理等过程或者环节,最终均集中在人才培养上。

(一)培养社会主义建设者和接班人

我国高等院校是党领导下的高等院校,是中国特色社会主义学校。我国高等教育必须坚持以马克思主义为指导,全面贯彻党的教育方针。1958年,中共中央、国务院发布《关于教育工作的指示》,明确指出"党的教育工作方针,是教育为无产阶级的政治服务,教育与生产劳动相结合;为了实现这个方针,教育必须由党来领导。"1961年的《教育部直属高等学校暂行工作条例》规定"高等学校的基本任务,是贯彻执行教育为无产阶级的政治服务,教育与生产劳动相结合的方针,培养为社会主义建设所需要的各种专门人才。""高等学校的领导制度,是党委领导下以校长为首的校务委员会负责制。"1978年,邓小平在全国教育工作会议上,明确指出"我们的学校是为社会主义建设培养人才的地方……应该使受教育者在德育、智育、体育几方面都得到发展,成为社会主义觉悟的有文化的劳动者。"[①]这一时期,高等教育培养的高级专门人才需要"又红又专"。1995年,《中华人民共和国教育法》第五条规定"教育必须为社会主义现代化建设服务,教育必须与生产劳动相结合,培养德、智、体等方面全面发展的社会主义事业的建设者和接班人。"至此,我国从法律层面保障了教育方针的贯彻和实施,培养社会主义建设者和接班人成为高等院校的法定任务。1999年,在教育部《关于深化教育改革全面推进素质教育的决定》中,明确指出"造就'有理想''有道德''有文化''有纪律'的德智体美等全面发展的社会主义事业建设者和接班人",更加明确了社会主义教育方针。

2021年,《中华人民共和国教育法》第五条修改为"教育必须为社会主义

---

① 邓小平.在全国教育工作大会上的讲话[A].邓小平文选(第二卷)[M].北京:人民出版社,1994:103.

现代化建设服务、为人民服务，必须与生产劳动和社会实践相结合，培养德智体美劳全面发展的社会主义建设者和接班人。"这是党中央对教育工作的总体规定，明确了教育包括高等教育的性质、方向、目的和道路，增加了"为人民服务"和"劳"，这体现了新时代办人民满意的教育及培养德智体美劳全面发展的社会主义建设者和接班人的目标。习近平总书记尤其重视党对高校工作的领导、确保我国高等教育始终坚持社会主义办学方向。习近平总书记明确指出"要坚持党对高校的领导，坚持社会主义办学方向，把我们的特色和优势有效转化为培养社会主义建设者和接班人的能力"[①]。在全国教育大会上，习近平总书记明确了培养德智体美劳全面发展的社会主义建设者和接班人的重点任务，为我国高等院校全面落实立德树人根本任务提供了方向和根本遵循。党的二十大报告也明确指出"全面贯彻党的教育方针，落实立德树人根本任务，培养德智体美劳全面发展的社会主义建设者和接班人。"因此，在数字技术驱动高等教育发展的过程中，高等教育要始终坚持为党育人，为国育才，社会主义方向不动摇。"培养社会发展所需要的人，说具体了，就是培养社会发展、知识积累、文化传承、国家存续、制度运行所要求的人。"[②]同时，高等教育要在坚定理想信念、厚植爱国主义情怀、加强品德修养、增长知识见识、培养奋斗精神和提高综合素质等方面下大功夫，引导青年在实现中国梦的生动实践中放飞青春梦想，心怀国之大者，为人民利益奋斗终身。

（二）高级专门人才的特质

在不同的历史时期，为满足不同阶段社会经济发展的需求，不同国家政府对大学培养人才的规定不同，这些高级专门人才擅长的知识技能也有所不同。培养什么人是贯彻我国高等教育发展的基本问题。《中华人民共和国高等教育法》在总则的第四条和第五条中明确规定："高等教育必须贯彻

---

① 本书编写组.习近平总书记教育重要论述讲义[M].北京:高等教育出版社,2020:22.

② 习近平.在北京大学师生座谈会上的讲话[M].北京:人民出版社,2018:5.

国家的教育方针，为社会主义现代化建设服务、为人民服务，与生产劳动和社会实践相结合，使受教育者成为德、智、体、美等方面全面发展的社会主义建设者和接班人。""高等教育的任务是培养具有社会责任感、创新精神和实践能力的高级专门人才，发展科学技术文化，促进社会主义现代化建设。"①我国已经从法律层面上明确了高等教育培养的是高级专门人才，高级专门人才是什么样的人呢？其一，具有社会责任感和家国情怀。家国情怀是高级专门人才的首要品质。家国情怀是中华儿女的内在品格，是涵养社会主义核心价值观的源头活水，是中华优秀传统文化的宝贵财富。从"内圣外王"到"以身许国"，彰显了中国历代传统知识分子将个人追求与家国命运紧密联系在一起的自觉性。当前，高等教育培养的高级专门人才首要的就是要有社会责任感和深厚的家国情怀。其二，具有创新精神。创新精神是高级专门人才必备的素质，是推动国家社会发展的源泉和动力，是从事创新活动、创新实践应具有的一些心理特点，指敢于打破常规，具有超越自我的人生信念，具有创新的胆量和意识，具有勇于创造的实践精神。其三，具有实践能力。高等教育培养的人才应具有积极参与实践活动的想法和动机，能够运用所学知识和技能解决在实践活动中遇到的具体问题，具备解决问题的创新思维品质、心理素质和行动能力。这里所说的实践能力，并不是脱离了知识的实践，而是"知识型实践能力"，是知识和实践，理论和实践交互的能力。其四，全面发展。众所周知，使受教育者获得自由而全面的发展，成为德、智、体、美、劳全面发展的社会主义建设者和接班人，是我国教育的根本目的。人的全面发展一定是身心健康、德才兼备的，并能够处理好人的社会性品德与个性心理品质的关系，知识、智力、能力之间的相互关系。马克思主义是我国高等教育改革发展的旗帜和灵魂，是最鲜亮的底色，而"促进

---

① 中华人民共和国高等教育法.中国人大网.(2019 - 01 - 07)［2023 - 08 - 03］.http://www.npc.gov.cn/npc/c30834/201901/9df07167324c4a34bf6c44700fafa753.shtml.

人的全面发展是马克思主义的'最高命题'或'根本价值'"①。总之,高等教育培养的高级专门人才一定是能够担当民族复兴大任的时代新人。

(三)高级专门人才培养的道路

当前,我们需要做好高级专门人才培养的道路选择。回答这一问题之前,需要清楚我国高等教育人才培养的历史及其目前所处的阶段或者状况。中华人民共和国成立后,我国高等教育进入了一个新阶段。1950年,第一次全国高等教育会议召开,明确了我国高等教育人才培养的方向:"为培养具有高度文化水平的、掌握现代科学和技术成就的、全心全意为人民服务的、高级的国家建设人才而努力,应准备和开始吸收工农干部和工农青年进我们的高等学校,以培养出工农出身的新型知识分子。"②除此之外,这次会议还制定了《高等学校暂行规程》,明确指出高等学校的具体任务之一是培养工程师、教师、医师、农业技师等熟练掌握基本理论和实践运用的各种专门的高级技术人才。1961年,中共中央批准试行《教育部直属高等学校暂行工作条例》,明确"高等学校学生的培养目标是:具有爱国主义和国际主义精神,具有共产主义道德品质,拥护共产党的领导,拥护社会主义,愿为社会主义事业服务,为人民服务,通过马克思列宁主义、毛泽东著作的学习,和一定的生产劳动,实际工作的锻炼,逐步树立无产阶级的阶级观点、劳动观点、群众观点、辩证唯物主义观点;掌握本专业所需要的基础理论、专业知识和实际技能,尽可能了解本专业范围内科学的新发展;具有健全的体魄。"1985年,在全国教育工作会议上,万里同志明确指出必须改革教育思想和教育方法,否则,即使国家投入再多教育经费也无法培养出新时期需要的大批新型人才。党的十八大以来,我国高等教育进行了一系列改革,开启了高等教育人才培养的新阶段。

---

① 朱荣英.马克思人的全面发展理论的逻辑理路及其价值旨归——兼论促进人的全面发展是中国特色社会主义的最高命题[J].河南大学学报(社会科学版),2018,58(02):8-15.
② 马叙伦.第一次全国高等教育会议闭幕词,人民教育,1950年第1卷第3期。

2019 年，我国高等教育毛入学率"跨过了美国学者马丁·特罗的高等教育发展三阶段论中大众化与普及化的分界线，标志着我国高等教育进入了普及化阶段"[①]。但我国高等教育普及化具有我国特点，具体体现在：在规模上，是超大规模，2019 年，我国高等教育在校生数是 4002 万，远超其他国家。在发展速度上，我国高等教育从大众化阶段到普及化阶段用时比其他国家短，发展速度比其他国家快。在区域方面，地区间存在很大差异，东部地区较西部地方发展较快和较好。我国拥有世界上最多数量的人口和最大规模的高等教育体系，同时还存在高质量教育需求与供给之间不平衡的明显问题。党的二十大报告明确指出"坚持为党育人、为国育才，全面提高人才自主培养质量，着力造就拔尖创新人才，聚天下英才而用之。""办好人民满意的教育。……坚持以人民为中心发展教育，加快建设高质量教育体系，发展素质教育，促进教育公平。……统筹职业教育、高等教育、继续教育协同创新，推进职普融通、产教融合、科教融汇，优化职业教育类型定位。加强基础学科、新兴学科、交叉学科建设，加快建设中国特色、世界一流的大学和优势学科。……推进教育数字化，建设全民终身学习的学习型大国"[②]。这是党中央对教育做出的重大战略部署，为高等教育发展指明了方向，为高等教育人才培养的道路做出了选择——扎实走好人才自主培养之路。"我们要提高人才供给自主可控能力，要源源不断地培养和造就大批优秀人才，要培养出大师，还要培养出可以解决复杂工程问题的卓越工程师、战略科学家、各行各业的领军人才和优秀的青年后备人才。我们要面向世界科技前沿，面向国家经济主战场，面向国家重大需求，面向人民生命健康，走好人才自主培养之路，第一责任就是高等教育。"[③]

---

①　胡建华.高等教育普及化的中国特点[J].高等教育研究，2021，42(05)：27-34.

②　习近平.高举中国特色社会主义伟大旗帜 为全面建设社会主义现代化国家而团结奋斗——在中国共产党第二十次全国代表大会上的报告[R].(2022-10-25)[2023-08-06].http://www.moe.gov.cn/jyb_xwfb/xw_zt/moe_357/jjyzt_2022/2022_zt17/bg/bg_bgzy/202210/t20221028_672948.html.

③　吴岩.深化"四新"建设，走好人才自主培养之路[J].重庆高教研究，2022，10(03)：3-13.

二、科教兴国：高等教育的时代使命

党的二十大报告第五部分提出："实施科教兴国战略，强化现代化建设人才支撑"，将教育、科技、人才视为全面建设社会主义现代化国家的基础性、战略性支撑，对教育、科技、人才做了立体化和一体化的部署，明确指出"我们要坚持教育优先发展、科技自立自强、人才引领驱动，加快建设教育强国、人才强国，坚持为党育人、为国育才，全面提高人才自主培养质量，着力造就拔尖创新人才，聚天下英才而用之"[①]。在科教兴国的新征程中，高等教育必须勇于承担新使命，实现高质量发展，办人民满意的高等教育，为中国式现代化提供强而有力的支撑，为建设世界重要人才中心和创新高地提供重要支持，为中华民族伟大复兴作出新贡献。

（一）新时代世界一流大学和一流学科建设的迫切任务

当前，我国已进入全面贯彻新发展理念的高质量发展阶段，面对世界百年未有之大变局，高等教育承担着培养具有全球胜任力的拔尖创新人才的责任和使命，这是世界一流大学和世界一流学科必须回答的问题。纵览我国高等教育发展历程，通过实施"211 工程""985 工程""优势学科创新平台""特色重点学科项目""双一流"建设等多项重点建设，旨在提高我国高等教育水平，培养更多的拔尖创新人才。2015 年，国务院印发《统筹推进世界一流大学和一流学科建设总体方案》，提出以建设世界一流大学和一流学科来实现我国从高等教育大国向高等教育强国的历史性跨越，将优质资源汇聚到一起，聚力培养具有历史使命感和社会责任心的一流人才，产出一流的科研成果，加快迈向世界一流。《统筹推进世界一流大学和一流学科建设总体方案》为第一轮"双一流"建设提供了方向和根本遵循。第二轮"双一流"建

---

① 习近平.高举中国特色社会主义伟大旗帜 为全面建设社会主义现代化国家而团结奋斗——在中国共产党第二十次全国代表大会上的报告[R].（2022 - 10 - 25）[2023 - 08 - 06].http://www. moe.gov.cn/jyb_xwfb/xw_zt/moe_357/jjyzt_2022/2022_zt17/bg/bg_bgzy/202210/t20221028_ 672948.html.

设明确指出要着力解决高层次创新人才供给能力不足、服务国家战略需求不够精准、资源配置亟待优化等问题，坚持"面向世界科技前沿、面向经济主战场、面向国家重大需求、面向人民生命健康"，加快培养国家急需的高层次创新人才和基础研究人才。教育部、财政部、国家发展改革委印发的《关于深入推进世界一流大学和一流学科建设的若干意见》更加强调一流人才培养，明确指出"着力培养堪当民族复兴大任的时代新人，打造一流人才方阵"，"率先发挥'双一流'建设高校培养急需高层次人才和基础研究人才主力军的作用""大力培养引进一大批具有国际水平的战略科学家、一流科技领军人才、青年科技人才和创新团队"等等。"双一流"建设的时代使命就是培养大批心怀"国之大者"的拔尖创新人才和领军人才，形成我国人才国际竞争的优势，为我国建成高等教育强国、建设世界重要人才中心和创新高地，实现第二个百年奋斗目标和中华民族伟大复兴提供重要支撑。这是新时代赋予世界一流大学和一流学科建设的迫切任务。

（二）普及化阶段高等教育的根本要求

普及化阶段，社会对人才的需求更加多样化，培养更广泛的学以致用高级专门人才，培养"适应产业社会需要的全体国民"[①]是普及化阶段高等教育的根本要求。在高等教育发展的历史长河中，高等教育的使命总是伴随着国家发展而进行调整和变化，以回应和满足国家和社会不同时期的发展需求。当前，数字化时代高等教育发生很多变化，但也有坚持。在当前高等教育普及化阶段，我国高等教育如何实现高质量发展，高等教育如何将适应社会需要的知识和技能传授给全体国民，如何培养全体国民适应社会需要，这是普及化阶段高等教育必须解答的问题。这就需要高等教育机构更加多元化、多层化、多样化，实现高等教育的有序扩容，尤其是能够让在职人员接受教育，扩大高等教育生源和提高高等教育供给能力；需要构建更加多元的人才培养模式和人才培养考核评价模式，让各种数字技术应用到高等教育中，

---

① 胡建华.高等教育普及化的中国特点[J].高等教育研究,2021,42(05):27-34.

实现高等教育数字化转型,满足人民对高质量高等教育的需求;需要高等教育机构与社会、社区融合互动,实现职业教育、高等教育和继续教育协同创新。总之,需要清晰地认识到我国高等教育普及化超大规模、地区不平衡和学生生源单一化等特点,在高等教育发展过程中,强化质量意识,既要重视规模增长,更要确保办学水平较高,为人才培养提供一流的治理、一流的服务和良好的环境,实现高等教育发展"质量"与"数量"的平衡,为中国式现代化提供所需的高级专门人才、科技、智力和文化的支持。

(三)高等职业教育在科教兴国战略中的新使命

在全国职业教育大会上,习近平总书记作出重要指示:"在全面建设社会主义现代化国家新征程中,职业教育前途广阔、大有可为"。习近平总书记指出,"技术工人队伍是支撑中国制造、中国创造的重要基础,对推动经济高质量发展具有重要作用。"在科教兴国战略中,高等职业教育承担着新的使命,培养出国家建设、社会经济发展需要的更多高素质技术技能人才。数字化时代,大数据智能、人机混合增强智能、群体智能等人工智能技术对制造业和职业教育产生重要影响,对高等职业教育提出新要求。为适应经济发展对高等职业教育提出的新需求和回应人工智能对高等职业教育的新挑战,实现我国由制造大国向制造强国转变,由中国制造向中国创造转变,迫切需要培养大批具有较高站位的职业意识、高品质的专业能力、高质量的职业劳动和高水平的生涯发展的高素质技术技能人才。培养大批高素质技术技能人才既是高等职业教育发展的任务使命,也是高等教育职业教育改革的目标追求。2019 年,教育部、财政部联合启动中国特色高水平高等职业学校和专业建设计划("双高计划"),加快高素质技术技能人才培养模式的改革,创新高等职业教育与产业融合发展的模式,推动高等职业教育的人才培养高地建设,服务我国制造走向全球制造中高端,坚定不移地推动我国高等职业高质量发展。

除此之外,在科教兴国战略中,高等教育还担负全体人民共同富裕的新使命。在第十四届全国人大一次会议闭幕会上,习近平总书记强调"在强国建设、民族复兴的新征程，我们要坚定不移推动高质量发展"。党的二十大报告明确指出"坚持以人民为中心发展教育，加快建设高质量教育体系，发展素质教育，促进教育公平"①。高质量发展是高等教育助推全体人民共同富裕的基本途径，实现全体人民共同富裕是高等教育高质量发展的新使命。实现全体人民共同富裕是中国式现代化的重要特征，是中国特色社会主义的本质要求。在"以中国式现代化全面推进中华民族伟大复兴"的新征程中，高等教育高质量发展不仅仅停留在数据指标的变化或者是规模结构治理效益相协调的发展，还应是"高等教育的多维角度协调共生、良性发展的综合态势"②，坚持以人民为中心的发展理念，聚焦国家、地方需求，办好人民满意的高等教育，扎实推动共同富裕。2021年8月，习近平总书记在中央财经委员会第十次会议上提出："现在已经到了扎实推动共同富裕的历史阶段"。那么，何谓共同富裕？"共同富裕是全体人民的富裕，是人民群众物质生活和精神生活都富裕，不是少数人的富裕，也不是整齐划一的平均主义，要分阶段促进共同富裕。"③在新的历史阶段，高等教育在促进共同富裕实现的新征程中大有作为。首先，高等教育高质量发展始终将人的自由全面发展视为终极目标，以此来促进经济和社会的发展，满足人民群众对美好生活的需要。其次，实现全体人民共同富裕要求高等教育要更加坚持和彰显公共性，切实做到高等教育发展以公平正义与公共价值为导向，切实做到高等教育发展为了人民。再次，高等教育高质量发展要继续推动区域协调发展和优质资源的共享。我国幅员辽阔，由于历史、文化、地理等原因，地区间高等教育发展存在一定差异，经济欠发达地区高等教育经费投入、高等教育毛

---

① 习近平.高举中国特色社会主义伟大旗帜 为全面建设社会主义现代化国家而团结奋斗——在中国共产党第二十次全国代表大会上的报告[R].(2022-10-25)[2023-08-06].http://www.moe.gov.cn/jyb_xwfb/xw_zt/moe_357/jjyzt_2022/2022_zt17/bg/bg_bgzy/202210/t20221028_672948.html.

② 李立国.共同富裕与高等教育高质量发展的新使命[J].教育发展研究,2023,43(01):1-4.

③ 习近平主持召开中央财经委员会第十次会议强调 在高质量发展中促进共同富裕 统筹做好重大金融风险防范化解工作[N].人民日报,2021-08-18(01).

入率与经济发达地区都存在较大差异。因此,扎实推动共同富裕,要继续推动高等教育区域协调发展,优化高等教育优质资源的区域合理布局,让区域高等教育共同发展和质量提升。最后,以高质量终身教育、职业教育建设学习型社会和学习型大国,以教育数字化转型实现终身学习和全民学习,加快迈向共同富裕。

当前,高等教育数字化是我国高等教育发展的新赛道和塑造高等教育发展新优势的重要突破口。高校肩负着立德树人的根本任务和科教兴国的时代使命。如何以大数据、云计算、人工智能等数字技术驱动高等教育高质量发展,如何推动高等教育理念、体制、评价、治理等方面的变革,如何依靠数字技术实现高等教育更加公平、包容和优质、如何实现高等教育个性化学习、终身化学习、现代化治理,事关我国高等教育的高质量发展。因此,数字技术驱动高等教育高质量发展是当前高等教育改革发展的重中之重,难中之难的热点和焦点问题,也是未来高等教育改革的必然趋势。

第三节　坚持守正创新：数字技术驱动
高等教育高质量发展

通过前文对高等教育的内涵特质和使命任务的分析,未来高等教育发展之路必然是坚持守正创新,以数字技术驱动高等教育高质量发展。党的二十大报告明确指出全面建设社会主义现代化国家的首要任务是高质量发展。高等教育高质量发展是高质量发展的关键内容,是中国式现代化的本质要求,是实现全体人民共同富裕,全面建成社会主义现代化强国的重要支撑。在以数字化驱动高等教育高质量发展的过程中,需要统筹兼顾、系统谋划和整体推进,需要正确处理好变与不变、守正与创新的关系。面向未来,在变与不变中,坚守住中国高等教育的根与魂,赓续中国高等教育的初心和使命,积极识变应变求变,不断推动中国高等教育高质量发展。只有这样,才能在高等教育高质量发展过程中不走偏、避免颠覆性错误,才能在世界重要人才中心和创新高地建设、强国建设过程中发挥重要支撑。

一、不变之处：坚守高等教育的根与魂

无论数字技术驱动高等教育如何变革，万变都撼不动高等教育的根与魂。纵览中国高等教育发展历程，在明显的"变化"之中存在着"不变"。在数字时代，这些"不变"还将一直贯穿于我国高等教育高质量发展过程中。换句话说，高等教育的根本任务、核心使命、发展之路、教师主导角色、学生主体地位、因材施教原则等总体保持不变，这是数字技术无法撼动的根基。

（一）坚持全面落实立德树人的根本任务

人才培养问题是关乎高等教育本质的一个基本问题。虽然不同时代思想家和学者对高等教育本质的解读不同，但大家对"高等教育是通过高深学问的整理和研究来培养人才这一点上却有着较高程度的共识。这也就是说，高等教育最根本的性质还是科学研究（学术性）与人才培养（教育性）的统一，统一在人才培养（教育性）上"①。党的十八大以来，习近平总书记多次强调坚持把立德树人作为教育的根本任务，高度重视立德树人在教育发展和改革中的重要地位。"立德树人是中国特色社会主义教育事业的根本任务。学校办学要始终牢记为党育人的初心，坚定为国育才的立场，以树人为核心、以立德为根本，培育和践行社会主义核心价值观，努力培养担当民族复兴大任的时代新人，培养德智体美劳全面发展的社会主义建设者和接班人。"②"新时代立德树人具有鲜明的时代特征，其继承了马克思主义人学理论的价值旨归，也传承和发展了中国传统文化中德育的思想涵养。教育的本质是培养人，学生的德育成长是教育的首要任务，也是学生全面发展的根本保障。将立德树人作为教育根本任务既是对教育规律的深刻认识，也

---

① 石中英.高等教育内涵式发展的理论要义与实践要求[J].国家教育行政学院学报,2020,(09)：7-15.

② 本书编写组.习近平总书记教育重要论述讲义[M].北京:高等教育出版社,2020:44.

是国家意志的体现,更是历史发展的必然选择。"①在立德树人这一根本任务上,必须旗帜鲜明,不可动摇。在以数字技术驱动高等教育高质量发展的过程中,我们应该始终坚持全面落实立德树人的根本任务,应始终牢记为党育人、为国育才的初心使命,紧紧围绕立德树人的根本任务,做好数字化赋能和驱动高等教育高质量发展的顶层设计和体制机制,进一步推进高等教育教学、课程、育人方式和评价方式等方面改革,全力培养德智体美劳全面发展的社会主义建设者和接班人。

(二)坚定走好中国特色的高等教育发展之路

高等教育发展既有一些共性,也有各国明显的民族特色。通过世界高等教育中心转移历程,不难看出,特色发展是高等教育中心形成的关键。博洛尼亚大学的医学特色化发展让其成为世界医学人才培养和高等教育中心。十七至十八世纪初,牛津大学和剑桥大学由于学院制和导师制成为新的世界高等教育中心。十八世纪中叶至十九世纪三四十年代,法国的新型精英人才培养模式推动法国高等教育的快速发展。众所周知,柏林大学的模式创新和美国多样化的高等教育系统,都推动了德国和美国形成新的世界高等教育中心。在我国加快建设世界重要人才中心和创新高地的新征程中,坚持中国特色是高等教育高质量发展的内在逻辑和实践要求。中国特色社会主义道路是历史的选择和人民的选择,"我们党来自人民、植根人民、服务人民,一旦脱离群众,就会失去生命力。"②党的二十大报告明确指出要"坚持以人民为中心发展教育,加快建设高质量教育体系,发展素质教育,促进教育公平"③。坚持以人民为中心发展教育决定了高等教育发展的方向,明确了高等教育

① 张志华,孙嘉宝,季凯."变"与"不变":高等教育数智化转型的趋向、风险与路径[J].高校教育管理,2022,16(06):23-31+58.
② 习近平谈治国理政(第三卷)[M].北京:外文出版社,2020:135.
③ 习近平.高举中国特色社会主义伟大旗帜 为全面建设社会主义现代化国家而团结奋斗——在中国共产党第二十次全国代表大会上的报告[R].(2022-10-25)[2023-08-13].http://www.moe.gov.cn/jyb_xwfb/xw_zt/moe_357/jjyzt_2022/2022_zt17/bg/bg_bgzy/202210/t20221028_672948.html.

高质量发展的目标,站在人民立场思考高等教育发展和改革,依靠人民主体推动发展更加公平的高等教育,促进人的全面发展、幸福发展和终身发展,全体人民共享高等教育发展成果,不断满足人民对高质量高等教育的需求。在全面建成社会主义现代化强国、实现第二个百年奋斗目标的新征程中,办好人民满意的高等教育,这是高等教育以高质量发展书写中国式现代化答卷的应有之义。我国高等教育有着自己独特历史、文化土壤和制度,以数字技术驱动高等教育高质量发展必须坚持中国特色,坚持党对教育事业的全面领导,坚持立德树人的根本任务,坚持社会主义办学方向,坚持扎根中国大地办教育,坚持以人民为中心发展教育,坚持把服务中华民族伟大复兴作为教育的重要使命。只有坚持中国特色,才能正确把握好我国高等教育的"根"与"魂",才能在以数字技术赋能高等教育高质量发展的过程中不迷失方向。

(三)坚持教师主导角色和学生主体地位不变

在数字技术驱动高等教育高质量发展的过程中,以技术革命冲击原来的高等教育形态,其目标在于实现更优质、更公平、更包容、更多元的高等教育,以满足超大规模、更多受众的多样化高等教育需求。但它无法改变高等教育的初心、使命、基因,无法改变师生互动模式,无法改变教师主导角色和学生主体地位。一方面,教师主导角色没有改变。教师是教育活动中教的主体,教育活动主导者,是构成教育活动的支撑性要素。"师者,所以引路、开窍、促进也。"[①]在数字技术赋能高等教育的过程中,教师在教育活动中只是"让渡部分辅助类的教学任务给智能教辅系统"以支持完成"授业""解惑",但是在"传道"过程中,以梦想点燃梦想,以理想唤醒理想、用远大志向、纯粹心灵、高尚节操引领学生时,教师的主导角色没有改变。"教师是教育这项人文活动的主导者,能够赋予教育人文色彩,并在传授知识的同时给予学生价值层面的引导,因此,高等教育数字化转型过程中应坚持教师的主导

---

① 张熊飞.对教师"主导作用"的再批判[J].中国教育学刊,2015,(06):10-14+37.

地位不变。"①也就是说,高等教育数字化转型的核心在人,在于发挥教师的内在力量,在于教师在教育教学活动中如何运用数字技术这一工具。在教育教学过程中,依旧需要遵循教育教学的原则,依旧需要遵循"因材施教,有教无类",教师依旧需要具备基本的教师素养,需要有理想信念、有道德情操、有扎实学识、有仁爱之心,除此之外,教师还需要不断提升自己的"数智力",在教育教学过程中更加精准精确地做到"因材",引导学生如何学习,做好学生学习的引导者,最终实现"人机融合"。另一方面,学生的主体地位没有改变。学生是教育过程中学习和发展的主体,因此,在面对数字技术对高等教育形态与方式革新的同时,要警惕高等教育活动中过度技术化带来学生主体性发展的异化风险,要警惕认知和实践的碎片化造成学生主体性的遮蔽。我国高等教育教学的目的是培养能够担当民族复兴大任的时代新人,培养德智体美劳全面发展的社会主义建设者和接班人,不仅要培养学生具有知识技能,更需要学生有勇气、有担当、有正确的价值观,能够坚定理想信念,扛起时代赋予的责任和使命。因此,要坚持学生在学习过程中的主体地位不变,坚持以学生为中心理念不变,让学生成为学习的主人。

二、嬗变之处:推动高等教育创新发展

高等教育数字化转型事关我国高等教育能否实现从全面并跑到重要战略领域领跑,事关我国高等教育能否满足普及化高级阶段发展的需要,事关我国高等教育能否实现高质量发展。高等教育数字化是实现高等教育从学习革命到质量革命再到高质量发展的突破口和创新路径,是我国高等教育发展的重要战略。② 21 世纪以来,数字技术正快速渗入高等教育教、学、管、评以及研究等各个方面,正以不同方式改变着传统高等教育理念和范式,重塑着高等教育生态。

---

① 张志华,孙嘉宝,季凯."变"与"不变":高等教育数智化转型的趋向、风险与路径[J].高校教育管理,2022,16(06):23-31+58.
② 吴岩.中国式现代化与高等教育改革创新发展[J].中国高教研究,2022,(11):21-29.

（一）更新高等教育理念

数字技术驱动高等教育高质量发展与对高等教育、对人的认识是紧密相连的，其发展最终体现在育人成效和人的发展上。数字化不仅是数字技术赋能高等教育，更是重塑高等教育形态和方式。因此，要实现有效和充分发挥数字技术驱动高等教育发展，必须清楚准确地把握和认知未来高等教育走向，更新高等教育理念，与时俱进，为高等教育数字化转型、重塑高等教育生态提供思想和理念的指导。数字技术驱动高等教育发展之变，首先体现在理念和思维的改变，先进的高等教育理念是高等教育高质量发展的首要前提和重要支撑，是实现高等教育数字化转型的前提，引导着数字化转型的价值取向。2019年，中共中央、国务院印发《中国教育现代化2035》是我国第一个以教育现代化为主题的中长期战略规划，是新时代推进教育现代化、建设教育强国的纲领性文件，具有全局性、战略性、指导性。《中国教育现代化2035》提出了我国推进教育现代化的八大基本理念，即更加注重以德为先、更加注重全面发展、更加注重面向人人、更加注重终身学习、更加注重因材施教、更加注重知行合一、更加注重融合发展、更加注重共建共享。八大基本理念的提出既符合教育规律，满足人才成长所需，又顺应国际教育发展趋势。数字化时代，高等教育理念的更新除了要遵循高等教育发展的客观规律和内在逻辑，在现有教育理念基础上的进一步传承和发展、优化和规范，还应实现理念的更新与迭代，为高等教育数字化转型提供行动指南和顶层引领，规划高等教育数字化转型发展新布局。具体而言，要全面认识数字化时代符合高等教育发展规律和人才培养规律的特定理念更新与确立的重要意义；要深度融合数字技术与高等教育，确立高等教育数字化协同育人新理念；要实现高等教育数字化转型理念的本土化、法治化、规范化发展。教育理念是实践改革的指挥棒、红绿灯，是教育转型思路、转型方向、转型着力点的集中体现，是管全局、管根本、管长远的根本导向。教育改革发展的数次实践充分证明，一切的发展实践都是由规范的发展理念来引领的。当前，我国高等教育转型发展已经站在新的历史起点上，要根据新时代新要求，更新符合规律的新教育理念,更加精准地贯彻新发展理念,切实解决好高等教育数字化转型中可能面临的风险挑战和难题。

(二)重塑高等教育生态

关于教育数字化转型的本质,当前学界主要有三类观点:其一是认为教育数字化转型是教育范式变革,将数字技术整合到教育的各个层面,以实现教育服务生态的重组;①其二是认为教育数字化转型关键是实现人的自身发展,以育人为导向;②其三是认为教育数字化转型本质是从"技术整合"走向"人机融合"③。三种观点分别从教育数字化转型的系统变革、价值旨归与演进历程三方面阐释了教育数字化转型的本质。无论是系统变革、价值旨归和演进历程,在宏观层面上来看,教育数字化转型都涉及教育生态。从高等教育数字化转型的内涵来看,宏观层面,高等教育数字化要重塑高等教育生态,形成数据驱动、人技结合、跨界开放的教育生态,以服务世界经济社会数字化发展趋势,④"构建更加适切、更加完备、更加开放、更加公平、更加卓越和可持续的高等教育新体系"⑤。可持续的高等教育新体系是终身学习和跨界学习的重要支持,是更加全纳、更加公平和更加优质的。在数字技术与高等教育的"相融"的过程中,要将数字技术与教学内容、教学方式、科研、服务、高等教育治理等方面融合,实现教学资源、教学内容及其载体、工具、方法、评价、治理等数字化转型,为高等教育高质量发展提供新环境支撑。也就是说,"教育作为社会生态系统的重要组成部分,适应数字生态环境变化,形成教学组织'横向联通、纵向联动'、课堂教学'素养导向、综合学习'、质量评价'整体设计、数据驱动'的新生态,是对教育数字化的全新诠释,也是对

---

① 祝智庭,胡姣.教育数字化转型的本质探析与研究展望.中国电化教育,2022,(04):1-8+25.

② 袁振国.教育数字化转型:转什么,怎么转[J].华东师范大学学报(教育科学版),2023,41(03):1-11.

③ 蔡连玉、金明飞、周跃良.教育数字化转型的本质:从技术整合到人机融合[J].华东师范大学学报(教育科学版),2023,41(03):36-44.

④ 杨宗凯.高等教育数字化发展:内涵、阶段与实施路径[J].中国高等教育,2023,(02):16-20.

⑤ 高耀.以数字化转型赋能高等教育内涵式发展[C].光明日报,2023-02-15(02).

'数字中国'建设的全面应答"①。面向未来，推动高等教育数字化转型，需要构建与普及化阶段高等教育发展相适应的可持续的高等教育体系，深入推进高等教育数字化战略行动，推动高等教育更加开放共享、更加以人为本、更加公平发展，实现"人人、处处、时时能学"的高等教育新生态，从而为构建人类命运共同体、建设世界重要人才中心和创新高地作出重要贡献和支撑。

（三）改变高等教育治理方式

高等教育数字化转型是一项系统复杂的过程，不仅需要及时更新能够支撑其转型的育人理念、提升教师数字素养、创新教学模式、健全终身学习体系，还需要有与数字化相匹配完善的高等教育治理体系。②数字技术驱动高等教育高质量发展如何从设想转变成实践、如何从可能性转变成现实性，需要在高等教育治理能力、治理方式、治理水平、治理理念和治理体系上与数字化相适应。这是实现数字化与高等教育深度融合、重塑高等教育未来形态的质量保障。首先，做好高等教育数字化转型的顶层设计，以顶层指导引领高等教育数字化治理。这既需要国家教育行政部门加快制定高等教育数字化转型相关的政策法规，为高等教育数字化转型提供政策法规保障和支撑，也需要高等教育机构以"治理体制机制创新"为突破口，制定高等教育机构治理数字化转型的发展规划，系统解决高等教育机构治理数字化转型和高等教育高质量发展中的瓶颈问题；同时，还应鼓励和引导企业、智库等其他主体积极参与、协同支撑，推动高等教育治理数字化转型。其次，形成数字化治理思维，构建高等教育数字治理模式。数字化治理思维是高等教育数字化转型和建设的思想基础和理念指导。高等教育机构要转变现有发展思想，突破现有制度和思维方式的束缚，以数字化思维来指导高等教育治理，清晰认识和把握数字时代开放共享、互联互认、互动共生、放大效应等特

---

①　葛道凯.推动数字化转型融入高等教育全过程[J].中国高等教育，2023，(02)：27－30＋36.

②　胡钦太，危妙，陈颖珊.高等教育数字化：演进、挑战和转型[J].国家教育行政学院学报，2023，(04)：20－26.

点，积极建立数字化应用、管理、服务、共享等多种平台，形成数字治理文化和生态氛围，构建高等教育数字治理模式，以服务、保障和推动高等教育数字化转型和高等教育高质量发展。最后，避免数字形式主义，不断提升高等教育治理水平和能力。在高等教育数字化转型过程中，要规避高等教育数字治理的风险，提升数字治理的认知、技术和制度水平；要避免披着数字化的外衣，过度追求高等教育管理数字化、忽视高等教育管理水平和质量；要避免高等教育治理过度技术化、忽视人文价值和人文关怀；同时，还要避免高等教育评价过度虚拟化，避免体制压力与符号治理叠加而陷入数字形式主义泥潭。只有这样，才能激发各类人才创新创造活力，才能提升高等教育治理效能，为高等教育机构提高育人质量、科研水平和社会服务能力提供重要保障和有力支撑。

综上所述，数字化时代高等教育内涵特质、使命任务和发展道路，决定着其自身蕴含着丰富的"变"与"不变"的辩证智慧。因此，在数字技术驱动高等教育高质量发展的过程中，需要坚持"守正创新"，从"变"与"不变"的辩证视域来透析高等教育高质量发展的内在逻辑和实践要求，正确处理好"变"与"不变"的关系，坚持在数字化时代高等教育"万变"中把握好并坚守住中国高等教育的"不变"之处。不管数字技术驱动高等教育在教学、科研、服务、治理等方面如何实现"万变"，要始终坚持中国高等教育的"根"与"魂"不变，并且以中国高等教育发展的"不变"之处来应对高等教育数字化转型"万变"带来的各种挑战和风险，守正创新，加快推进高等教育高质量发展。

参考文献

[1] 吴河江,涂艳国,谭轶纱.人工智能时代的教育风险及其规避[J].现代教育技术,2020,30(04):18-24.

[2] 孙田琳子.人工智能教育中"人—技术"关系博弈与建构——从反向驯化到技术调解[J].开放教育研究,2021,27(06):37-43.

[3] 王嘉毅,鲁子箫.规避伦理风险:智能时代教育回归原点的中国智慧[J].教育研究,2020,41(02):47-60.

[4] 刘霞.人工智能时代师生关系的伦理审视[J].教师教育研究,2020,32(02):7-12.

[5] 人工智能时代需要怎样的教师[N].中国教育报,2018-05-17.

[6] 闫坤如.数据主义的哲学反思[J].马克思主义与现实,2021,(04):188-193.

[7] 孙田琳子.论技术向善何以可能——人工智能教育伦理的逻辑起点[J].高教探索,2021,(05):34-38+102.

[8] 周丽昀.人工智能伦理研究中的"关系转向"[J].哲学分析,2022,13(02):142-156+199.

[9] 人工情感的缺陷、误区及根本出路[2019-10-17].https://baijiahao.baidu.com/s?id=16475822650426688117&wfr=spider&for=pc.

[10] 冯锐,孙佳晶,孙发勤.人工智能在教育应用中的伦理风险与理性抉择[J].远程教育杂志,2020,38(03):47-54.

[11] 赵磊磊,蒋馨培,代蕊华.内在主义技术伦理:教学评价智能化转型

考量[J].中国远程教育,2023,43(01):40-48.

[12] 孙田琳子.虚拟现实教育应用的伦理反思——基于伯格曼技术哲学视角[J].电化教育研究,2020,41(09):48-54.

[13] 教育部.国家中长期教育改革和发展规划纲要(2010-2020年)[EB/OL].(2010-07-29)[2020-04-25].http://www.gov.cn/jrzg/2010-07/29/content_1667143.html.

[14] 于聪,刘飞.人工智能教育应用的伦理风险及其对策研究[J].机器人产业,2022,(02):32-37.

[15] 万芮.规避风险,正视技术:教育大数据应用的再思考[J].教育科学论坛,2020,(34):37-40.

[16] 黄国华.从师生需求看高校教学信息化发展[J].中国教育网络,2021,(07):19-21.

[17] 刘琼.高校科技成果转化面临的主要风险与防范对策[J].学习月刊,2021,(12):38-39.

[18] 邱国霞.高校专利转化存在的问题及对策分析[J].江苏科技信息,2013,(15):15-17.

[19] 高山冰,杨丹.人工智能教育应用的伦理风险及其应对研究[J].高教探索,2022,(01):45-50.

[20] 罗生全,谭爱丽,钟奕军.人工智能教育应用中的伦理风险及其规避[J].中国教育科学(中英文),2023,6(02):79-88.

[21] 林燕萍,付冬波.人脸识别技术在高校应用中的法律风险及应对策略[J].电子技术与软件工程,2021,(08):259-260.

[22] 胡雁楠.科技人才伦理素养问题浅析[J].人才资源开发,2018,(03):31-32.

[23] 周新成.论地方高校大学生科技风险防范意识的培养[J].韶关学院学报,2013,34(03):186-189.

[24] 周新成.论欠发达地区农村公众科技风险防范意识的培养——以

粤北地区为例[J].湘南学院学报,2015,36(01):22－26.

[25] 方熹.高校科技伦理教育刍议[J].中国高校科技,2020,(04)：71－74.

[26] 徐天成,史玉民.高校科技伦理教育的国外借鉴与启思[J].长春大学学报,2021,31(04):51－55.

[27] ZeidlerD,Sadler T,Simmons M,etal.Beyond STS：A Research-based Framework for Socioscientific Issues Education [J]. Science Education,2005,89(3)：357－377.

[28] 陈炜,李强.教育中的技术伦理审思:历史、问题与对策[J].南通大学学报(社会科学版),2021,37(04):117－125.

[29] 陈晓慧,卢佳,赫鹏.信息技术教学应用的伦理失范及其治理[J].开放教育研究,2019,25(03):53－59.

[30] 陈晓珊.人工智能时代重新反思教育的本质[J].现代教育技术,2018,28(01):31－37.

[31] 曹南燕.科学家和工程师的伦理责任[J].哲学研究,2000,(01)：45－51.

[32] 蒋立兵.现代教学技术应用的伦理诉求及理性回归[J].中国教育学刊,2016,(10):84－89.

[33] 卢佳,陈晓慧,杨鑫等.智能技术教学应用伦理风险及其消解[J].中国电化教育,2023,(02):103－110.

[34] 李彦宏.推动新一代人工智能健康发展[J].智慧中国,2019,(08):41－42.

[35] 张志华,季凯,赵波.人工智能促进公共卫生安全风险治理:何以可能,何以可为——以新冠肺炎重大疫情为例[J].江海学刊,2020,(03):13－18＋254.

[36] 郭凯明.人工智能发展、产业结构转型升级与劳动收入份额变动[J].管理世界,2019,35(07):60－77＋202－203.

［37］周勇.天津市人工智能产业发展对策研究［J］.产业创新研究,2019,(05):8-10.

［38］刘峤,李杨,段宏.知识图谱构建技术综述［J］.计算机研究与发展,2016,53(3):582-600.

［39］安东尼·塞尔登,奥拉迪梅吉.第四次教育革命:人工智能如何改变教育［M］.吕晓志,译.北京:机械工业出版社,2019.1-9.

［40］张燕南.大数据的教育领域应用之研究［D］.华东师范大学,2016.

［41］本书编写组.习近平总书记教育重要论述讲义［M］.北京:高等教育出版社,2020:44.

［42］习近平.高举中国特色社会主义伟大旗帜 为全面建设社会主义现代化国家而团结奋斗——在中国共产党第二十次全国代表大会上的报告［R］.(2022-10-25)［2023-08-13］.http://www.moe.gov.cn/jyb_xwfb/xw_zt/moe_357/jjyzt_2022/2022_zt17/bg/bg_bgzy/202210/t20221028_672948.html.

［43］潘懋元.新编高等教育学［M］.北京:北京师范大学,2012.

［44］胡建华,陈列,周川,龚放.高等教育学新论［M］.南京:江苏教育出版社,2005.

［45］胡建华,王建华,何其芳等.大学内部治理［M］.南京:南京师范大学出版社,2020.

［46］张慧明.中外高等教育史［M］.长沙:湖南大学出版社,1998.

［47］陈学飞.美国、德国、法国、日本当代高等教育思想研究［M］.上海:上海教育出版社,1998.

［48］贺国庆,王保星,朱文富等.外国高等教育史［M］.北京:人民教育出版社,2010.

［49］钟秉林.大学的走向［M］.北京:商务印书馆,2015.

［50］联合国教科文组织.学会生存——教育世界的今天和明天［M］.华东师范大学比较教育研究所,译.北京:教育科学出版社,1996.

[51] 卡尔·雅斯贝尔斯.什么是教育[M].童可依,译.北京:生活·读书·新知三联书店,2022.

[52] 伯顿·R·克拉克.高等教育系统——学术组织的跨国研究[M].王承绪等,译.杭州:杭州大学出版社,1994.

[53] 罗纳德·巴尼特.高等教育理念[M].北京:北京大学出版社,2013.

[54] 希尔德·德·里德-西蒙斯.中世纪大学[M].张斌贤,程玉红,和震等,译.保定:河北大学出版社,2008.

[55] 艾尔弗雷德·诺思·怀特海.教育的目的[M].张佳楠,译.北京:教育科学出版社,2020.

[56] 布鲁贝克.高等教育哲学[M].郑继伟,译.杭州:浙江教育出版社,1987.

[57] 吴岩.深入实施教育数字化战略行动以教育数字化支撑引领中国教育现代化[J].中国高等教育,2023,(02):5-10.

[58] 吴岩.中国式现代化与高等教育改革创新发展[J].中国高教研究,2022,(11):21-29.

[59] 潘艺林.外力影响高等教育的尺度[J].教育发展研究,2009,(19):9-11+16.

[60] 付八军,马陆亭.大学嬗变中的不变——世界高等教育规律探寻的"四维"逻辑起点[J].高等教育研究,2020,41(04):103-109.

[61] 李枭鹰.高等教育内外部关系规律的元研究[J].中国高教研究,2016,(11):12-17.

[62] 王建华.重温"教学与科研相统一"[J].教育学报,2015,11(03):77-86.

[63] 张志华,孙嘉宝,季凯."变"与"不变":高等教育数智化转型的趋向、风险与路径[J].高校教育管理,2022,16(06):23-31+58.

[64] 祝智庭,胡姣.教育数字化转型的本质探析与研究展望.中国电化教育,2022:(04),1-8+25.

[65] 袁振国.教育数字化转型:转什么,怎么转[J]. 华东师范大学学报(教育科学版),2023,41(03):1-11.

[66] 蔡连玉、金明飞、周跃良.教育数字化转型的本质:从技术整合到人机融合[J].华东师范大学学报(教育科学版),2023,41(03):36-44.

[67] 杨宗凯.高等教育数字化发展:内涵、阶段与实施路径[J].中国高等教育,2023,(02):16-20.

[68] 葛道凯.推动数字化转型融入高等教育全过程[J].中国高等教育,2023,(02):27-30+36.

[69] 胡钦太,危妙,陈颖珊.高等教育数字化:演进、挑战和转型[J].国家教育行政学院学报,2023,(04):20-26.

[70] 石中英.高等教育内涵式发展的理论要义与实践要求[J].国家教育行政学院学报,2020,(09):7-15.

[71] 余宏亮.数字时代的知识变革与课程更新[J].课程·教材·教法,2017,37(02):16-23+60.

[72] [英]西蒙·马金森.作为学生自我塑造的高等教育[J].教育研究,2020,(01):86-97.

[73] 唐振常.蔡元培传[M].上海:上海人民出版社,1985:123.

[74] Newman,H.J.The Idea of a University[M].New Haven:Yale University Press,1996:109-119.

[75]《马克思恩格斯选集》第4卷,北京:人民出版社,1972:243.

[76] 胡建华.高等教育普及化的中国特点[J],高等教育研究,2021,42(05):27-34.

[77] 吴岩.深化"四新"建设,走好人才自主培养之路[J].重庆高教研究,2022,10(03):3-13.

[78] 李立国.共同富裕与高等教育高质量发展的新使命[J].教育发展研究,2023,43(01):1-4.

[79] 习近平谈治国理政(第三卷)[M].北京:外文出版社,2020:135.

后　记

近年来，"数字化"成为一个社会热词，高等教育作为一项公共产品或准公共产品，其变革是社会数字化转型的必然趋势。学术界围绕教育数字化转型的概念和理论基础、数字赋能高等教育变革的发展模式和实践路径等进行了深入研究，普遍认为以人工智能为代表的数字技术是推动高等教育变革的重要引擎，是实现高等教育高质量发展的内生动力。正是在教育数字化转型受到广泛关注的学术氛围中，我们申请并获批了江苏省教育科学"十四五"规划重大课题"人工智能与教育变革研究"。在此，诚挚感谢江苏省教育科学规划领导小组办公室及参与课题评审的各位专家，正是由于他们的关心和指导，我们得以立项课题、完善研究方案并顺利结题。

本书是在课题组成员的共同努力下，经过三年研究形成的该课题主要研究成果之一。参与本课题研究和本书写作的人员如下：张志华（第五章、第六章，全书框架设计、统稿），金久仁、姜玻（第一章），陈华若、彭洋（第二章），张刚要、单俊豪（第三章），孙田琳子、胡纵宇（第四章），赵峥涞、季凯（第五章），武翠红、孙嘉宝（第六章）。

课题研究过程中，得到了江苏省电化教育馆、南京大学、东南大学、南京师范大学、江南大学、南京邮电大学、南京晓庄学院等单位专家学者的悉心指导和帮助，江苏博子岛智能产业技术研究院、中湾人工智能科技（南京）有限公司、批改网江苏互联科技有限公司、江苏金智教育信息股份有限公司等单位对调研给予了大力支持。此外，本书参考、借鉴、引用了众多专家学者理论研究成果和互联网佚名资料，在此一并致谢。

数字时代,高等教育变革是一个十分复杂的研究主题,非一书所能穷尽,加之受时间和水平所限,书中难免有疏漏不足之处,敬请广大读者予以指正。

张志华

2025 年 1 月